马克思主义政治经济学的

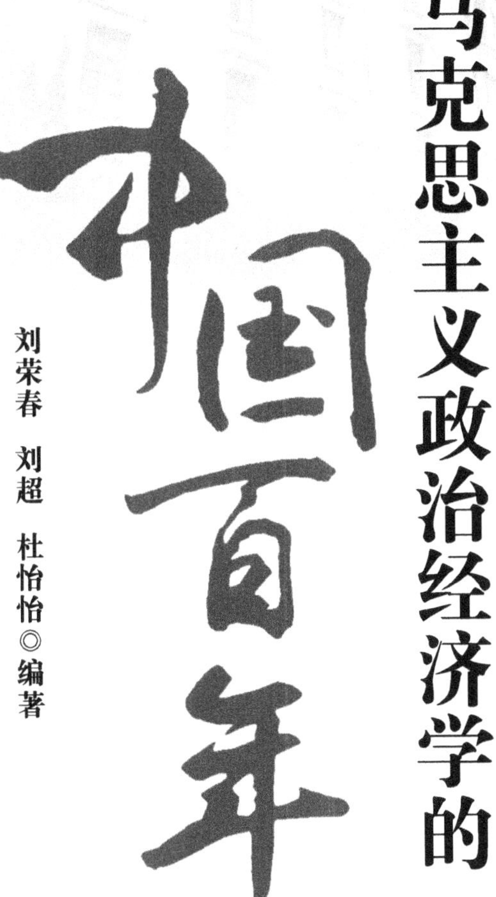

刘荣春 刘超 杜怡怡◎编著

经济管理出版社
ECONOMY & MANAGEMENT PUBLISHING HOUSE

图书在版编目（CIP）数据

马克思主义政治经济学的中国百年/刘荣春，刘超，杜怡怡编著.—北京：经济管理出版社，2023.6（2025.1 重印）
ISBN 978-7-5096-9069-7

Ⅰ.①马…　Ⅱ.①刘…②刘…③杜…　Ⅲ.①马克思主义政治经济学—研究—中国　Ⅳ.①F0-0

中国国家版本馆 CIP 数据核字(2023)第 105626 号

组稿编辑：丁慧敏
责任编辑：丁慧敏
责任印制：许　艳
责任校对：陈　颖

出版发行：经济管理出版社
（北京市海淀区北蜂窝 8 号中雅大厦 A 座 11 层　100038）
网　　址：www. E-mp. com. cn
电　　话：（010）51915602
印　　刷：北京虎彩文化传播有限公司
经　　销：新华书店
开　　本：720mm×1000mm/16
印　　张：15.75
字　　数：318 千字
版　　次：2023 年 10 月第 1 版　　2025 年 1 月第 2 次印刷
书　　号：ISBN 978-7-5096-9069-7
定　　价：98.00 元

目 录

第三篇　马克思主义政治经济学的中国实践

第一篇　早期社会主义经济思想

第一章　社会主义经济思想的开端：柏拉图的《理想国》

第一节　柏拉图经济思想产生的社会背景

一、雅典城邦衰败与苏格拉底之死

（一）雅典城邦衰败

梭伦改革之前，雅典在各方面都走到了革命边缘，解决问题的唯一办法就是对政治制度进行彻底改革。梭伦担任执政官后，其改革措施包括：不允许以负债为由剥夺雅典公民权利，将雅典人变卖为奴；鼓励外邦手工业者到雅典定居，并给予公民权；创立公民大会常设机构，使公民大会成为城邦的最高权力机关；将雅典公民划分为四个等级，公民依据等级参与城邦公职选举。梭伦改革保障了雅典公民特别是男性公民的权利，为雅典民主政治的发展创造了条件。他颁布“解负令”，削减穷人对富人的1/3债务，试图在保护富人财产与减轻平民负担之间寻找折中的办法，即“我擎巨盾，庇护双方，不使任何一方遭受不义的凌侵”。

梭伦改革之后，庇西特拉图开始了雅典僭主政治。他引进“德莫法官”制度，安排司法官员到边远乡村听取案例巡回审判；将贵族土地分给贫农，并向农民提供实惠的贷款；以城邦财税给予节日项目资助，人们可以免费享受多种文化服务。庇西特拉图被称为“僭主”，是因为虽然其获取政权的手段是非法的，但其执政防止了贵族复辟，客观上扩大了群众基础，促进了雅典民主政治的发展。然而，“民主维系于一人，必然具有很大的危险性”。庇西特拉图去世后，其长子希庇亚斯继位，既没有继续他父亲的“仁政”，也没有能力与波斯抗衡。随后，阿克密尼德家族推翻庇西特拉图家族的统治，流放了希庇亚斯，促成了克里斯提尼改革。

克里斯提尼承诺进行民主体制改革，推出的改革措施有四个方面：一是组建新部落。将爱奥尼亚四个部落变为十个新部落，每个新部落由三个分区组成，每个分区由德莫组成，此举“颠覆了古代贵族社会权力的基础，并广泛破坏了古代氏族谱系残存的社会根基。他使抽象的个人即公民显现出来了”。二是改革议事机构。创建广泛民主的议事会替代此前的议事会，议事会的权力在于执行公民大会的决议，公民大会是最终决策单位。三是建立十将军制度。各新部落的部队统帅由部落自主选举产生，十位统帅组成十将军委员会，将军拥有适度的自主权。四是首创“陶片放逐法”，用于放逐那些企图在雅典民众中建立个人权威来危害雅典民主制度的人，“其本质上旨在针对当时的贵族政治家”。总之，雅典试图建立“城市—国家”，而这一演变过程正是克里斯提尼在雅典进行大规模行政改革基础上形成的，这项改革涉及“如何对空间和历法进行组织安排”等问题。

伯里克利的改革使得雅典民主制度臻于鼎盛。伯里克利规定，今后凡父母都是雅典公民的儿童才能得到公民权。公民权的严格限定，使得分配城邦利益的权力掌握在雅典人手里。对于男性公民来说，公民权能带来诸多好处，例如，“参与政治、担任陪审员……享受同等的法律保护；在雅典地区可以获得地产权和房产权”。然而，雅典人根本不想赋予奴隶以公民权，把奴隶制当成生活的一部分，在《国家篇》中柏拉图就认为，最理想的城邦要有奴隶制。伯里克利还创设服役公职薪金制度，“亦即按照收缴来的税赋和联盟上缴的年赋金的多寡对公共职务的工资做出规定”。伯里克利实行公职人员薪酬福利制度是民主政治在实践活动中得以实施的重要保障，公民获得津贴，有时间参与城邦事务管理，可以与寡头贵族相抗衡。

伯里克利去世之后，雅典党争纷起，寡头党和民主派的争斗异常激烈。西西里战争之后，雅典“被迫放弃民主政治而建立起四百人政府”，仅有五千人可以获得公民权利。不久，雅典寡头派重新执政，并规定只有三千人获得公民权利。雅典战败后，首先建立了斯巴达型的政治制度，但在很短时间内就被推翻。之后，雅典重建民主政治制度，民主政治制度的显著特点是自由，而自由容易走向极端，然后就成为无政府主义。总之，雅典成为党争与权力倾轧的战场。

雅典的衰败有其内在深刻的历史根源，与其自身存在的内在矛盾是分不开的。首先，雅典民主政治制度是在新的社会经济条件下，在奴隶制的前提下尽量保持、发展传统氏族内部的自由及公平。自由公民的权利是由奴隶的贡献来维持的，一旦奴隶的反抗达到一个新的历史高度，民主政治制度就会被动摇。其次，历代政治改革家主要通过承认私有制来调整公民之间的利益关系，避免统治阶层内部的贫富分化，但是随着私有经济的发展，该分化现象是无法避免的。经济是

政治的基础，城邦推行私有制必然使得少数人成为“不劳而获”的剥削者，大多数人则沦为被剥削者。这就是雅典民主政治制度的内在矛盾，“由于这种致命的弱点，雅典昔日引以为豪的一切优点，到头来都会成为沉重的负担，成为套在自己脖子上的绞索”。

恩格斯说：“伴随着社会的进步，工业和商业一直在不断地发展，进而出现了财富在个人层面上的积累，这种积累就导致了大批的自由公民越来越贫困，进而出现了贫富差距拉大的现象。这时候，对于大多数的自由公民而言，只有两个选择，要么开始劳动，通过劳动和奴隶竞争，很显然的是，这并不是一件很光彩的事，而且在和奴隶的竞争上也不一定有多么明显的优势。还有一条路就是继续贫困下去。在雅典当时的社会条件之下，他们不得已选择了第二条路，但是当时的这一批人数量是十分庞大的，大到把整个雅典推向了灭亡的深渊。所以我们可以认为，使雅典走向灭亡的根本原因并不是民主制，民主制只是雅典在社会发展过程中在政体上的一种自然选择，而真正导致雅典灭亡的是奴隶制。”

在奴隶制的前提下，要确保城邦公民拥有从事劳动的自由和权利，在这种权利上还要实现多数人的民主平等，这是不切实际的。雅典民主政治制度就有此种内在的矛盾，随着奴隶制的发展，其民主政治制度的弊端显露无遗，奴隶制若要继续发展下去，就必须抛弃民主制。伯罗奔尼撒战争后，雅典民主政治制度逐渐衰落、消亡。民主政制的消亡并不代表着奴隶制的终结，奴隶制仍然延续了几百年。总之，雅典民主政治制度的消亡是奴隶制发展的必然结果。

（二）苏格拉底之死

苏格拉底（Socrates，约公元前469~公元前399）生于雅典，是古代希腊伟大的哲学家。苏格拉底经历了雅典的兴盛与衰落，青年时他经历了伯里克利时代的繁盛，晚年也感受了雅典战败后的衰败。苏格拉底终其一生研究哲学问题，最后成为了举世闻名的哲学大师。

苏格拉底思想的核心就是正义。在《高尔吉亚篇》中，他认为，要想实现真正的正义，就要实现平等的分享。至于何谓正义，他认为，正义被确定为善，善就是人的灵魂和身体的有序和谐。善与恶是彼此相互联系的，优秀的政治家把追求善当作人生的最高目标，而这种善就是城邦秩序有序、严守法规和自我制约。关于正义与守法的关系，苏格拉底充分意识到了法律的重要性。色诺芬在《回忆苏格拉底》一书中也认为，正义要靠社会成员的守法来实现，守法即遵守城邦的法律，这种法律对城邦民众的观念和行为进行了规范、要求。

苏格拉底对雅典民主政治制度提出质疑，指出了民主政治制度的弊端。由于对雅典民主制度的批评“蜇痛”了当时该体制内的既得利益者，公元前399年，这些人以“迷惑青年罪”和“渎神罪”处死了苏格拉底。作为苏格拉底的学生，柏拉图聆听了苏格拉底受审时的申辩并做了记录，这些记录在他的《申辩篇》《克里托篇》《斐多篇》和《欧旭佛罗篇》中。苏格拉底的另一弟子色诺芬在《回忆苏格拉底》和《苏格拉底在法官面前的申辩》中也对此历史事件做了述评。

关于“迷惑青年罪”。苏格拉底认为，知识是美德，是对真理的追寻，只有真知才可以将人们的行为引至符合正义的方向。苏格拉底在与青年民众交流时，质疑雅典通过“掷豆抽签”决定官员人选的方式以及官员的业务素质，却被法庭认定为“迷惑青年”。在《申辩篇》中，柏拉图描述了苏格拉底在法庭上公开为自己辩护的情况。他辨明自己并没有败坏青年，而是在教育青年应该尊重真理、求知奋进，树立正确的正义观和简朴的美德；尽管自己对雅典的官员选举及任命制度有所不满，但是从未宣传可以违背法治理念的事情，并认为守法是十分必要的。在狱中他没有接受学生提出的逃出雅典的建议，依旧坚持遵守法律。

关于“渎神罪”。当时的雅典控制了许多城邦，每个城邦有自己的神祇，有的城邦信仰多个神，这必然导致城邦伦理价值的多元化。伯罗奔尼撒战争爆发后，城邦发生了急剧的变化，人们的思想观念、伦理价值更加混乱，不再追求善与包容之心。针对此种情况，苏格拉底指出，人们可以坚信心中的真理单一神，对城邦规定应该信仰的人格神可以忽略，这就是所谓的“渎神罪”，即“相信他自己发明的神灵，而不相信国家认可的诸神”。

色诺芬在《回忆苏格拉底》一书中为老师苏格拉底进行辩护：“在我看来，像苏格拉底这样品格的人似乎应该受到国家的尊崇而不应被处死。任何一个按律法考虑他的案情的人一定会看出这种情况来：按照律法，很明显，被证明犯偷窃、强盗、扒手、夜盗、绑架或盗窃神物的人才应该受死刑处分，对于这一切的罪，没有比苏格拉底更清白的人了。他从没有做过引起战争的祸首，使国家因他蒙受损失，也没有犯过作乱、谋反的罪，在他和人的私人往来中也从来没有做过损人利己或陷人于不义的事，在这一切罪中他连一点嫌疑也没有沾着过。”

苏格拉底对雅典的感情是真挚的、深厚的，但苏格拉底却死于雅典民主政治制度，表明雅典的民主政治制度难以在社会现实中实现公平、正义，这促使人们重新探讨正义该如何实现的问题。

二、古代希腊学者拯救雅典城邦

面对雅典的重大历史变局，有的学者对现实社会采取全然否定的态度，以惊世骇俗的行为言论表示对现实社会的不满，这种人以第欧根尼为代表；而有的学者力图挽救危局，对现实城邦加以改革、再造，使之秩序化、臻于完美，实现往日的辉煌，这种人以柏拉图为代表。

（一）第欧根尼“共和国”

第欧根尼大约生活在公元前412年至公元前324年，出生于黑海南部地区西诺珀的一个商人家庭，其父是当地银行机构的核心人物，父亲期望他能够成为治理城邦的达官显贵。然而，在第欧根尼成为铸币监管人员后不久，因为受人蛊惑，涉嫌参与西诺珀造赝币事件，他成为城邦驱逐的对象，甚至被卖为奴。人生的剧变使他怀疑进而憎恨现实的城邦体制。他受教于安提司特涅斯，在否定现实世界的同时，也在构筑心目中的理想世界，提出“共和国”设想。第欧根尼主张，人们应该过简朴的生活，凭借此种生活方式去追寻人性的善，保持最基本的生存需求，并与生活富足、奢华、浪费的上流社会划清界限。

在《名哲言行录》中有这样的记载：“我们应反对那些徒劳无用的辛苦，应依自然而生活，也只有那样才会幸福；愚蠢只能让人陷入不幸。经过充分的练习（即简朴生活），甚至对快乐的蔑视也是让人非常快乐的事；正如那些习惯于追逐快乐而进行生活的人，非常不乐意生活在困苦中，同样，那些练习生活在困苦中的人在蔑视快乐的时候感受到了更大的快乐。”此段表明，第欧根尼确信人们能够从简朴生活中寻找快乐，寻求生命的真实体验和定义。在堕落的城邦社会生活中，他将快乐上升至对自由心灵的探求。

依据学者转述或研究的资料，可以大致描绘出第欧根尼“共和国”的基本轮廓：其一，“共和国”并非指某个希腊城邦或者社会形态，而是指全希腊人所知道的世界范围，“只有范围如同这个世界一般宽广，那才是真正的、唯一的共和国”。其二，妻子、儿女是共同的财产，不存在男女之间的婚姻关系及家庭，男女只要双方愿意便可结合及生育孩子，共同抚养后代，这与柏拉图“共妻共子”的论述基本相同。其三，女人和男人穿着统一服装，女人像男人一样集体参加劳作和锻炼。其四，社会成员之间身份相同、地位一样，彼此之间没有高低贵贱、富人与穷人之分，但存在城市和法律，因为没有这些，国家也就无法存在。其五，神是所有存在物的最终拥有者，而作为神在世间的伙伴，“共和国”的一切财富都是智者的财产，朋友之间一切共有，可能还有交换和私产。其六，该“共和国”似乎允许乱伦、同类相残等现象的存在。

第欧根尼在批判社会现实的同时，构建了一个依据自由理念而存在的“共和国”，其中，有取缔私有财产、男女平等参加体训、妇女及儿童共有、集体教育等内容。实际上，第欧根尼的思想是一种偏激的主观主义且含有消极主义缺陷的自由观念，在重新构建现实的社会秩序上显然不具有实践的可能性。例如，他的“共和国”是范围极广的，不限于某个城邦；他倡导社会成员之间绝对的平等，没有等级之分。因此，第欧根尼的空想成分比柏拉图显得更突出。

（二）柏拉图“理想国”

相对于第欧根尼，生活于战后的柏拉图对城邦政制的蜕变、生活的混乱有更为深刻的感受。在柏拉图生前，爆发了希波战争，虽然雅典胜利了，并进入了繁荣发展时期，但是其民族矛盾仍然十分尖锐。到柏拉图青少年时期，又爆发了伯罗奔尼撒战争，最后雅典失败了，受到斯巴达的控制。公元前 387 年，柏拉图回到雅典时，又逢雅典签订了丧权辱国的安达客达斯和约，将小亚细亚地区割让给波斯。柏拉图逝世十年后，雅典被马其顿所征服。可见，当时雅典面临外国虎狼般入侵的严重危机，而当时的政治制度不能挽救雅典城邦，迫切要求改革政治制度。柏拉图清晰地看到了问题的症结所在，“它们的政制，若不采取剧烈的措施和很好的机遇是不能改革的”，只有改革才有出路。柏拉图认为，要以善的理念来改造世界，改造社会政制和文化教育，建立善的正义的理想政制。只有“以哲学家为王”的“王政”，才是最善的政制，并使人类规避灾难。《理想国》就是该理念主导之下的产物，是柏拉图一系列有关理想政制设计的典型代表。

在《理想国》中，社会人员被分为统治者、护卫者及农工商业生产者三个类别。统治者、护卫者属于统治阶级，分别负责治理、保卫城邦，而生产者负责劳作，供养前两种人。书中认为，这三种人的属性是天生的，因为上天在铸造这些人的时候，给有些人身上加了“黄金”，给有些人加了“白银”，在其余人身上加了“铁”和“铜”，于是才会有统治者、护卫者、农民和其他技工之分。

在《理想国》中，柏拉图对统治阶层的生活做了详细而严格的安排：一是他们摒弃私人生活，得过集体生活，除了基本的生存资料之外，不得获取任何财产。二是他们不得组建家庭，女人为全体男子所有，生育的后代集体抚养，提倡优生优育。三是男女平等，女性可与男性一样参与管理，参加战争，履行护卫者的义务。这种严格设计、组织有序的城邦既不能太大也不能太小，最佳的状态是大到还能保持统一、小到还能抵御外敌。

这样的城邦只是柏拉图的理想设计，因为现实的城邦都已分成了相互敌对的两个部分——“一部分是属于穷人的，另一部分是属于富人的”，且这两个部分各自内部还分成很多个更小的对立部分。柏拉图曾寄希望于哲学家当政，但真正的哲学家寥若晨星，他们抵抗不了人们作恶。他先后两次渡海到西西里的叙拉古城邦寻求培养“哲学王”，希望实现自己的政治理想，但都以失败告终。最后，柏拉图得出这样的结论：“现行的制度无一适合哲学”；“理想的城邦在现实世界中是找不到的，或许它存在于天上”。这是柏拉图对自己理想城邦空想性质的定性。

第二节　柏拉图的生平与著作

一、柏拉图的生平

（一）幼年和青年时期（公元前 427~公元前 400）

柏拉图（公元前 427~公元前 347）生于雅典一个显赫家族，其母佩里克蒂娥是梭伦的第六代子孙，其父阿里斯通是最后一个阿提卡王科德鲁斯的直系后代。柏拉图原名为阿里斯托克勒。

他的两位兄长阿得曼图斯和格劳孔与他关系密切，柏拉图与苏格拉底的认识是通过两位兄长引荐的。他有位姐姐叫波托妮，是柏拉图学园第二位主持人斯彪西波的母亲。柏拉图幼时父亲就去世了，母亲改嫁给皮里兰佩斯，并育有一子。柏拉图从小在继父家度过，继父皮里兰佩斯曾作为雅典使节被派往国外执行任务，柏拉图对继父予以赞扬。

柏拉图青年时热衷于文艺创作，写过颂诗和其他抒情诗。他拜苏格拉底为师，追随老师有七年左右的时间，并研究哲学。柏拉图与苏格拉底的师生情谊深厚，这体现在柏拉图日后的著作中。苏格拉底几乎始终存活在柏拉图的思想中。

在柏拉图出生前四年，伯罗奔尼撒战争爆发，结果是雅典败给了斯巴达。战后，雅典民主政制被废除，“三十僭主”政治建立，但由于施行暴政，因此不到 9 个月被推翻，重新恢复了民主政制。雅典败给了斯巴达，与雅典民主政制走向极端有着密切关系。柏拉图在《第七封信》中表示，他对刚刚恢复的民主政权抱有很大希望，但他们施行暴政，竟然处死了苏格拉底，使他的希望变成了失望。尽管新建立的政权不久对苏格拉底进行了平反，但是这并不能抚慰柏拉图心灵的创伤。他说，“我虽然曾经满腔热忱地希望参加政治生活”，但是后来“这些混乱的状况却使我晕头转向”。于是，他带着对雅典政制绝望的心情，悻然离开雅典，开始了游历生活。此后，柏拉图开始思考解决政治危机的出路。

（二）游历时期（公元前 399~公元前 387）

公元前 399 年，柏拉图离开雅典，开始了游历生活。柏拉图首次到西西里的叙拉古城邦时，“僭主”狄奥尼修斯一世正在统治该城邦。狄奥尼修斯一世表面上摆出尊重并广泛招收文人的姿态，实际上他极其专政并残酷地压迫百姓。当他得知柏拉图要来叙拉古时，便把他作为贵宾请进宫廷，并向其请教治邦智慧。当柏拉图同他讲到“僭主”政制的弊端时，激怒了这位“僭主”，狄奥尼修斯一世下令处死柏拉图，最后由于“僭主”的内弟狄翁的劝解，柏拉图才幸免于此次灾祸。这位“僭主”还设计使柏拉图被卖为奴，后来柏拉图得友人相助才脱离险境。

经历过战败后雅典社会动乱和苏格拉底被处死的柏拉图，又体会到了叙拉古等城邦的政制腐败，于是他得出结论：只能是政治与哲学相结合，即哲学家治国或治国者学习哲学。至于如何实现这个目标，柏拉图的一个具体行动就是创办学园，以便培养有哲学素养的政治家。

（三）学园时期（公元前 386~公元前 368 年）

公元前 386 年，柏拉图在雅典城外西北角建立了学园，史称柏拉图学园，又称阿基德米学院。

从学习资格来看，入学者应先懂几何学。柏拉图把几何学等课程列为学习哲学的预备课程，认为几何学是进入辩证法“主要乐章”的“前奏曲”，是对无形物进行思维活动时锻炼抽象思维能力的课程。

从教学内容来看，除几何学外，还有植物学、动物学、地理学、天文学、历史、文学、哲学及艺术等文理课程，当然最重要的课程则是学习柏拉图的哲学。

从办学方针来看，在柏拉图之前，毕达哥拉斯学派只搞科研不搞教学，其研究带有封闭性，而智者学派只搞教学不搞科研，其教学方式还处于低级阶段。柏拉图学园不仅文理并重，同时还强调教学与科研相结合。

从学生的去向来看，学园是经世致用之地。柏拉图懂得学以致用的道理：柏拉图学园与希腊城邦政治有着紧密联系，柏拉图多次派遣弟子到希腊多个城邦去治邦强国，因此柏拉图学园又像是一个“政治训练班”。

创立学园是柏拉图重要的贡献之一，他的主要著作都是在学园时期撰写而成的。柏拉图学园是当时希腊地区最有影响力的思想文化库和人才库，被视为西方历史上的“第一所大学”。该学园存续 900 余年，直至公元 529 年被查士丁尼一世下令关闭。之后，西方各国的主要学术研究院都沿袭它的名称“Academy”。

（四）老年时期（公元前 367~公元前 347 年）

出于对政治的热情及责任感，柏拉图第二次奔赴西西里，试图实践其政治理想。

公元前 367 年狄奥尼修斯一世病逝，之后王位由他的儿子继承，此年柏拉图 60 岁，开始第二次西西里之行。柏拉图此次赴西西里是应叙拉古大臣狄翁的邀请，职责是担任狄奥尼修斯二世的老师。狄翁在狄奥尼修斯一世时出任首相，担任外交官，与斯巴达结盟，派兵维持南意大利的势力范围，制定宪法，与各方学者、诗人交往。狄翁邀请柏拉图来宫廷，提倡用他的“理想国”理念一起为这个国家进行改革建设。狄翁认为，哲学家及大城邦统治者所希望的时候已经到来

了。柏拉图亦指出："人们如果要想把对法律和国家的思考，通过自己的手来实现，那么，现在正好是决心进行这种试验的机会。"然而，狄奥尼修斯二世欠缺信心，且怀疑狄翁想篡位，以篡夺权力的罪名驱逐狄翁，又以主谋者罪名打算处死柏拉图，因友人相助，柏拉图被软禁后不久返回雅典。五年后，近66岁的柏拉图进行第三次西西里之行，此次去西西里的主要目的是调和狄翁和狄奥尼修斯二世的矛盾。柏拉图此次到叙拉古后仍诸事不顺，又差点被这位"僭主"断送了性命。

后来狄翁返回西西里夺权，赶走狄奥尼修斯二世并登上王位，但他忘记了柏拉图的教导，照样残虐无度，不久被 Callipos 杀死，Callipos 登上王位后同样暴虐无度，后被狄奥尼修斯二世的弟弟杀死。这杀与被杀的两人都是柏拉图的学生，柏拉图不禁反省"理想国"与人性的关系，甚至什么样的人才能建造一个安乐有秩序的理想幸福国度。这些情况也使从西西里失败而归的柏拉图继其"哲学王"治国的理想后，改为以法治国，并在晚年写下《法律篇》。

二、柏拉图的著作

柏拉图的著作大体分为两大类：一类是他亲手写成文字流传下来的著作，这主要是对话集和书信，基本都完好无缺地被保存下来；另一类是他的"不成文的学说"，是由他的学生或听讲者记录下来的笔记。柏拉图的著作大多是以对话体裁写成的。依据写作时间以及对话的文体风格、苏格拉底在对话中的地位、对话中涉及的内容和事件、著作的直接证据等，学界将这些对话分为早期、中期、晚期，具体如表1-1所示。

表1-1 柏拉图对话

阶段	对话作品	特点
早期	《申辨篇》《卜尔米德篇》《克里托篇》《欧绪弗洛篇》《伊安篇》《拉凯斯篇》《普罗泰戈拉篇》《欧绪德谟篇》《高尔吉亚篇》《大希比阿篇》《吕西亚斯篇》《美涅克塞努篇》《理想国》	这些对话主要以苏格拉底为对话中心
中期	《美诺篇》《克拉底鲁篇》《斐多篇》《会饮篇》《理想国》《斐德罗篇》《巴门尼德篇》《泰阿泰德篇》	这些对话摆脱了苏格拉底的影响，建立起柏拉图自己的学说体系
晚期	《蒂迈欧篇》《克里底亚篇》《智者篇》《政治家篇》《斐利布篇》《法律篇》	这些对话是对柏拉图学术体系的完善和发展，且此时柏拉图的思想已发生显著变化

第三节　柏拉图的共产主义经济思想

柏拉图的共产主义经济思想主要体现在《理想国》和《法律篇》中，尽管柏拉图在这两本书中对经济思想的不同领域都有涉及，但是各自有各自的侧重领域。

在《理想国》中，柏拉图主要讨论了经济伦理、分工经济、财产所有及福利经济等重要问题，对移民、技术创造、规制经济、城邦贸易等问题略有论述。在《法律篇》中，柏拉图经济思想的内容更为丰富，重点讨论了经济伦理、财产所有、市场秩序、城邦起源、尊老养孤、婚姻及教育等重要问题，对经济分工、工匠移民、技术创造等略有探讨。

柏拉图哲学的一个重要特征是重视哲学理论和政治实践的结合。柏拉图的理念论（主要是本体论）和认识论（也称知识论）的基本特点是贬低客观存在的事物和感性知识，追求脱离现实世界的绝对不变的本体和理念的知识体系。把这些理论应用于社会政治领域，柏拉图顺理成章地提出了以反对现存国家政治为目的的理想国家的方案，这个方案主要体现在他的同名著作《理想国》中。

在《理想国》中，柏拉图提出了与人类理性相一致的正义原则来组织国家，强调一个正义的社会应该按人的自然禀赋令其担任最适合他天性的职务。柏拉图认为，每一个人都有多方面的需求，但是人们生来却只具有某种才能，一个人不能无求于他人而自足自立，而必有待于互助，于是各本其愿而成团体，这些团体联合起来便成为国家。在柏拉图看来，每一个人应该担任哪种职务取决于人的天然禀性。在柏拉图的理想国里，除奴隶之外公民分为三个等级。第一等级是执政者哲学家。哲学家既有政治权力又有智慧之德，能够以正义治国，担负统治管理国家之责，被称为“哲学王”。第二等级是武士。武士有勇武之德、卫国之责。第三等级是由农、牧、工、商等生产者和雇佣者所构成的自由公民。自由公民有节制之德，从事生产，为社会提供生产资料和消费资料。各个等级依据各自的道德规范各安其位、各从其事、忠于职守，一个平安的、公平合理的、符合正义美德的国家就建立起来了。

柏拉图强调理想国的根本特征是在统治阶级（包括前两个等级）中取消私有财产，取消家庭，实行共产、共住、共餐制度和共妻制度。柏拉图认为，私有财产和家庭会养成利己和贪欲之念，引发社会的分歧和矛盾，因此以国家利

益为第一利益的哲学家和武士不应该有私有财产，也不应该有他人不能进入的家庭。

关于共产、共住、共餐制度，柏拉图认为统治阶级应该视国家利益为第一利益。为此，柏拉图认为："第一，除了绝对必需品以外他们任何人不得有任何私产。第二，任何人不应该有不是大家所公有的房屋和仓库。至于他们的食粮则由其他公民供应……按照需要每年定量分给，既不让多余亦不使短缺。他们必须同住同吃，像士兵在战场上一样。"他们不得拥有金银，不得与金银发生任何关系，因为"世俗的金银是罪恶之源"。柏拉图认为统治阶级如果拥有私有财产就会带来一系列的问题："他们要是在任何时候获得一些土地、房屋或金钱，他们就要去搞农业、做买卖，就不再能搞政治、做护卫者了。他们就从人民的盟友蜕变为人民的敌人和暴君了；他们恨人民，人民恨他们；他们就会算计人民，人民就要谋图打倒他们；他们终身处在恐惧之中，他们就惧怕人民超过惧怕国外的敌人。结果就会使他们和国家一起走上灭亡之路，同归于尽。"

关于共妻制度，柏拉图认为统治阶级的成员除了不允许有私有财产，实行财产公有制度之外，也不允许有自己的家庭，妻子儿女也应该是公有的。他说，处理所有这一切都应当本着一个原则，即俗话所说的朋友之间不分彼此，朋友之间一切共有。根据理想国的法律，女人应该归男人共有，任何人都不得与任何人组成一夫一妻的小家庭。同样地，儿童也都公有，父母不知道谁是自己的子女，子女也不知道谁是自己的父母。不但丈夫与妻子彼此共有，而且父母与子女也是彼此共有。

关于优生优育，柏拉图认为男女之间不存在爱情关系，也不存在固定的婚姻关系，彼此之间的性关系完全是为了统治阶级本身的种族延续。男女的婚配按国家规定的节期举行，采用"某些巧妙的抽签办法"使"最好的男人必须与最好的女人尽多结合在一起，反之，最坏的与最坏的要尽少结合在一起。最好者的下一代必须培养成长，最坏者的下一代则不予养育"。英勇卫国、功勋卓著的年轻人要"给以更多的机会使与妇女配合"，以便为国家生育更多的优秀后裔。此外，为了国家的利益，按照优生学的原则对男女的生育年龄也做了严格的规定，"女人应该从二十岁到四十岁为国家抚养儿女，男人应当从过了跑步速度最快的年龄到五十五岁"，因为"这是男女在身心两方面都精力旺盛的时候"。对合法生育的孩子要进行检查，先天有缺陷的孩子被秘密处置，留下来的孩子由国家抚养，他们自幼就接受各种严格的教育和训练。男女完全平等，同校学习，同场操练，即使赤身裸体也不会遭到嘲弄或感到羞耻，因为"她们以美德做衣服"。

柏拉图强调农业应该成为理想国的经济基础。他认为，国家应该从农业取得收入，而且只能从农业取得收入，这样才会使我们不至于为了获利而把财产的本来目的抛弃掉。

《理想国》是柏拉图年轻气盛、充满理想主义的制度构建，在其后来出版的《法律论》一书中，他在理想国的基础上提出了“次优国家”的设想，其基本观点包括：以财产和家庭共有为基础，但治理国家不能只依靠道德而应辅之以最善的法律；在法律的限制范围内允许私人财产和蓄奴制的存在；实行国家分配制度；等等。

第二章　空想社会主义经济思想

空想社会主义的发展经历了三个阶段，即16~17世纪、18世纪和19世纪初，共经历了300多年。三个阶段的社会和历史条件各不相同，无产阶级的发展水平也不相同。

第一节　18世纪以前的早期空想社会主义经济思想

16~17世纪，以托马斯·莫尔、托马斯·康帕内拉和约翰·凡·安德里亚等为代表的空想社会主义家开始对社会主义制度进行探索和描述，并提出了共同劳动、按需分配等原则，简单、初步地描绘了社会主义制度蓝图，标志着欧洲社会主义思想的形成，这是空想社会主义发展的第一阶段。

一、18世纪以前早期空想社会主义经济思想产生的社会背景

（一）文艺复兴与航海大发现

1. 文艺复兴

11世纪后，随着经济的复苏与发展、城市的兴起与生活水平的提高，人们逐渐改变了以往对现实生活的悲观绝望态度，开始追求世俗人生的乐趣，而这些倾向是与天主教的主张相违背的。在14世纪城市经济繁荣的意大利，最先出现了对天主教文化的反抗。当时意大利的市民和世俗知识分子，一方面极度厌恶天主教的神权地位及其虚伪的禁欲主义，另一方面由于没有成熟的文化体系取代天主教文化，于是他们借助复兴古希腊、罗马文化的形式来表达自己的文化主张。文艺复兴着重表明了新文化以古典为师的一面，而并非单纯的古典复兴，实际上是资产阶级反封建的新文化运动。

文艺复兴最先在意大利各城邦兴起，以后拓展到西欧各国，于16世纪达到

顶峰，由此带来一段科学与艺术革命时期，揭开了近代欧洲历史的序幕，被认为是中古时代和近代的分界。

文艺复兴推动了西欧各国的宗教改革，打击了罗马教会的权威，冲破了神学的禁锢，解放了人们的思想，为自然科学的发展营造了民主的学术氛围，并提供了唯物主义的认识方法。大批希腊的古典著作和优秀思想得以进一步传播和发扬，使人们鼓起了彻底摆脱传统观念而倡导理性思考的勇气，给近代自然科学的诞生提供了丰富的思想养料；涌现了一大批文学家、艺术家和思想家，他们当中不乏同时在自然科学和工程技术方面做出重要贡献的人物。这是“一个需要巨人而且产生出了巨人——在思维能力、热情和性格方面，在多才多艺和学识渊博方面的巨人的时代”。

2. 航海大发现

开始于15世纪的地理发现还远未完成，大航海运动正在蓬勃发展。资本主义萌芽和商品经济的发展促使地理发现与航海探险的展开，这是推动科学技术发展的重要因素。出去探险的人需要有越发成熟的科学头脑，辅之以广博的科学知识、娴熟的技巧以及逐步改进的航海技术。这些社会需求都无不向科学和技术提出了更高的要求。地理大发现同样开阔了人们的视野，证明了人类改造自然和征服自然的无限可能，激发了人们对自然的探索热情。

16~17世纪早期空想社会主义者们的写作形式和情感基调与地理大发现和航海探险不无关系。大航海运动打破了欧洲与世界的壁垒，给人们带来了希望，也给人以无限的畅想。哥伦布的首航证实了确有传说中的“黄金时代”和处于“自然状态”中的“善良的野蛮人”，这是早期空想社会主义之所以能够产生的社会背景。可以说，如果没有哥伦布首航开始的地理大发现，莫尔和康帕内拉等人的早期空想社会主义思想的形成是不可能发生的。莫尔把在美洲考察的亚美利哥·维斯普奇航海船队中的一员作为叙述新发现的国家的中心人物。这可以充分说明16~17世纪早期空想社会主义者们的著作与大航海运动密切相关。随着哥伦布首次远航发现美洲而来的，是殖民扩张和西欧资本主义的发展。

（二）西欧经济复苏，封建社会解体

新航路开辟后引发商业革命，商业中心由地中海沿岸转到大西洋沿岸，英国处于有利的位置，贸易发达，促使英国工场手工业快速发展，特别是制呢业，同时羊毛需求量大增，催生了圈地运动，产生了资产阶级和资产阶级化的新贵族。由于斯图亚特王朝的封建专制统治严重阻碍了资本主义的发展，引发了1640~1688年的资产阶级革命。英国资产阶级革命大致经历了内战、建立共和国、护国主制、斯图亚特王朝的复辟和1688年“光荣革命”等时期，最终完成了资产阶级革命，确立了资产阶级和新贵族的统治地位。1689年英国议会颁布的《权利法案》为限制王权提供了法律保障，英国确立了君主立宪制，资本主义制度正式确立。新兴资产阶级为了维护自己的经济和政治利益，要求在意识形态上打破教会的神学观，改变维护封建制度的各种传统观念。

（三）资本主义初步发展及其问题的批判与反思

自中世纪以来，随着历史的发展，西欧封建社会相对平和的状态逐步走向瓦解。瓦解背后的历史动因是资本主义性质的工商业发展，资本主义工商业的发展使得发展起来的市民阶层逐步冲破原有封建社会的体制约束，使得原有的社会状态出现了很多不确定性因素。发展起来的工商业经济和市民阶层所带来的力量逐渐成为封建社会的破坏力量，使得封建社会逐步走向解体，同时资本主义经济的发展冲破了原有封建社会的束缚并逐渐在社会生活中处于主导地位。随着资本主义生产方式的出现，广大群众逐渐从封建关系中走出来，同时又马上陷入了资本主义新的更加残酷的剥削方式之中，深深地为资本主义所奴役。资本主义得到了初步发展，资产者和无产者的矛盾开始产生并持续发展，这使得空想社会主义者们开始对资本主义发展中显现的问题展开批判和反思，并幻想美好的社会制度。

个体分化与自由困境的矛盾让16~17世纪的空想社会主义者们向往新的社会制度和新的社会生活。在16~17世纪资本主义发展的过程中，随着社会原有等级关系的破坏，个体从整体中分化出来，脱离了原有的枷锁而逐步走向自由，但是这种变化只是让极少数资产阶级新贵族获得好处，广大群众却只能屈服于剥削的资本主义生产方式的重重枷锁。面对这种状况，16~17世纪早期空想社会主义者认识到了资本主义私有制的弊端和人的自由所面临的更大困境，决心重建一种理想的社会，为人们的自由和幸福保驾护航，由此开辟了推翻资本主义私有制、建立共产主义新社会的社会主义道路。

（四）英国工业革命

17世纪的英国经历了由资产阶级领导的反封建社会制度的革命，确立了代表资产阶级利益的君主立宪制度，为资本主义制度开辟了道路。资本主义的发展促进了工业革命的发生，为社会带来了先进的生产力，从而使得生产水平迅猛提高，人们从中看到新制度的先进性，进而奠定了资产阶级在之后社会发展中的地位。资本主义的发展推动了科技变革并提高了生产力水平，生产力的发展也带来了生产关系质的变化，与资产阶级对立的无产阶级渐渐形成规模，同时，两大阶级对生产资料的占有和在社会中的地位也日渐悬殊，资本家贪婪无情的嘴脸暴露无遗，社会矛盾日益激化。资产阶级占据议会，行使政治权力，并通过推出一系列维护他们利益的相关政策来巩固其政治地位，与此相对应，无产阶级甚至没有任何选举权。此外，资产阶级通过采购机器、使用先进的科学技术提高生产力，压榨工人获取巨额财富，使剥削者越发富有、无产者越发贫穷，同时，由于机器大生产代替了过去的手工业生产，越来越多无产者失去赖以生存的环境，社会贫富差距增大，无产阶级与资产阶级的矛盾越来越深，社会中的不和谐因素增多，动荡不安的社会处于极速转型期。

正是在这一背景下，许多思想家开始思考新的社会制度的建设。他们对现有社会制度的合理性产生怀疑，思考和追问人类社会发展的终极意义，最终得出必须用一种新的社会制度来取代旧制度。

二、莫尔生平及其空想社会主义经济思想

（一）莫尔的生平

莫尔（1478~1535 年），欧洲早期空想社会主义学说创始人，才华横溢的人文主义学者和阅历丰富的政治家，以其名著《乌托邦》闻名于世。莫尔出生于英国伦敦一个不太显赫的富裕家庭，幼年丧母，由父亲带大。他的父亲曾担任过皇家高等法院的法官，是一位勤俭持家、正直明达的人，对莫尔的一生产生了深远的影响。1492 年，莫尔进入牛津大学攻读古典文学，学习了大量人文主义学科知识并对他产生了极深的影响，使其成为一位坚定的人文主义者。1494 年，莫尔离开牛津大学，进入了新法学院学习法学，之后又在林肯法学院学习英国法律并很快获得了头等律师的名号。莫尔踏入社会是从律师起步的，他曾担任过伦敦司法长官、副财务大臣、下院议长、英国大法官的要职。

在近代早期的英国，蔓延欧洲的“黑死病”和开始于 16 世纪的圈地运动直接导致大量成年劳动力四处流浪，成为威胁社会稳定与安定的流民大军，正如伦纳德所说，“在十六世纪以前，乞丐只偶尔令人烦恼，现在他们却变成了慢性瘟疫”。英国是具有悠久民间慈善历史的国家，然而面对当时严重的贫困问题，民间济贫的作用和效果却十分有限，亟须英国政府采取有效的手段救济贫民以解决流民问题。尽管英国政府早就制定了针对流民问题的立法，但是并不能从根本上解决贫困问题。鉴于此，很多人文主义思想家、哲学家提出了他们自己对贫困问题的思考以及相应的济贫办法，莫尔即为其中最著名的一位。

（二）莫尔的空想社会主义经济思想

莫尔的空想社会主义思想主要体现在其著作《乌托邦》中。《乌托邦》作为空想社会主义的开山之作，一经出版便颇受关注，众多国内外学者对该作品及莫尔进行了研究，莫尔也因此成为近代空想社会主义的奠基人。

在莫尔看来，私有制是造成贫富差距扩大的根本原因，要解决这一矛盾就要彻底废弃私有制，这一主张集中体现了早期无产者的要求。莫尔是个彻底的革命家，主张通过实际行动以及运用暴力手段来推翻不合理的社会制度。

早在少年时期，莫尔在一次当铺的见习过程中发现，当时社会上的穷人原来

如此之多。莫尔心里对他们非常同情，希望通过自己的努力让他们过得更好，他的济贫思想由此萌芽。成年后，莫尔对于贫苦百姓失地之后的悲惨命运更是充满了深深的关切与同情。莫尔认为，贫困问题的罪魁祸首正是土地私有制，从而他将矛头直指圈地运动中占有土地的贵族统治阶层："有一批尊贵的人，他们懒惰得像公蜂一样，完全依靠其他人的劳动。"圈地运动使贵族占领绝大部分农耕土地，而真正利用生产资料创造价值的劳动者却因生产资料的缺乏而陷入贫困的境地，被迫拖家带口、背井离乡，他们几乎倾尽全力地卖掉所有的家具，但这很少的一笔钱也很快会被花光，他们只能沿路流浪、乞讨，甚至偷盗，别无他法。

如果不是英国贵族将生产资料占为己有，由圈地运动所引发的一系列流民及贫困现象就不会出现。"可怜的人们被逼卖掉自己所有的财产，把土地也卖掉了。"随着耕地面积的减少，"很多地方谷物的价格上涨。羊毛的价格也急剧地上升，以至于经常从事编织工作的穷人再也买不起羊毛了。因此，他们中间的大多数人无所事事了"。无论是失去工作的织工，还是那些被解雇的仆人，除了沿街乞讨或是盗窃抢劫，他们根本别无选择。莫尔毫不隐讳地直接抨击那些豪门和贵族，甚至修道院中的人士，通过对统治阶层麻木不仁、利益至上的强烈谴责，生动地反映了失地农民被迫背井离乡的愤懑和无奈，表达了对普通民众命运的深切关心。

面对社会的现实问题，莫尔提出要济贫首先必须废除私有制，即农耕土地是最能够产出价值的财产，应该归社会公有。由复杂法律支撑的私有财产制度是社会弊病、不平等和争端产生的主要原因。因此，莫尔指出："在彻底清除私有制以前，根本不可能公平地分配财产，整个国家也不可能过得幸福：只要这种制度存在，那么最大的一部分也是最好的一部分人就会一直摆脱不掉贫困和焦虑的负担。"在此，莫尔对一直勤苦劳作的贫苦农民表达了深深的同情，他认为真正应该得到财富的人是穷人，因为他们诚挚而善良，一直在为公众做工，而不是为自己劳动。

在莫尔的心目中，乌托邦有 54 座市镇，城镇间的和谐正源自他们并非将其土地看作私有财产，而是看作他们必须开垦种植的生产资料。莫尔指出，帮助农民的办法唯有振兴农业，农耕是"每个人的工作，那些农场被安排得井井有条，他们一直都没有忽视农业，也就不会出现任何问题（如果出现问题的话，可能就是致命的），这样还为他们带来了丰富的粮食"。他们"有十分丰富的物资，而且这些东西在他们中间平均分配，任何人都不缺少，任何人都不会被迫去乞讨"。产品富余，乌托邦人根本无须乞讨或付钱购买即可获得维持家庭生计所必需的物品。生产资料公有，个人消费品应有尽有，贫困问题自然不复存在。

三、康帕内拉生平及其空想社会主义经济思想

（一）康帕内拉的生平

康帕内拉（1568~1639年）是一位意大利著名的早期空想社会主义者，他出生于意大利南部的农民家庭。康帕内拉幼时广泛阅读了修道院中的藏书并形成其独特的思想，后被当权者密谋而关入监狱，在狱中他完成了大量著作，包括其最负盛名的《太阳城》。他所写的《太阳城》(1623年出版）和莫尔的《乌托邦》(1516年出版)，最早地作出了对“理想社会制度的空想性的描写”，它们在社会主义思想史中处于并肩地位，康帕内拉和莫尔是资本原始积累时期空想社会主义的主要代表人物。

康帕内拉在少年时代就在一个参米尼克派的僧侣的指导下接受了早期的教育，15岁时进入修道院学习哲学。后来在自然哲学家特列左著作的影响下，他开始反对经院哲学。1591年，康帕内拉出版了第一部著作《以感觉证明的哲学》。他反对中世纪的经院哲学，提出了必须根据感觉到的材料来说明自然的论点。康帕内拉是一位先进的政治活动家和爱国者，他积极地参加了反对西班牙压迫的战争，并且成为一个秘密组织的领导人，后来因为叛徒告密而被捕。康帕内拉受尽了残酷的刑罚，在狱中度过了整整27年。他的著作《太阳城》就是在狱中写成的。他在这部著作中，运用对话的体裁，描写了一个没有私有财产、没有剥削和压迫、人人过着幸福生活的美好社会，并且有力地抨击了剥削社会的一切罪恶。

（二）康帕内拉的空想社会主义经济思想

对私有制的深恶痛绝和对公有制的热情向往，是康帕内拉思想中非常可贵的内容。在《太阳城》中，他就当时社会存在的分配失调、贫富对立等问题进行了猛烈的批判，并认为导致一切弊病的根本原因是私有制。在他看来，私有制是自私自利的象征，是违反人类仁爱道德要求的。财富的私有让人们变得贪婪，这是人类社会的最大缺陷，是一切恶习的根源。在太阳城，完全没有私有财产，一切产品和财富都由公职人员进行分配，每个公民都从社会那里取得必需的物品，谁也不可能把任何东西据为己有。这样一来，剥削社会中那种贫穷和富有根本对立的祸根就被铲除干净了。康帕内拉写道：“在他们的公社制度下，太阳城的人民都是富人，但同时又是穷人。他们都是富人，因为大家公有一切；他们都是穷人，因为每个人都没有私有财产；他们使用一切财富，但又不为自己的财富所奴役。”

康帕内拉强调普遍义务劳动的必要性，他认为全体公民需共同承担所有社会劳动，劳动没有贵贱之分，劳动是光荣的。康帕内拉对于劳动的看法极大地改变了人们对阶级的看法，影响了之后社会学家对阶级区分标准的认识。

在太阳城，一切劳动都由全体公民共同负担。劳动没有贵贱之分，只有繁重劳动和轻微劳动之分。各种劳动都同样受到重视，只是根据各人的体力状况分配不同的劳动。最繁重的劳动，如播种、耕耘、收获、打谷等由男性承担；比较轻微的劳动，如挤羊奶、制乳酪、割草等，则由女性承担。对于身体有残疾的人，也都根据他们的情况分配做适宜的工作。一切有劳动能力的人都参加劳动，做到各尽所能、人尽其才。由于人人都参加劳动，每人每天只需要工作四小时，其余的时间用来从事科学研究、文化娱乐和体育活动，这样就把脑力劳动和体力劳动结合起来了。在太阳城，“每个人无论做什么工作，都同样是最受人尊敬的”。服务性行业的工作也是这样，谁也不会把在食堂和厨房工作或看护病人等看作是不体面的工作。在太阳城，不仅大家都必须参加劳动，而且劳动已经成为光荣的、受人尊敬的事业。对于所有居民而言，一切都是自己动手，根本不使用仆人，因此在太阳城，不仅没有奴隶，连仆人也没有了。同时，在太阳城，大家都注意利用新的生产技术来减轻自己的劳动和创造富裕的生活，农业和畜牧业生产进行得很好。

在完全没有私有财产和大家都从事义务劳动的情况下，太阳城的公民产生了一种崭新的道德风尚。康帕内拉认为，在剥削社会里的人民饱受“诡辩、伪善、残暴行为”三大罪恶引起的痛苦，而自私自利是一切罪恶的根源。而在太阳城，由于实行了公有制，人们的精神面貌完全是另外一个样子。康帕内拉认为，一切因穷人过度劳动、富人游手好闲而产生的身心上的恶习也会同样地被消灭。他写道，“由于在他们中间不会碰到抢劫、杀人、暴行、乱伦和奸淫以及我们的人民常犯的任何其他罪行，所以他们对于忘恩负义、仇恨、彼此不尊重、懒惰、狂暴、垂头丧气、小丑行为和撒谎都加谴责。他们认为撒谎是一种可恨的瘟疫”，“他们认为骄傲是一种最可憎的毛病，所以他们对于一切骄傲的行为非常鄙视”。总之，剥削社会中精神面貌上的“污垢”都被太阳城的人民一扫而光。在太阳城，老年人和身体残疾的人都普遍地受到尊敬和照顾。

太阳城的社会产品公共分配，物质福利共同享受。全体公民都住在公有的房屋中，每隔六个月更换一次，他们都在公共食堂用膳，他们所需的服装也由社会统一分配。在太阳城，除了对外贸易之外，根本不存在商品交换，也不使用货币。康帕内拉非常轻视金银的作用，只把金银用来制作器皿和各种公共的装饰品。康帕内拉提出在共同劳动的基础上实行产品共同分配的原则。

太阳城的所有婴儿均由公共教育机关负责抚养，所有儿童都能受到普遍的社会教育。在康帕内拉的教育思想中，非常重视直观教育的作用。整个太阳城的城墙上，布满了各种各样画有科学知识的壁画，简直成了一所教具直观的博物馆。儿童们从两岁或三岁起，就可以根据图画和文字学习字母，由许多教师负责讲授壁画的内容，在十岁以前就能通过直观教学法来掌握各种科学的基本知识。值得注意的是，康帕内拉提出把对儿童的智育和体操、游戏，工艺方面的教育结合起来的主张。他写道，儿童从七岁起，开始光着头赤着脚，同时，把他们送到各个工场去学做鞋匠、面包师、铁匠、木匠，或送到画室去绘画等，以便了解他们将来适合做什么工作，从八岁起，“有时也派他们到田野和畜牧场去观察和学习农业和畜牧业”。

太阳城的社会制度的基本原则，是受天赋理智的支配而确定的，“我们描绘的我们的这个国家，不是上帝所提供的国家制度，而是通过哲学家的推理所发现的国家，并且我们是从人类智慧的可能性出发，来证明‘福音书’的真理是符合自然的”。太阳城的最高领导人是最明智的哲学家，同时又是最高祭司，在他下面有三位领导人，分别掌管军事，掌管艺术、手工业和各种科学，掌管有关生育的一切事务。太阳城的公民，在定期召开的大会上都有权利批评政府负责人员的工作，提出自己的意见。全体负责人员都由人民选举产生，而且根据人民的意志而撤换。四大领导人则是例外，只有出现了在才智方面都高于他们的公民时，他们才自己解职，而这种情况是很少有的。由此可见，太阳城的政治制度是把民主原则和“贤人统治”原则结合在一起的。

太阳城的公民非常热爱自己的国家，勇于保卫自己的国家。他们“对敌人的侵袭迎头痛击”，“决不贪生怕死”。全体公民普遍地接受军事训练，为了戒备敌人，为了抵御敌人的进犯，为了进行正义性的战争。“尽管太阳城的人民不会发动战争，但他们绝不放弃军事训练和狩猎。这是为了使自己不至于软弱，不至于被敌人攻其不备。太阳城人民进行正义性战争的目的，并不是要消灭敌国人民，而是要使他们的生活过得更好。太阳城人民对待战败国人民具有人道主义精神，他们总是对战败国的人民给予各种恩惠”，“战争结束后，太阳城的人民就立刻在被征服的或者自愿归顺的城市那里实施财产公有制”。

四、安德里亚生平及其空想社会主义经济思想

（一）安德里亚的生平

安德里亚（1586~1654 年）出生于一个德国的宗教家庭，是德国著名空想社会主义思想家，其代表作为《基督城》。

安德里亚出生于宗教世家，祖父和父亲都曾是神学教授，母亲对自然极感兴趣，安德里亚从小受到宗教和科学的熏陶，为他日后从事宗教和科学研究打下了坚实的基础。1601 年，他进入杜宾根大学攻读天文学、神学、历史和文学，又掌握了拉丁文、希腊文等多种语言；1603 年，他获得学士学位；1605 年，他荣获硕士学位。1607 年，由于涉及一些大学生破坏校规的事件，他被学校开除，

从此结束了学生生活。从 1607 年开始，安德里亚周游了许多国家和地区，访问了瑞士洛桑和日内瓦，那里宗教改革的成就、平等和谐的社会组织给他留下了深刻的印象。国内外漫游开阔了他的眼界，他对西欧新兴的资本主义制度及其所带来的社会变化和社会矛盾有了许多感性的认识。同时，欧洲文艺复兴运动在思想文化界所形成的清新气息和人文主义思潮对中世纪以来长期禁锢人们思想的旧神学的冲击，也给了他很大的震动。这些都为他后来写《基督城》提供了重要的生活源泉。1614 年，安德里亚回到国内，从事著述和教职工作，德国在经济上的落后、政治上的分裂和思想文化上的保守，促使他构思创作心目中的理想国——基督城。莫尔的《乌托邦》和康帕内拉的《太阳城》是安德里亚孕育《基督城》的重要的思想源泉。正是在上述主客观条件的汇合下，《基督城》这部空想社会主义名著于 1618 年诞生。安德里亚的后半生致力于改革实践，试图用他《基督城》的理想造就一代新人。

德国在西欧属于较早发展资本主义的国家之一，手工业生产较为发达。14 世纪，为了加强对外商业联系，北德意志各城市联合组成经济性、政治性的汉萨同盟，国际贸易的扩展有力地促进了国内资本主义经济的产生；采矿业中也有了资本主义的萌芽，同时，城市的繁荣也促进了农业的发展。到 16 世纪初，建筑和印刷业企业如雨后春笋般大批出现。当汉萨同盟因不敌英国人和荷兰人的竞争而衰落时，南部的工商业城市却日益兴起。在这些城市中逐渐成长起一批市民阶层，这就是最初的资产阶级。虽然德国的资本主义有了很大的发展，但是比起西欧其他国家还是远远落后的，特别是德国政治上四分五裂的割据局面，严重妨碍了资本主义经济的发展。中世纪的欧洲是由天主教会统治的。德国的天主教会既有宗教特权又有封建特权。教会在征收贡税之外还出售圣物和赎罪符等，巧取豪夺。同时，罗马教廷还从德国教会榨取大量钱财，以致德国被称为“教皇的奶牛”。宗教压迫和阶级压迫交织在一起，于是 1517 年爆发了马丁·路德领导的宗教改革运动。由于德国新兴市民资产阶级的软弱性，以马丁·路德为代表的宗教改革未能在德国掀起政治性的资产阶级革命风暴，却在下层贵族和农民中产生了巨大反响。正如恩格斯所说：“路德发出的反对教会的战斗号召，唤起了两次政治性起义。首先是弗兰茨·冯·济金根领导下的贵族起义（1523 年），然后是 1525 年（由托马斯·闵采尔领导）的伟大的农民战争。”尽管两次起义都以失败告终，但它们显示了德国农民强大的力量。总之，德国资本主义经济的初步发展使社会产生了新的矛盾，封建割据与君主制不仅妨碍了资本主义的进一步发展，还加剧了社会矛盾，宗教改革的不彻底又加深了教会内部新旧势力的矛盾，加上农民战争的失败，软弱的资产阶级无所作为，无产阶级还在萌芽状态，中小贵族阶层力量单薄。在这种情况下，只有知识分子中的有识之士开始重新设想改革的方案和途径，并把希望寄托于虚构的未来的理想国。安德里亚的《基督城》就是在这种历史背景下应运而生的。

（二）安德里亚的空想社会主义经济思想

早期空想社会主义是随着资本主义的萌芽和发展以及早期无产者的出现而产生的思想体系。安德里亚的社会主义思想著作《基督城》中，设想了一个实行共产主义制度的社会：在这个社会中，所有生产资料都归公共所有，所有适龄人都要参加劳动，不存在剥削与偷懒，全部生产都专业分工，人们尽其所长、物尽其用；在产品的分配上，基督城也实行平均主义，不存在特权，由集体领导，是一个理想的共和国家，人人都遵守法律、尊重教育，都循规蹈矩地生活。

早期空想社会主义思想家大多从统治阶级内部分化出来，反映了社会最底层对现实社会进行总改造的要求，但这一时期对于社会主义制度只是一种文学描述，提出的社会主义基本原则只是一个粗糙而简单的轮廓，总体上是幻想的共产主义社会，而且由于当时工业化的不发达，对于未来理想社会方案的设计还是以手工工场为原型，没有把握历史发展的规律，因而最终被历史抛弃，但它们的价值却无可非议，不论是对圣西门还是之后的其他社会主义思想家都产生了深远的影响。

第二节　18世纪中期空想社会主义经济思想

18世纪的空想社会主义者几乎都出现在法国，产生了反映资产阶级革命准备和进行时期无产者的政治、经济要求和社会理想的空想社会主义。中期空想社会主义的特征为平均共产主义。这一时期的空想社会主义思想家们将视野放到资产阶级之外，开始对共产主义进行研究和探索，试图从理论上表达半无产阶级和无产阶级的不甚清楚的革命理想，并取得了一定的成果，代表人物有让·梅叶、摩莱里和马布里等。

一、18世纪中期空想社会主义经济思想产生的背景

（一）法国启蒙运动

18世纪是空想社会主义史的第二个时期，此时法国进入了思想大解放、社会大变革时代，欧洲革命的中心转移到了法国。启蒙运动是法国大革命的前夜，是一场资产阶级和人民大众的反封建、反教会的波澜壮阔的思想文化运动，它是继文艺复兴后的又一次伟大的反封建的思想解放运动。它的斗争对象是封建专制

制度和它的精神支柱即天主教势力，其核心思想是“理性崇拜”，即用理性之光驱散愚昧的黑暗。这次运动有力地批判了封建专制主义、宗教愚昧及特权主义，宣传了自由、民主和平等的思想，为欧洲资产阶级革命做了思想理论准备和舆论宣传。

这个时期的启蒙运动覆盖了各个知识领域，如自然科学、哲学、伦理学、政治学、经济学、历史学、文学、教育学等。启蒙运动进一步解放了人们的思想，为美国独立战争与法国大革命提供了框架，促进了资本主义和社会主义的兴起，同时，启蒙思想也成为半封建半殖民地社会人民争取民族独立的精神武器。启蒙运动在政治上、思想上和理论上为西方后来的经济社会高速发展奠定了坚实的基础，对整个西方近代文明产生了深远的、关键的影响，最终使法国走进现代文明发达国家行列。

（二）欧洲资产阶级革命进入准备期

随着法国资本主义的发展和阶级矛盾的激化，空想社会主义思潮的中心也转移到了法国。这一时期资产阶级在文化上取得了对封建势力的空前胜利。18 世纪，欧洲资本主义普遍由简单协作发展到工场手工业阶段，资本主义生产关系更加巩固，资产阶级的经济实力更加增强，成为欧洲资产阶级准备革命和进行革命的时期。与此相适应地，空想社会主义思潮也普遍革命化，产生了更加激进的空想共产主义。

（三）学者们开始张扬理性

这一时期的空想社会主义与早期空想社会主义相比有着自己的显著特征。首先，从空想社会主义的表现形式来看，文学成了他们批判旧世界、建立新社会的方式；其次，从空想社会主义所运用的理论武器来看，理性论是 18 世纪空想社会主义者普遍使用的批判工具；再次，他们有着自己旗帜鲜明的旗号，即平等，这种平等是在消灭阶级条件下的平等；最后，他们企图在小生产方式占统治地位的条件下超越资本主义而实现共产主义。

由于法国既是启蒙运动的中心区，又是大革命的发生地，思想得到了解放，社会氛围宽松，这一时期的空想社会主义者几乎全部出现在法国。在思想内容上，这一阶段的空想社会主义者接过了启蒙思想的理性主义和“平等”观念，并赋予了其超越资产阶级内涵的内容，以理性主义和平等观念来批判资本主义造成的不平等，同时，他们拓展了“平等”的内容，使“平等”的要求不再局限于政治权利，而是广泛到包括个人和群体的社会地位。在表现形式上，这一阶段社会主义文献的体裁已经普遍抛弃了 16 世纪和 17 世纪的文学游记形式，而是直接以理论专著的面貌出现，对社会主义的一些重大原则、方针政策进行深入、严肃的探讨，从而比起前一阶段深化了对社会主义的认识。在理论探究之外，巴贝夫等人的群众运动在继承和发扬闵采尔革命传统的同时，以法国大革命为实践场，对社会主义革命和政党建设进行了进一步的探索，取得了宝贵的经验。然而，受制于此时生产力和生产关系的发展水平，18 世纪的空想社会主义仍然带有普遍的平均主义和禁欲主义的色彩。

二、梅叶生平及其空想社会主义经济思想

（一）梅叶的生平

梅叶（1664~1729 年），法国 18 世纪空想社会主义的先驱，著名的唯物论和无神论者。梅叶出生于法国一个农民家庭，幼时在教区学校接受宗教教育，熟悉农村并且同情穷人，立志改变现存制度。他的著作《遗书》写于得知自己将离开人世之际，主要内容是对宗教神学展开批判，认为其和现存社会制度一样，宗教产生的根源是无知。他充分揭露和批判宗教迷信，旗帜鲜明地宣传唯物论和无神论，对社会不平等现象表达强烈的不满，描述了所向往的未来社会。

梅叶在当时法国思想界绝对算得上是一位忠实的共产主义战士，因为他的一生都在为劳苦大众而奔走。不仅如此，他的一生基本上都是在农村度过的，他亲眼目睹了当时法国封建贵族和地主对农民的压迫，他对于农民的悲惨境遇有着切肤之痛。从批判的深度来说，恐怕没有人能够望其项背。他深刻地揭露了当时处在法国封建贵族和地主压迫之下的农民的状况，对当时的压迫者进行了无情的批判。

在梅叶所处的那个时代，法国农村呈现出一种普遍衰落的景象，农民的生活苦不堪言，他们过着暗无天日的日子，在那个死神笼罩着的大地上，他们痛苦地呻吟着。对于当时法国农民的悲惨境遇，我们可以从当时法国官方的《农村状况报告书》中一窥全貌。根据这个报告书的描写，当时法国的农民赤贫到了极点，他们没有像样的房子，没有金钱来修复已经破落不堪的房子，他们没有自己的土地，过着乞讨的生活，即使是有土地的农民，也由于生计的需要而不得不变卖自己的土地。除了乞讨，他们只得在地主的土地上从事繁重的劳动来苟延残喘，轻微的自然灾害都足以让他们流离失所，他们除了草根和树皮，几乎再没有其他可供食用的东西，他们除了那身完全不合身的破烂不堪的衣服之外，就再也没有其他的衣服可以换洗。

在当时的法国农村，农民由于土地的缺失一步步地沦为了无产者，他们只得寄居在拥有土地的贵族的压迫之下，这似乎是他们在当时生存下去的唯一方法。只要他们拥有一片属于自己的土地，他们就不至于背井离乡，他们就会抓紧这保证他们生存的最大希望。然而，正是这一希望的破碎切断了他们与土地之间的联系，之后的土地对于他们来说只是无尽的折磨和痛苦。

(二) 梅叶的空想社会主义经济思想

1. 梅叶对当时法国社会关系的批判

梅叶在评价当时制度及其机构时的出发点是道德的准则，他有时把道德的准则说成是“天赋人权”准则。以此原则为出发点，他深刻地揭露了当时存在于社会中的一些不良的和不公道的现象。

梅叶把财富分配不均的现象看作当时社会的最大祸害。按照他的说法，这个世界上似乎存在这样的两类人，一类人天生就高高在上，他们天生高贵，是天生的统治者，他们可以迫使可怜的劳苦大众为他们努力工作来满足他们的私欲，他们可以骑在人民的头上作威作福。维持他们挥霍的财富既非他们劳动所得，更不是他们祖先的积累，因为他们祖祖辈辈都是以剥削和压迫为专职的，他们把从农民那里掠夺来的财富据为己有，然后宣称为自己的合法所得，所以他们从祖先到后辈都是无耻的强盗。他们打着一面正义的旗帜，时刻准备着作恶，但是他们在这虚假的正义旗帜之下还要打着更为冠冕堂皇的借口，他们说他们是人民权利的保护者，他们维护人民的自由和权利，他们就是这样以一副虚假的面孔来作恶的。而另一类人则是天生的“可怜虫”，他们的专职是劳动和服从，他们的一生似乎就注定了只能做卑微的奴隶，他们天生就是来受压迫和折磨的，在压迫者奴役下生活似乎就是他们的宿命。对于这残忍的一切，他们只能默默地承受。按照梅叶的观点，平等是所有人不可剥夺的权利，社会上的所有人都应该拥有为自己劳动的权利，同时也应该拥有得到自己劳动成果的权利。这应该是所有人应当享受的最基本的权利，而不应该人为地抬高某些人或者是人为地贬低某些人。在社会财富的分配上也应该是平等的，而不是一部分人得到的多，另一部分人得到的少，甚至是一点也不给。这种现象显然是不公道的，也不符合上帝的愿望（耶稣主张我们要像对待自己兄弟一样地对待他人）。基于这一平等的原则，梅叶评述了当时法国的社会关系，他认为当时法国农民是最为不幸和可怜的，他们不遗余力地为贵族们劳动，为他们创造财富以供他们挥霍，但是他们自己却过着惨不忍睹的生活。这些无所事事的贵族们，他们不用付出一丝的劳动就可以获得他们所需要的一切。在这些贵族们的奴役之下，农民们被强迫去尽原本不属于自己的义务。

除了那些剥削和压迫人民的贵族和地主之外，梅叶把僧侣和无所事事的懒汉也归入了这一行列。在梅叶看来，在所有这些寄生虫当中最值得注意的是僧侣。这些人对社会没有任何贡献，然而恰恰是这些无所事事的僧侣却占有极大的物质资源。他们是极其虚伪的，他们打着要救人出苦海的旗帜到处招摇撞骗，他们告诫人们，我们一切人都是有罪的，只有在今生善修德性，不可贪恋物质财富，死后才可以进入天堂。还有那些懒汉和骗子，他们依靠人民的劳动来生活，给人民带来了极大的危害。如果有人劝说他们从事劳动来保证物质的充裕，那他们肯定会说，他们即使不用劳动也可以生活，那么他们还有什么必要来劳动呢？梅叶最痛恨的是国王和依附于国王的贵族、僧侣、佞臣等封建统治势力，认为他们“都是些嗜血的和残酷的压迫者”，“是一群令人发指的暴徒”。他说画家不应该把想象中的魔鬼画得奇形怪状来吓唬人，而应该把魔鬼描绘成一切漂亮的贵族老爷、一切当权人物、一切富人和他们的太太及小姐，他们才是真正的魔鬼，他们给穷人所造成的祸害比幻想中的魔鬼更残暴。因此，他号召劳动群众起来革命，推翻国王和贵族的封建统治，实现社会的普遍解放。

根据梅叶的描述，这就是当时法国的社会关系，全社会被分成了两个有着天壤之别的阶级，即剥削阶级和被剥削阶级。剥削阶级过着穷奢极欲的生活，被剥削阶级却在剥削阶级的奴役之下痛苦地呻吟着。

2. 梅叶的社会政治思想

通过对当时法国社会关系和专制制度的批判，梅叶提出了自己的社会政治思想。首先，在财产的分配上，应该是公正的，而不是人为地让财产分配存在差别。人民在土地上艰辛地劳动，他们完全有理由获得属于自己的那部分财产，那些不参加社会劳动的“寄生虫”，他们才最不应该得到财产。只有这样，财产的分配才是公正的，到了那个时候，人们之间才会像兄弟那样相互对待，他们再也不会相互埋怨和指责。他认为，人民要把自己的财产交到同一个地方，当他们需要的时候再去取。这显然是一种按需分配的方式。另外，在职业方面，他认为人们所从事的职业都是适合自己的职业，这种职业给他们带来的只是满足和快乐，没有痛苦，因为这个职业是他们自由选择的结果，并且还可以给他们带来财产。其次，在所有制结构方面，他认为应当以集体所有制来代替私有制。私有制的存在只会给人们带来痛苦，它必然会造成分配上的不均衡，而分配的不均衡势必会造成社会的两极对立，结果必然是一部分人生活在天堂，另一部分人生活在地狱，私有制的存在只会给人带来痛苦。而如果代之以集体所有制，这些问题都会迎刃而解。因为在一个公有制的社会里面，人们再也不用担心自己的劳动财产会被他人侵占，他们再也不用通过替他人劳动来维持自己的生活，此时的他们完全是为自己劳动。当他们需要食物和衣服时，他们就可以在“公社”获得他们所需要的一切。最后，在这样一个社会里，人们可以享受到自由和平等。他们不但可以自由地选择自己的职业，而且还可以自由地选择自己的婚姻。在梅叶看来，男女两性都拥有自由和平等的权利，他们的结合应当是在他们自愿的基础上的，他们不仅可以自由地结婚，而且他们还有离婚的自由，因为他们都是平等的。到那个时候，世间再也不会存在不幸的婚姻。他们抚养子女所需要的费用自有“公社”替他们分担，他们的子女自小就可以受到良好的教育。

三、摩莱里生平及其空想社会主义经济思想

（一）摩莱里的生平

摩莱里（约 1700~1780 年），18 世纪法国杰出的思想家，著名的空想社会主义者。摩莱里是其笔名，他的生活背景以及本名均不得而知，摩莱里在历史上带有几分神秘的色彩。许多人知道摩莱里写的著作，却不知摩莱里其人。他一生写有许多著作，涉及历史、哲学、宗教等领域，特别有影响力的著作是《巴齐里阿达》和《自然法典》。

摩莱里是理性论的代表。他认为理性是人的自然本性、自然状态，任何一个民族如能按照自然界的要求办事，它就能适应自然，顺利发展。而以公有制为基础的社会制度最符合人的自然本性的要求，是理性的制度，其以暴力的或教育的方式消灭私有制，使社会符合自然规律。他的思想在《自然法典》中直接以理论的方式展现，并在其中明确提出了他对未来社会的详细设计，以法律的方式为未来世界做规划。他从政治、经济、婚姻、社会管理等方面对未来世界进行了他认为“合理”的规划。

（二）摩莱里的空想社会主义经济思想

1. 私有制是万恶之源

首先，私有制造成人的贪欲和利己心疯狂地生长。摩莱里的所有对人的论述都是建立在“人性本善”的基础之上。他认为孩童时期的争吵只是无意识地为了满足自身的需要而产生的短暂性争执，不存在“惯常的欲念”。摩莱里明确地提出了“我所知道的宇宙中唯一的恶习就是贪欲”。在自然状态里，人们以公共福利为荣，以游手好闲为耻，人类的贪欲是对自然法则的违背。他把个人利益称为“普遍的瘟疫”和“慢性热症”，认为这种贪欲产生和发展的土壤就是私有制。

其次，私有制造成了阶级等级的分化。美洲在摩莱里看来是遵守自然法典的典型代表，在那里为了生存的需要，每个人都主动进行劳动，并且会对资源进行无偿的分享。在这个群体中最高的立法者是通过他在人们心中的自然威望和血缘之亲以及他的影响力来决定他的地位的，他与其他公民没有什么两样，除了人们对他的尊敬之外，他没有什么是特殊的了。人们对他的尊敬比人们对专制者的尊敬要更发自内心。在自然法则的本体世界里，人与人都是平等的，这是我们互相交流和认同的基础。在这种环境里，我们才能拥有舒适、安全和和平的生活，以便安稳地享有我们的财富，并且有更大的保障来防止除共同体之外任何人的侵犯。然而，私有制的产生造成资源的不平等分配，这就意味着一些人从一开始就处于被奴役的状态。基层人民辛苦地工作，却还要背负养活特权阶级的重担，而

这些人也并非是对社会有多大贡献的人，这些游手好闲的特权阶级享受着最高的特权，这从一开始就是不平等的。

最后，私有制导致不合理的政治制度和法律制度的产生。摩莱里认为人类最美好的时代就是处在自然状态的时代，私有制是人们对自然状态的偏离，因此当时世界的政治制度和法律制度都是建立在私有制的基础之上，“那是一切基础中最不稳固的基础”。在这种基础上的国家，无论是哪种政体，都不可能解决所有的社会病患，就像是庸医给病人开药，永远都是治标不治本。私有制的发展使国家建立了君主专制统治，“正是由于国王和僧侣贵族占据了国家的大部分土地和其他生产资料，才使他们拥有了任意支配人民的特权”。在专制国家中，君主拥有至高无上的权力，他们凭借自己手中的土地资源来对平民百姓进行压榨，形成层级分明的等级制度，享受最高的特权。以私有制为基础的社会所形成的法律制度同样也是对特权阶级微笑，对平民百姓哭泣。摩莱里认为自然界的法则是可以引导人们重回自然状态的法则，这部法则主要是为人们创建一个不犯错或者尽可能不犯错的环境，把人们的思想向自然状态引导。

2. 废除私有制的措施

为了推翻以私有制为基础的政治制度，摩莱里提倡采用立法的方式，以基本法为核心，其他方面的法律相配合，共同建立一个“自然状态”下的法则。摩莱里明确地提出私有制是万恶之源，必须废除私有制，建立以公有制为基础的理想社会，他在描绘未来社会时所制定的第一条法则就是：“社会上的任何东西都不得单独地或作为私有财产属于任何人，但每个人因生活需要、因娱乐或因进行日常劳动而于当前使用的物品除外。”不仅如此，摩莱里还制定了经济法等各个方面的法律，不仅断绝了私有制的源头，而且在社会的方方面面都不给私有制留有发展的空间，形成了一个覆盖政治、经济、文化和外交多方面的废除私有制的法律体系。

四、马布里的空想社会主义经济思想

（一）马布里的生平

马布里（1709～1785 年），18 世纪法国空想社会主义者，历史学家和政论家。马布里出生于法国贵族家庭，家境富裕。据说他父亲在世之时，就已经给他存了一笔可观的银行存款基金，可供他过一辈子优裕的生活，而且他自己还获得了巴尔勒岛的议事司铎和护士的职位，收入颇丰。后来他又转入外交部门，工作极为出色，深得当权者赏识。然而，他都把这些当作身外之物予以抛弃，他不为名、不为利，去从事自己所要从事的事业，去追求他所要追求的真理，去从事文学的、历史的、政治的、哲学的多方面的创作活动，最后他成了一名出色的空想

共产主义者和社会主义的先驱。

当欧洲资本主义如日初升、方兴未艾之时，他就敏锐地觉察到资本主义的种种弊端，并对它进行严厉的揭露和鞭挞；在此基础上他还对未来社会提出各种理想的方案和描绘。马布里曾在外交部门担任要职并以此广泛接触和考察了社会，进一步意识到封建专制和资本主义给欧洲社会带来的问题。他的主要著作《论公民的权利义务》《论法制》等，对未来的社会制度及社会原则进行了细致的描述。他主张理性论，建立以公有制为基础的理想社会。

（二）马布里的空想社会主义经济思想

中期的空想社会主义者不同于早期空想社会主义者，他们不再描述并不存在的乌托邦和太阳城，而是去制定适合当下社会历史环境的共产主义蓝图，勾勒未来社会制度的具体方案。他们将理性放置于改革的前端，坚信某种适合自然和理性的制度是存在的，并试图通过理性的探索来实现某种制度，因此他们的理论显得更加科学和实际。圣西门正是在继承并且发展了他们的思想后，把空想社会主义思想发展到了一个新水平。

马布里与大多数启蒙思想家一样，赞同“自然权利”和“自然状态”的学说。他认为自然赋予每一个人同样的权利和义务、同样的器官、同样的需要和同样的理性。他说“自然界把平等规定为我们祖先的法律”，在马布里看来，自然状态下人人平等，人人人格独立，这样是最符合人的本性和理性的。

从这种学说出发，马布里分析了私有制产生的原因，指出私有制是一切罪恶的根源。他提出：“这种不祥的私有制是财产和地位不平等的起因，从而也是我们一切罪恶的基本原因。”他还说：“‘您的’和‘我的’之别是引起一切恶习的原因。”在此基础上，他进一步论述了废除私有财产、建立公有财产的必要性和合理性。在《论公民的权利和义务》一书中，他描写道：“岛上渺无人烟，天空晴朗，万顷碧波舒人心脾，它吸引我去建立一个人人平等、贫富与共、自由博爱的共和国。我们第一个法令是不得拥有私人财产。”他在之后出版的另一本著作《对经济哲学的质疑》中又说：“先要建立共同财产，这样，地位平等并在此双重基础上建立人类的幸福就更容易了。”在《论法律或法律的原则》一书中，他更明确地说，“自然界要求我们走向财产公有”，“自然界多么明智地准备了一切条件引导我们实行财产公有，制止我们坠入建立私有制的深渊。谈到我自己，我可以承认，我并不认为这种公有是无法实现的幻想”。

值得注意的是，马布里在分析人的本性时有他独特的创造性见解。他认为人的本性是有双重性的。与霍布斯的“人之初，性本恶”、卢梭的“人之初，性本善”不一样，马布里认为人的本性基本上是利己的，但除了利己的本性之外，造物主还赋予人以社会品格，即同情心、感恩心、爱荣誉、好胜等。社会品格促使人们相互接近，互补互利。他认为人不是在自己的视野范围内寻找最大幸福的孤立个人，所谓幸福总是社会的幸福。他还认为，社会品格的发展既是创造人类集体的动力，也是创造人类集体的目的。

马布里是一个务实派，非常重视现实和实践。他曾提出了一系列的改革方案和革命主张。首先，在政治上他竭力反对贵族政治，反对教会的反共和思想。他认为贵族政治必然导致寡头政治，然后又导致暴君专制。他极力拥护依靠第三等级参与国民议会的代议制国家制度。当资本主义、资产阶级崭露头角的时候，他就预见到它潜伏的危机。他对重商主义、重农学派进行了有分析的批判，对大资产阶级的贪婪进行了无情的揭露和批判。在此基础上他提出了具体的政治体制改革主张和措施，如分权原则、联邦制度、议会代议制、选举和国民议会议员的任期年限等。马布里政治改革和革命思想中最宝贵的是他提出了革命暴力的主张。他认为非要用暴力革命的手段解决矛盾时，革命是绝对的好事，在革命与奴隶制之间是没有中间道路可供选择的。他也认为革命可能会引起社会混乱和内战，但它是必要的，它将会使坏事变好事，它像切除赘瘤一样，可能对机体会有好处。其次，在社会方面马布里同样提出了一系列有创见性的改革方案和主张，诸如改革税收、制定限制奢侈法、改革预算、制定农业法、取消特权、建立公共粮仓、修改限制财产继承法等。

第三节　19世纪初期空想社会主义经济思想

一、19世纪初期空想社会主义经济思想产生的社会背景

（一）宗教改革运动推动思想进步

随着资本主义生产力的发展，封建生产方式开始瓦解，资产阶级开始要求打破宗教神学的精神束缚，为资本主义的发展扫清障碍。资本主义萌芽的出现动摇了教会的等级制度，也动摇了封建统治的基础。人文主义者批判中世纪教会的封建等级制度，文艺复兴提出平等、自由、人性至上的观点，提倡竞争进取精神和科学求知精神，推动了整个社会的思想解放与观念更新，为挑战天主教会提供了理论和思想依据。

马丁·路德点燃了宗教改革的大火。他提倡发展资本主义，并反驳“教会阶级”和“世俗阶级”的区分，他批判教会阶级，打破人民必须向教会悔过才能得救的教条，主张因人民自己内心的信仰而得到救赎的新观点。他是代表资产阶

级宗教观点的宗教改革者，他从资产阶级利益出发批判天主教会，主张建立符合资本主义发展的教会，在历史上起到了进步作用。

随后，在闵采尔的倡导下，人们开始反抗宗教界的沉重迷信与腐败，以理性为武器，对封建教会的特权等级制度进行了猛烈的抨击与批判，并以个人思想自由、信仰自由为基础，推进农民、平民群众的反封建斗争，反对一切特权和剥削压迫，主张建立没有剥削、没有压迫、自由平等的千年王国。

（二）启蒙运动带来思想解放浪潮

18 世纪上半叶，法国资产阶级为迎接即将到来的资产阶级革命，掀起了规模浩大的启蒙运动。他们认为，致使人们长期处于愚昧和苦难之中的罪魁祸首是禁锢了人们理性的封建宗教专制，而如今他们要高举“理性的旗帜”，恢复理性的权威，建立“理性的王国”。法国资产阶级启蒙运动促进了资产阶级革命形势的发展，同时也促进了资产阶级新文化特别是唯物主义哲学的发展，主要代表人物有伏尔泰、孟德斯鸠、卢梭等。

伏尔泰认为自由与平等是每一个人生来就该拥有的，这是上天赋予人类的基本权利，人类有追求幸福和自由的权利。他从大资产阶级的立场出发，猛烈地批判罪恶的封建专制制度，无情地揭露贵族和僧侣的罪恶行径。他主张信仰自由，强调自由和平等，期望建立一个自由、平等的“理想王国”。卢梭认为从人类发展的历史来看，人类生活存在两种状态，即自然状态和社会状态。自然状态下人与人是没有这种相互依赖和相互需要的关系的，所以在自然状态下每个人都应生而平等、自由。卢梭还认为私有制是人不平等的根源，应强调以理性主义消除私有制。

大多数启蒙时期的哲学家对人的理性深信不疑，所以这一时期又被称为“理性时代”，哲学家们认为道德、宗教、伦理都应以不变的理性为基础。他们呼唤用理性的阳光驱散现实的黑暗，对天主教会的权威和迷信发起猛烈地进攻，对专制和愚昧坚决抵制，提倡科学、平等和自由，努力构建一个民主和科学的美好时代。

（三）英国工业革命与英法战争产生的消极影响

18 世纪 60 年代，以棉纺织业的技术革新为始，生产力得到快速提高，也带动了英国社会政治、经济、生产技术以及科学研究的发展，而且对其他资本主义国家乃至整个人类社会的发展都产生了重大的影响。

因为最早进行和完成了工业革命，英国成为经济上强大的国家。工业革命结束以后，英国资产阶级取得了政治上和经济上的统治地位，随着这种统治而来的是资本主义社会内部矛盾的加深，生产力和生产关系、工业和农业等之间的矛盾越来越尖锐。创造生产力的劳动者受到奴役，巨大的生产力成果都落到资本家手中。由于工业生产中普遍使用机械，人类劳动的价值大大贬值，人们虽然比以前工作时间更长，但是得到的报酬却没有增多，贫富差距的矛盾更加尖锐。

1756年英法战争爆发，战争需要大量人力、物力，机器被大量使用，雇佣劳动得到迅速发展。大量青壮劳力参与到了战争中，资本家不得已开始大量雇用妇女和儿童，这进一步加剧了其对无产阶级的压迫。社会的财富在战争期间飞速增加，但战争结束后对劳动产品所产生的需求中止了，市场找不到了，需求也紧接着降低，当时迫切需要的劳动力突然失去了价值。事实证明，机械力比人力便宜得多，因此人类逐渐被机器所取代，人类劳动的价值也在不断下降，这使得农民、工匠又重新开始陷入失业和困苦中。

（四）无产阶级与资产阶级的阶级斗争初步形成

工业革命结束以后，虽然生产力得到空前发展，但是生产力的这种发展程度还不足以使生产力和生产关系的矛盾尖锐得爆发出来，因此，资本主义生产方式以及随之而来的资产阶级和无产阶级的对立还很不明显，当时的资本家们并不能看出资本主义社会的基本矛盾和发展规律。同时，无产阶级还处在萌芽时期，深受苦难和压迫，更无法作为独立的政治力量参与到社会发展中来。在此种情形下，一些社会主义学者认为应该通过宣传和典型示范，用一套新的更完善的社会制度来消除人民大众的苦难，并为困苦的群众建立一个没有苦难的理性社会。随着社会矛盾更加突出，无产阶级也开始站出来维护自身的权益，资产阶级和无产阶级的阶级矛盾愈演愈烈，阶级斗争逐渐形成。

二、圣西门生平及其空想社会主义经济思想

（一）圣西门的生平与著作

圣西门（1760~1825年），法国哲学家、经济学家，空想社会主义者。1760年10月17日，圣西门生于巴黎一个贵族家庭，早年受启蒙运动影响，曾参加北美人民反对英国殖民统治的独立战争。1781年，圣西门在约克镇任炮兵上尉。1803年，他发表《一个日内瓦居民给当代人的信》，主张应由科学家代替牧师的社会地位。圣西门拥护法国大革命，主动放弃伯爵爵位。为研究和宣传社会主义学说，他倾注了毕生精力。1805年，圣西门开始著书立说。他虽然常把人类历史的发展看作先验的人类理性的发展，但是又认为社会变革是从低级到高级发展的，现存制度只是从封建制度转向理想制度的一个过渡阶段，并初步意识到经济状况是政治制度的基础。圣西门承认历史的发展是有规律的，在发展的总过程中，每一次新旧社会制度更替都是历史的进步。圣西门认为法国革命不仅是贵族和市民等级之间的斗争，而且是贵族、市民等级和无产者之间的斗争。他指出这次革命只产生了新的奴役形式，即“新封建制度”。他预言，旧的社会制度必将

为理想的实业制度所代替。圣西门设想的未来的理想制度是一种实业制度。在实业制度下，由实业者和学者掌握社会政治、经济、文化各方面的权力；社会的唯一目的应当是尽善尽美地运用科学、艺术和手工业的知识来满足人们的需要，特别是满足人数最多的最贫穷阶级的物质生活和精神生活的需要；人人都要劳动，经济按计划发展，个人收入应同他的才能和贡献成正比，不承认任何特权。在理想社会中，政治学将成为生产的科学，政治将为经济所包容，对人的统治将变成对物的管理和对生产过程的领导。由于历史的局限性，圣西门把从事产业活动的资产者看成是和工农一样的劳动者或实业者，并寄希望于统治阶级的理性和善心，幻想国王和资产者会帮助无产阶级建立实业制度。这就使得他的社会主义学说不能不流于空想。圣西门的主要论著有《寓言》（1819 年）、《新基督教》（1825 年）、《论实业制度》（1820~1821 年）、《实业家问答》（1823~1824 年）等。

（二）圣西门的空想社会主义经济思想

1. 保留私有制，鼓励私人资本投资

圣西门对私有制持保留态度，他在批判资本主义私有制的同时，也意识到私有制的存在有利于社会生产发展，稳定社会结构。他分析了所有制在社会制度中的地位，认为所有制是“社会大厦的基石”，并将建立以有利于生产者的所有制的法律作为国家宪章的基础。圣西门深入分析了所有权的性质，并认为社会财富的所有权应当“使整个社会普遍受益”，而不能“只有利于社会成员的一个阶级”。与此同时，他承认私有制，提倡保护个人财产，认为个人利益的追求和实现是社会经济增长和发展的源泉，他强调以利润为动力来调动私人投资的积极性。对于开凿运河、铺设道路和桥梁等公共事业，用私人利益来引导并鼓励富人进行投资，并且保护他们从有益于社会的劳动中获取正当的利润。圣西门认为：“私人的利益是推动公共利益的唯一原因，而困难之处也就在于寻找私人利益同公共利益的一致。”因此，在实业制度中，政府的意义主要在于调节个人与集体的利益方向，使各企业家服从于统一的计划，在私有利润的激励和私有财产的保护下，自由参与公共利益的发展，从而对社会资源合理配置，使社会财富稳定增长，人民安居乐业。

圣西门对于所有制以及私有制的看法，一定程度上符合客观事实的规律，是客观唯物的，但他所设计的制度中，保留了生产资料资本主义私有并希望以此进行社会生产，实际上这样的过程中必然存在剥削和利益分配不均，也就不能解决资产阶级同无产阶级之间的根本矛盾。

2. 个人收入按能力和贡献分配并与精神鼓励相结合

圣西门关于分配的设想强调按能力分配，反对平均主义，承认差别分配。他认为完全平均分配会阻碍社会发展。平均分配在特定的区域、特定的时间内可能会保持社会稳定，但从长远来看，会扼杀人们生产的积极性，从而阻碍社会发展。同时，他也强调分配差额也不能过于悬殊，否则社会财富两极化导致的社会矛盾必然将社会引向灭亡。

圣西门认为，个人收入不再按出身、职位来分配，而应按照他们的才能和对社会的贡献来分配，即“个人的地位将取决于他们的能力，个人的报酬将取决于他们的业务”。对于个体存在的差异，圣西门认为虽然人生而平等，但是有个体差异，每个人出生时的性格、成长的环境、智力的差别、学习的知识内容等都会造成人和人之间才能、能力的差别，因此对于社会的贡献也必然不同。他主张个人收入应同个人贡献成正比，即有才能者对社会发展贡献多，因此享有更多的分配；能力高者对社会生产贡献更多，也享有更多的分配。至于对于才能和能力的定义，圣西门认为并不是单纯潜在的能力，必须在实践中得以确定，这是尊重事实、反对唯心主义的观点。人们的才能差异会导致不同社会生产经营活动成果的不同，若实行平均分配，有才能的人渐渐将失去其才能的优越性而失去生产创造的动力，因此要给有才能的人较高的报酬，甚至可以使他们“高于一切人，高于最有权势的人”。只有充分调动人们发挥自己的才能为社会多做贡献，才能促进社会发展，最终使全人类受益。

圣西门也肯定了精神鼓励和思想教育在生产活动中的重要作用。他指出，经济利益是推动人们社会生产的根本动力，但精神因素激励人们进行社会生产的作用不可忽视。圣西门认为：“为荣誉而奋斗所产生的热情是值得赞美的，它不会为疲劳所打败，反而会激起为科学和艺术而献身的坚定。”这表明圣西门看到了内在精神动力的支撑作用，意识到人对于工作的坚持不懈源于其对工作本身的热爱，这是物质鼓励所无法替代的。因此，也要激发有能力的人对于社会生产的热情，在日常教育中，使为社会发展而奋斗成为每个人心中的高尚热情，羞耻于从事有害于社会发展的行为或持有不劳而获的思想。物质利益与精神鼓励相结合，才能最大限度地激发人们主动从事社会经济建设。为保证社会分配不出现两极化发展，圣西门对于没有足够能力和贡献的人，认为不能弃之不理，要通过社会福利救济保证其基本生活水平。只有坚持精神鼓励以及按才能贡献分配，才能避免产生懒惰投机现象，从而削弱社会生产积极性。

按才能分配的思想是圣西门对以前空想社会主义者一直提倡的平均分配主张的否定。它消除了主流思想的弊端，同时坚持公平合理、符合事物发展规律的分配原则，它暗含着各尽所能、按劳分配的思想，为社会主义分配思想带来了质的提升，使得社会主义分配思想更为科学、合理、切合实际，为形成科学社会主义分配理论奠定了基础。

3. 实行计划经济，政府对市场进行调节

18 世纪的法国，资本主义已发展成熟，资本主义经济制度基本确立，包括银行等金融机构在内的国民经济各部门形成了一个有机整体，社会资源基本畅通流转，但由于大资产阶级大量占有生产资料，社会生产关系极其不合理，社会生产比例关系的调节只有通过周期性经济危机来实现，极大地浪费了社会生产力。对此，圣西门批判无政府状态的资本主义为“一切灾难中最严重的灾难”，指出资本主义社会下的市场经济出现混乱是不可避免的，资本主义缺乏统一的计划和组织，一切都是自由而孤立的，必然导致垄断和经济危机，从而拖累整个社会发展。在实业制度中，圣西门要求国家组织广泛的计划经济，由政府对市场进行统一调节，以消除资本主义自由竞争所造成的混乱状况。圣西门明确提出：“政府必须制定明确的计划和合理的分工，有组织地分工合作，将各部门紧密联系起来，消除旧制度下孤立的无序的影响。”此外，他还提出把“编制、审查各项计划列在最高政权之内，由有这方面才能的人进行管理”，而具有执行这些权力的人就是具有主管财政才能的银行家们。圣西门深信，只要实现了这一点，整个社会就可以共同协作、有组织地进行生产，促使生产组合最优，生产效率提高，并使社会获得惊人繁荣。实业制度强调了政府的引导意义，蕴藏着计划经济的萌芽，这一点对后人在思考政府对市场的影响方面产生了极大的启发。

三、罗伯特·欧文生平及其空想社会主义经济思想

（一）罗伯特·欧文的生平与著作

罗伯特·欧文（1771~1858 年），威尔士空想社会主义者，企业家、慈善家，现代人事管理之父，人本管理的先驱，是历史上第一个创立学前教育机构的教育理论家和实践者。欧文出生于北威尔士蒙哥马利郡的牛顿城，从小酷爱读书，在他们住的小镇上，有学问者的书房基本上都向他开放。童年的欧文通读了所有他能找到的感兴趣的书籍。小时候的欧文非常活跃，各类比赛都名列前茅，而且爱好广泛，喜欢广交好友。九岁时的欧文已经读了很多书籍，且对外面的世界憧憬不已。家庭的贫穷、从小开始的“家庭童工”经历，使他过早地步入社会。十岁时，欧文离开了家，只身前往伦敦的哥哥那里去谋生。之后，欧文又被送到斯坦福德的一家服装厂去做缝衣工学徒。三年的时光使他学会了很多东西。后来他又尝试过多种职业，积累了丰富的经验。

18 岁那年，欧文拿着借来的 100 英镑在曼彻斯特创办了自己的工厂。20 岁的时候，他为了求得更好的发展，把他的小工厂卖给了一个叫德林科沃特的人，自己则受雇于他而成为一个更大工厂的经理。在这个工厂，欧文的细致观察起了很大的作用，他首先是花了六周的时间仔细观察工人的各种活动，然后再推行自

己的管理举措。工厂管理的实践使欧文觉察到环境对自己和别人所产生的影响，他着力改善工人的工作环境。由于他的出色管理，德林科沃特把自己的股份分给了他一些，这样他又成为股东。在这里积累的经验，为欧文以后在新拉纳克工厂的实验打下了基础。

1812 年，欧文为宣传自己的改革成就发表了《关于新拉纳克工厂的报告》，引起欧洲社会的广泛关注。此后，欧文为了争取议会制定工厂法和限制工作日的立法开展了大量的工作。1815 年，他在《论工业制度的影响》一书中，呼吁制定改善工人劳动条件的议会法案。经过不断努力，议会终于在 1819 年第一次通过了限制工厂中女工和童工劳动日的法案。1824 年，欧文在美国印第安纳州买下 1214 公顷土地，开始“新和谐”移民区实验，但实验以失败告终。欧文在历史上第一次揭示了无产阶级贫困的原因，并从生产力的角度提出公有制与大生产的紧密联系。晚年时期他还提出过共产主义主张。欧文最著名的著作为《新社会观》《新道德世界书》。

1823 年，他以全部财产在美国印第安纳州建立了一个“新和谐村”，进行共产主义劳动公社的实验。教育与生产劳动相结合，是欧文对人类教育理论宝库的巨大贡献。他认为，要培养智育、德育、体育全面发展的一代新人，必须把教育与生产劳动结合起来。

（二）欧文的空想社会主义经济思想

1. 经济伦理价值观

（1）经济伦理价值取向的原则。

欧文的经济伦理思想以自由、平等、正义原则为指导，以善和真理为出发点，符合“合乎理性划分”的道德准则，是在保障劳动阶级基本权利的前提下所进行的改革与实践。

首先，坚持善与真理为出发点的原则。欧文认为，“能支配人类行为的只有两个因素，这就是善和恶”，这两个因素彼此对立，因为善的因素导致真理、团结和幸福，恶的因素导致虚伪、不和与灾难，所以社会的制度和人类的本性必然以这两个因素中的善作为基础。欧文一生的一切经济活动都是以善和追求真理为原则，为劳动阶级追求自由和平等权利而进行的。

其次，坚持“合乎理性划分”的道德原则。欧文所称的社会的“合乎理性的划分”，即按照自然和理性进行社会的划分，通俗来说就是先根据年龄大小进行划分，同时还要使每一年龄组的人所从事的职业最适合这一组人的本性。欧文认为，如果对社会实行了“合乎理性的划分”，就可以永远保证人们的权利不被破坏，为了全人类最广泛的利益，为了全人类的幸福，应该到处都采取这种划分，因为它可以消除各种恶劣的欲念，终止一切争端。他提出：“要想消除社会的恶，就需要对社会实现‘合乎理性的划分’，并使人类的一切事业秩序井然和明智合理，而不致杂乱无章和没有理性。”欧文希望以此建立一种新的社会制度，即“实际的制度”。他认为这种制度能逐渐消除愤怒、仇恨、纷争和一切邪恶情欲，并将这些阴暗面以博大兼容的宽宏精神所取代。以贯穿始终的仁慈态度、纯真无伪的爱人之德，去为全体人类谋福利。

欧文相信这种“合乎理性划分”的社会在不远的将来就能实现。他认为，可以建成这样的社会，在这个社会里，没有犯罪，也没有贫困。倘若还有的话，也只是很少数。到那时，知识和幸福将会成百倍增长，再也没有任何障碍可以阻止这样的社会制度遍及全世界。欧文还坚信实行这种划分以后，折磨着人类的灾祸产生的原因将永远消除，一切应该做的事就是使每个人都认为非常妥善，感到高兴快乐，而且得到极大的好处，随之而来的是正义、仁慈和善良的精神照亮全世界的一切民族。

（2）经济伦理价值取向。

欧文认为，“阶级与社会地位的差别是人为造成的，而这种差别是因为人类愚昧无知、没有经验和缺乏理性而构成和确定下来的”，因此欧文对劳动产品分配交换上的平等和教育平等原则做了具体的说明和阐释。

首先，坚持平等原则的价值取向。劳动阶级方面的平等主要包括生产、保管、分配财富、产品交换等方面。欧文认为，保证平等分配、平等享用这样的机会均等，才是充满正义和理性的社会。而对于产品的交换，欧文提出：“劳动产品交换等价劳动产品的公平原则，这是唯一公平合理的交换原则。”欧文还主张建立公平交易的交换银行，对于剩余产品的交换，主张没有中介参与，劳动者之间自由地进行交易，彼此直接往来，在彼此互利、有利于一般消费者的情况下相互交换产品。

欧文一生都在孜孜不倦地从事教育实践活动，欧文认为，每个人都应有平等的受教育的机会和条件，并且这种平等应是凌驾于阶级差别和社会差别之上的。欧文认为，人人都应生而平等地获取知识和接受教育。教育的目的是要消灭社会的阴暗面，消除人民的劣根性，通过教育使人民养成公正、仁慈、诚恳等良好的品行。他还提出，在人的一生中，人人都应按照能力和年龄获得相同的教育、职业和地位。这时人与人之间的矛盾将得到调和，宽宏和仁爱的精神将普遍盛行，每个人的利益将和世界上所有人的利益完全一致。

其次，坚持自由原则的价值取向。自由作为经济伦理的价值原则是近代资本主义经济发展的产物，是西方启蒙文化演化的结果。它强调个人的价值和权利，主要包括言论自由、思想自由、宗教自由、政治自由以及从事社会活动的自由等。欧文关注言论自由和宗教信仰自由，主张“在我确知为世人取得言论自由是否到来以前，我不能往前迈进一步”。为实现人类取得完全的言论自由，欧文建立了组织委员会。欧文提倡最大限度的宗教信仰自由，他认为公民的思想、言论、信仰应完全自由，任何人不得干涉他人的思想、意见等。欧文认为这是唯一的真正的思想自由，也是真理和智慧的源泉。

最后，坚持正义原则的价值取向。欧文认为阶级和社会地位的差别是人为造成的，为了使人人受益和幸福，应以正义原则为根本进行划分。他还认为，应以合乎自然和理性的社会划分建立社会理性新秩序，从而保证每个人得到公平和正义。欧文提出，政府不应再使用个人奖惩制度，不应再使用暴力和欺骗。为了领导人民创造财富，为了培养公民良好的性格，政府要有仁慈、明智、正义和善心。他认为只有采用新制度才能从根本上设计出和建立起合乎理性、正义、康乐和终身幸福的社会，因此建立理想制度和理性政府日益成为刻不容缓的事。

欧文还提出，暴力和不义盛行的根本原因是土地私有制。为了使土地变成自己的私有财产，人们总是采取不正当的手段。欧文指出，最公正的方法就是“政府按照公道的市场价格向现在的私有者购买土地，并使之成为世代相传的公有财产”。此外，欧文坚持维护健全的理性和正义，深信实行永恒的理性制度的时代很快就要来临，这种社会制度必须以不变的自然法为基础，以普遍适应的理性宪法为基础。在这种制度下，不睦、竞争和战争将永远绝迹。欧文坚持认为在有法律保障为前提的社会中，公平和正义才能永远得到捍卫。

2. 经济制度的伦理取向

欧文坚持生产资料公有制，他认为在公有制条件下，与在私有制条件下相比，所节约的时间、劳动和资本将超过人的理性所能想象的程度。欧文进一步揭露了产业革命给无产阶级带来的深重苦难，正是因为资本主义制度的存在才使工人一直生活在水深火热中。欧文第一次以政治经济学的原理作为武器来揭露资本主义制度的剥削本质，这是其他空想社会主义者没有做到的。欧文还揭露了资产阶级政府的残暴性和虚伪性。他认为，当时建立在私有制基础上的一切政府，无论采用何种形式，都是对人民进行残暴统治和欺骗的工具。

（1）生产资料的公有制形式。

所有制形式不仅决定了生产资料的归属，而且它的背后还蕴藏着道德意识和伦理关系。资本主义私有制并不是天经地义的，资产阶级对无产阶级的统治手段是一种不平等的伦理关系的体现。随着资本主义生产关系的确立，资产阶级掌握了大部分的生产资料，资产阶级和无产阶级被赋予了不同的社会地位和命运，资产阶级的虚伪和假仁假义得以显现，真正从事生产的无产阶级得到的只有贫穷和苦难。

欧文主张共同生产、共同享有、平均分配，他认为个人日常必需用品以外的

一切东西都应当变成公有财产，当公有财产能满足人们日常生活的一切需要时，财富的内在价值将消灭财富的人为价值，人们自然就会明白公有制相较于引起灾祸的私有制的无比优越性。欧文坚信，通过正确的组织和科学的财产公有制，可以使人人接受同样的教育，得到一样的生活环境。不再有买卖婚姻或不平等的婚姻，不会有学坏的儿童，现有制度的错误所产生的一切邪恶将全部绝迹。

欧文强调："私有财产过去和现在都是人们所犯的无数罪行和所遭受的无数灾祸的根源。"以个人发家致富为奋斗目标的斗争都是有害的，财产私有者只会变成愚昧的利己主义者。欧文还认为私有财产还在潜移默化地影响着私有者的性格，使其虚荣与骄狂，他们喜欢以不正义行为压迫别人，而完全不顾及其他人拥有的自然权利。这种意识局限着私有者的思想，阻碍他们去考虑有关全人类幸福的远大问题，他们的思想只能在关心私利和琐事的圈子里徘徊，他们成为了损人利己的人，这是这个社会仇恨盛行，也是讹诈和欺骗经常在人们之间发生的根源。私有财产还经常阻挠和妨碍实行对人人有利的社会措施，而这种情况常常只是由于受到错误教育的人的怪癖和任性造成的。

（2）建立有组织的理性社会制度。

欧文一直主张，"抛弃虚伪求真实，抛弃荒诞求真理，抛弃压迫追求正义，抛弃欺骗和灾难求正直和幸福"，强调政府必须实行新秩序来消灭极端无知和罪恶，培养出具有合乎理性思想和感情的人，必须创造出合乎理性的条件，从而建立起合乎理性、安康和终身幸福的社会。

怎样从无理性跨越到有理性，欧文认为解决这项任务的唯一困难在于，全世界的人所受到的是消耗巨大财力、人力而不断学习虚伪的那种教育，并且一到成年就因此而变得毫无理性，以致完全不能理解自己的可悲处境，并且对研究他们幸福所系的至关重要的真理抱有很深的成见。想要从现行的制度过渡到另一制度，应认识到这种过渡不应使现有社会陷入混乱，也不应使某些个别人受到委屈和损害，从而消灭无知，以真知代替无知。欧文指出，这种代替只有通过彻底改变社会生活的一切外部秩序，从旧的恶劣社会秩序过渡到优良美好的秩序，也只有通过和平的方式和英明的远见，即建立优良而美好的新秩序才能实现。

为达到这一目的，欧文提出必须建立合理的世界政府，而在这种过渡时期现存政府将被原封不动地保留下来，代替的过程是逐渐而不损害公共利益的。欧文主张以合乎真理的基本原则来进行改造，并按照科学原则构建生产、保管和分配财富的合理制度。

欧文认为在这种理性制度环境下生活的人们将逐渐变成理性的人，最后将永远合理地思考、感受和行动。人人将依靠自己妥善分派的劳动而安享幸福生活。

3. 经济活动的伦理追求

欧文用大众劳动所获得的利润进行社会改进和教育方面的改革，如免费的公社医疗以及公社商店提供便宜的生活必需品。由于出色的经营管理改革，欧文赢得了很高的社会威望和地位。

（1）新拉纳克工厂实验——“福利工厂”。

在新拉纳克，欧文的一系列改革实践取得了惊人的成就，并使他闻名于世。欧文的经营策略取得了显著的成果，即使在1807年美国经济危机时，新拉纳克工厂仍在正常生产。

首先，新社会观的创立与性格陶冶馆的建成。欧文提出人的实践性，认为人作为社会主体的能动性，不仅要熟练运用“死机器”，更要注重培养和提升这个“活机器”的财富价值和实践价值。欧文主张环境决定人的性格，人因为无知所以犯错，但这并不是人本身的原因，而是受环境的外力影响的，因此要改变环境。欧文注重培养儿童及幼儿的良好性格，他认为经过教育养成好的习惯和感情，造就好的行为，培育良好的性格，接受合乎理性的教育，他们才能成为理性的人。

欧文指出，对祸害提出的切实可行的补救办法是所有人养成好的性格，去避免祸害的发生。他鼓励儿童去接受培养和教育，从而使人类养成良好的性格。他认为运用适当的方法可以为任何社会阶层以至于整个世界的人民养成一种普遍的性格，这种性格的背后其实是普世的价值观，而这种方法掌握在对这个世界最有影响力的一部分人的手中。

他还认为人们早年的恶习是由恶劣的环境产生的，消除某些有助于产生、延续或者增加这种恶习的环境，也就是消除社会愚昧产生的根源。欧文强调，建成性格陶冶馆的唯一目的是把制度用于社会之中，建成这个制度后会给世世代代的每个人带来幸福。欧文主张，性格陶冶馆为邻区的福利和利益而服务，公平对待和照管儿童，对人们身上的邪恶进行分析和挽救，在全国范围内实行广泛改良，使全体村民的内在和外在性格都彻底而全面地得到改进。

其次，人道的童工管理与平等的儿童教育。欧文认为，不列颠的飞速发展归功于棉纺织业和种植业的发展，商品经济的发展使得人们的性格和品性可能由淳朴转向恶劣，利益的驱使使得劳动阶级陷入悲惨的局面，而劳动阶级生活状况的改善是极其重要的。那些做父母的人们毫不犹豫地牺牲自己孩子的福利，送他们去就业，使儿童失去享受天真、健康和合理的娱乐。对此，欧文认为，孩子过早地受雇佣便不再能得到任何普遍的初步书本知识，他们与教育不良而愚昧程度相仿的人结交朋友，这样下去他们不但得不到有价值的知识，反而会养成有害的行为习惯，从而使智力和体力都被束缚和麻痹。

欧文主张儿童应该接受教育、培养习惯和情感，应改良童工的管理制度。其中包括提倡合理的工作时长，正规的劳动时间每天限于十二小时之内，以及十岁以下儿童不得受雇在任何工厂工作。欧文还指出，年幼的劳动者所得的工资过低，而他们工资实际上应当可以支付合理的生活享用品，因此应该给予劳动者普遍的人道主义待遇。

欧文提出了教育应与生产劳动相结合的理论，他建立了合乎理性的幼儿学校，从小培养幼儿和儿童的优良性格。他认为，只有国家的教育制度制定得合理，才能培养出治国有方的人才，而人才的培养首先是良好性格的培养，因此国家应当把注意力放在培养公民性格方面。

最后，公正人道的劳动阶级管理举措。伴随着生产力的迅猛发展，人类的很多工作逐渐被机器取代，这使得劳动阶级缺乏有益的工作，陷入失业的窘况，人民大众遭受苦难。这一切都是缺乏与生产手段相适应的市场或者交换手段而造成的。欧文认为，唯有出台有效的措施，社会财富才能在生产后顺利地加以分配，而使全国充满繁荣景象的措施之一便是改革价值标准。经过欧文多年理论和实践的研究，他得出这样的结论："人类劳动或人类所运用的体力与脑力的结合才是自然的价值标准。"

（2）"新和谐公社"实验——共产主义新村。

为更加公平合理地管理新村，欧文提出，第一批团结合作新村只接待在同一阶级、同一种教派观念和同一种党派感情中培养出来的人。为避免不和谐、不愉快冲突的发生，获得更多的好处，欧文将新村的劳动阶级以平等、公正为原则分为四个阶级进行管理。

首先，合理分配与管理阶级组织。第一阶级包括教区贫民等，分别为：①正式的教区贫民，也就是完全无法自立的老弱病残；②贫民的子女，在新制度下，要使其受到更好的教育，获得更好的工作与伴侣；③能够劳动、愿意工作但无法获得职业的人，教区要使这些人能生产自己的全部生活资料。这三种贫民归教区管辖。第二阶级是劳动阶级，由没有财产的人组成，在第四阶级的资源独立协作社中受雇，并为他们工作。第三阶级也是劳动阶级，包括现在的劳工、手艺人和小商人，能投资参加各种生产组织的正常工作，并广泛采用机器和科学方法来操作。第四阶级为资源独立协作社，将由不愿或不能从事生产工作的人组成，他们用自己的资本雇用第二阶级的人。

欧文得出这样的结论：各个阶级肯定都愿意享受身心的自由，而不愿意忍受身心的奴役，大家一心相爱，利益一致，互相帮助，而不愿意生活在愚昧、虚伪和冲突的生活中。尤其是用同样的财产和花费同样的心思所产生的福利比现有的任何办法所能产生的多十倍以上的时候，他们更满意现在的选择了，整个改革计划和新制度的改良都是旧制度无法比拟的。

其次，建立集体主义与权利均等的改良制度。为了使社会的每一部分都十分有利，欧文为劳动阶级提出改良的实际制度，在他看来，这种制度无论从哪方面看都是合理、正义的，具体内容包括六个方面：

第一，自身与社会利益最大化的联合体人数。欧文主张各成员之间共同生产、共同劳动，平等享受和消费劳动成果，共同保护共有财产，以及各项权利均等。根据这一原理确定了联合人数的最小数目和最大数目，即分别是八百人和一千二百人，欧文认为这一范围人数内的联合更有助于实现自身和社会利益的最大化。

第二，这种协作社所耕种的土地面积有多大。欧文强调，为劳动阶级所做出的改良性安排应既有利于生产，又有利于消费。欧文根据确定了协作社所耕种的土地数量。

第三，协作社的衣食住问题怎样安排。欧文认为，个人利益永远无法与公众利益对抗，应以联合和彼此合作原则作为社会制度的基础。欧文还认为，为了使个人利益与共同利益之间没有矛盾，并能趋于等同，他坚持把劳动者的耐力与体力进行广泛而深入的结合，对于协作社内的衣食住行采取联合家庭生产的方式，从而使得劳动阶级的利益最大化。

第四，生产组织的建立和管理。欧文提出，新农业与一般工作的新组织是地主和资本家、大量慈善和公共事业基金的团体、教区和郡、中等阶级和劳动阶级的团体。欧文认为，各阶级根据完全互利的原则建立生产组织并且自行管理的这种公平而自然的制度，可以避免选举与竞选运动的无数弊端。

第五，剩余产品的处理问题，以及各生产组织之间的关系问题。欧文认为，由于生产力水平的提高，剩余的劳动产品完全可以满足所有成员的生活需求，协作社的每一位成员都可以根据他们的具体需要去协作社中领取任何物品，对于那些满足成员基本需求以外的劳动产品，也可以互相给予或者交换。因此，他们之间要交换脑力和体力劳动的产品是没有任何困难的，各生产组织之间可以依据劳动时间和劳动量的多少去进行劳动产品的交换。

第六，新生产组织与政府以及旧社会的联系问题。欧文提出，协作社必须在一般社会上出售足量的剩余产品，以便换取国家法定硬币或纸币，偿付政府所要征收的赋税。协作社将减轻政府负担，大大增强国家的威力和财力。

最后，建立以平等原则为准的“新和谐公社”组织法。欧文主张只有联合起来共同行动才能使活动更有效率，为了方便管理，欧文提出将公社分设为六个部，分别为农业部，工业和机械部，文学、科学和教育部，家政部，一般经济部，商业部。公社成员本着平等原则和睦相处，每个社员都要按照公社通过的章程和决议为公共福利做出最大的贡献。

欧文认为实行永恒的理性社会制度的时代很快就要来临，这种社会制度是以人们所探明的自然法为基础的，这一改革将铲除无知与贫困，建立理性的社会制度。欧文认为，有理性的政府应该采取合理的措施，使人类的天赋在后天得到正确的指导，对自然界和社会对应的每个人的性格和行为负责。

欧文就宪法条文和立法原因分别做了五篇解释：一是居民的物资供应和教育，居民根据平等原则终身得到必需的东西，且一直到成年都接受最好的教育和培养；二是思想自由和信仰自由，人人都拥有表达自己思想的权利和选择宗教信仰的权利；三是居民的公共秩序，即居民通过教育获得源于神圣法则的新习惯和新情感以后，新村中将不存在作为不公正、犯罪、灾难的无益的私有财产，个人奖惩制度会消失；四是居民的管理和理事会的职责，即新村都应由内务部管理，三四十岁的居民组成总理事会；五是关于意见分歧的调节，理事会成员举行公共集会进行审查，以多数决定的方式对双方进行友好的调解。

（3）劳动公社实验——“公平交易所”。

现代机器广泛使用之后，以货币来表示人类劳动的价值已经不再能解决人类的温饱了，贫困、犯罪和灾难开始增加，欧文主张只有采取正确、重大的措施才能避免社会解体，重新指导人类的体力和智力。为了切实又有效地消除贫困和无知，欧文主张以银行券代替金属货币，以完善的交换方式代替当下不公平、不完善的交换方式。在考量过新的价值尺度和流通手段需要具备的重要特性后，他还提议在不列颠各个部分创办公平交易的交换银行，希望用这种公平、完善的交换方式给更多的人带来幸福。

首先，建立全国劳动产品公平交易的交换市场。公平交易的交换银行是通过教育和劳动消除无知和贫困的协会，欧文在成立协会的第一次公众会议上提出，为了方便劳动券兑换国内流通的纸币，将为此成立专门的银行。每个人都能生产出比他本身需要更多的东西，每个人又都需要他人的多余产品，生产者之间不需要其他中介协助，而是直接往来。为了互助的、在有利于一般消费者的情况下进行产品交换，他们需要一个可以存放多余产品的场所，以便于公平地等价交换，为存放和流通产品而选定的场所叫作公平交易的交换银行。

经过欧文计算，他认为劳动价值为每小时六便士，交换任何商品都不得使用纸币，应先把自己的货币兑换成劳动券，然后拿劳动券去换取所需物品，这才是平等、正义的交换方式。

其次，建立财富生产及分配的全国生产部门大联盟。随着机器生产方面的快速发展与取得惊人成就，体力劳动的价值也随之降低，由此带来了权力的垄断和分配的不平等。在合作社代表大会上，商讨了关于财富的生产和分配，以及培养每个社会成员比较完美的新性格的最好方式。为了使机械生产力的增长可以促进每个社会成员的幸福，为了实现这项对人人都有好处的改革，为了使劳动阶级能更有效地维护、保障自己的劳动权，欧文决定组成一个全国生产的联盟。

欧文着手建立全国性的生产公司，他认为每个行业或生产部门都将形成一个大型的公司或联合组织，以便把他们的共同利益联系起来，并以公平、交换等价劳动产品为原则相互交换他们的产品。同时，他还提出把业主和工厂主同工人和体力劳动者从公平原则角度出发联合起来。欧文主张一切工会都应当联合起来，从今往后像一个人似的行动，只有彼此联合、彼此互助起来，才能具有无法战胜的巨大力量，才能创造一种合理的、以正义为基础的人类生活。

四、傅立叶生平及其空想社会主义经济思想

（一）傅立叶的生平与著作

傅立叶（1772~1837 年），法国哲学家、思想家、经济学家，著名的空想社会主义者。他出生于商人家庭，中学毕业后开始经商，当过店员、推销员、经纪人等，开过商店。他经历了 1789 年法国大革命，在 1798 年雅各宾专政之后，感到希望幻灭了，于是试图创立一种新科学来为“政治精神开辟新的道路”，并探寻医治社会疾病的药方。

为了探索人类的理想社会，傅立叶数十年如一日地坚持研究和著书立说。1803 年，傅立叶在《里昂公报》上发表了《全世界和谐》一文，他第一次公布了自己的思想，指出当下文明制度是不合理的，它必将被和谐制度所代替。他把这种和谐制度叫作“法朗吉”。这篇论文标志着他的社会主义学说初步形成。1808 年，他发表重要著作《四种运动论和普遍命运的理论》，阐明了他的宇宙观和历史观，批判了资本主义制度，提出了未来社会的主张。1822 年，他出版了《宇宙统一论》，此书着重描绘了未来社会的经济制度和生活方式，对“法朗吉”制度的运作和细节做了具体描述。1829 年，他出版了《经济的新世界或符合本性的协作的行为方式》一书，全书共有七编五十二章，分别从对社会历史发展规律的揭示、对资本主义制度的批判、对协作制度理论—情欲引力的分析、对未来理想社会的描绘四个方面进行阐述。其中，第四部分便是对和谐社会的具体构想，第一、第二、第三部分是对构建和谐社会的理论铺垫。该书全面系统地阐述了和谐社会的组织问题，同时揭露了资本主义制度及其生产过剩引发的经济危机，描述了无产阶级的贫困状况。这本书结构严谨，逻辑性强，通俗易懂，文字流畅，是傅立叶极具代表性的著作。1837 年写的《论商业》一文，是傅立叶批判资本主义商业的杰作，他的学生于 1845 年将这一遗作发表在《法朗吉》杂志上。

傅立叶在经济方面主张通过集体协作的手段克服文明制度下生产的分散无政府状态、交换的虚伪欺诈、分配的不公正、消费的随意性和不合理性，从而实现经济的和谐。

（二）傅立叶的空想社会主义经济思想

1. 协作、有计划地发展生产力

傅立叶断言生产的分散性必然导致竞争的无政府状态，进而导致垄断，希望建立一个复杂协作的生产环境，以促进生产力的高度发展。傅立叶关于把分散生产改造成协作生产或协作结构的思想包含十分丰富的内容。它既涉及所有制的改变，也涉及经济结构的调整。显然，在他看来，只有这样才能使人们在经济生活中达到和谐的境界。这种思想应该说是富有远见卓识的。

傅立叶认为，为了全面地满足人们的情欲，首先必须对社会经济关系进行全面的改造，把与大规模生产和分散生产相矛盾的文明制度改造成为与大规模生产和协作结构相统一的和谐制度。按照傅立叶的设想，在和谐制度下，不仅生产领域的工业劳动和农业劳动要联合和协作，流通领域的商业劳动要联合和协作，而且家务劳动、教育劳动、科学劳动、艺术劳动也都要联合和协作，社会要把这七种劳动组织起来，形成完整的体系。这就说明，他把协作生产或者协作结构看作是社会制度经济关系的基础。而他主张的关于要使现存社会经济关系全面和谐，就是要达到建立完善的协作社会制度的目的。人们按照自愿原则组织起来，实行工业、农业、商业、科学、教育、艺术和家务劳动的全面协作，这样才能节约劳动力和时间，使人们的情欲充分满足，使生产迅速发展。傅立叶不仅主张物质方面协作化，还提倡情欲方面协作化，他提倡的是集体主义的协作精神。

为了实现大生产和协作制度，傅立叶认为和谐社会的基本前提是实行生产资料股份制，其具体做法是采用招股的办法募集资本。劳动者除了把自己的少量资金用于入股之外，还可以将自己的土地、房屋、生产工具折价入股；富有阶级和中产阶级都可以自由入股；暂时无钱购买股票的贫苦成员可以在参加法朗吉后积蓄一部分钱来购买股票；入股者要把自己的资金作为股金，并参加法朗吉的劳动；股票可以继承、赠送或买卖，股票买卖自由进行。用招股方法募集资金，既有利于社会化大生产和协作的实现，又有利于调动个体的积极性。

2. 按比例分配原则进行分配以实现经济和谐

19 世纪初期的空想社会主义者在分配方面普遍反对平均主义，认为每一个人的能力及其贡献是不同的，因此在分配所得方面也存在差别。傅立叶认为分配问题是法朗吉至关重要的问题，如果解决不好，法朗吉便会解体，因为“最巨大的财富如果没有一种分配制度来保证，那么这笔财富是虚幻的。这种分配应该保证按比例分配，并且使贫困阶级能分得这种不断增加的收入”。他明确表示，在

“和谐制度”下，任何平均主义都是政治的毒药。他提出按照资本、劳动和才能来确立的分配才是合理的分配，他设计的“法朗吉”的总收入应当分成两部分，一部分用于满足社会需要，另一部分在扣除生产费用之外分为三份作为报酬分配给不同的社会成员，即3/12分给才能，4/12分给资本，5/12分给劳动。

傅立叶认为按资本分配只会造成“贫者越贫，富者越富”。因此，他认为和谐社会的分配首先要有最低限度的生活保障，即人们必需的份额，人们若得不到财富增加后的份额，就只能越来越贫困。他认为，按资本、劳动和才能分配，是人人满意的分配，因为它可以“保证人民能够持久努力从事劳动以偿还预付给他们的最低限度的生活资料”。

傅立叶的分配理论常被误解为分配具有不彻底性，即未来社会没有完全实现按劳分配而仍存在按资分配的成分。事实上，傅立叶是从动态角度来考虑按劳分配的。他认为，按劳分配是一个由不完全到完全的发展过程，他主张劳动和才能在分配中所占的比重逐渐增加，而资本的比重逐渐减小，直至消失。傅立叶认为，不管怎样分配，都必须以人人满意为原则。显然，这种分配原则在他的和谐社会根本不可能实现，但他希望通过经济利益合理分配来促进社会和谐的思想，对现在仍然有重要的借鉴意义。

3. 交换理论

傅立叶对资本主义商业进行了深刻的批判。他认为商业是万恶之源，有36种罪恶，如囤积居奇、证券投机、制造伪币、买空卖空、宣告破产、掺假掺杂、海盗行为、赎卖黑奴等。傅立叶在对资本主义制度进行批判的过程中，由于没有看到资本主义社会的最基本矛盾——生产社会化和生产资料私人占有之间的矛盾，将资本主义腐朽剥削制度的根源归结为商业统治和商业垄断。他主张商业由法朗吉集体经营，反对任何个人为私利进行商业活动，即“法朗吉将不能容忍任何人为自己私利而从事商业”。商品交换在各个法朗吉之间及法朗吉与其成员之间进行，法朗吉成员之间没有商品买卖关系，排除了中间商人这个“中介所”，这样就可以避免文明制度中的商业欺骗和商人剥削现象。

4. 消费理论

在消费方面，傅立叶与其他空想社会主义者不同，他批判文明制度下的消费是“以游手好闲的随心所欲为基础的”，而和谐制度的消费是“以生产者的福利为基础的”。他坚决反对节衣缩食的苦行主义，认为“保证人人都能得到无限的利益和充分的享受”是和谐社会的宗旨，人们“如果有一种欲望受到阻碍，肉体或灵魂便会感到痛苦”。法朗吉的消费是按集体原则组织起来的，吃饭在公共食堂，一切与消费有关的工作都由相应的谢利叶小组承担，其目的是节约人力、时间和社会财富。傅立叶坚持他的“欲望论”，他认识到了人的本性在社会生活

发展中的重要作用，而那些关于“贫穷就是幸福”的禁欲主义显然就是对这些本性的无视。这点是与大部分的空想社会主义者不同的。

法朗吉的消费水平很高。在法伦斯泰尔，有大小不等的高级房间。法朗吉成员的饭食也异常丰盛，人们可以根据自己的收入选择不同的饭菜。在这里，最便宜的饭菜也比资本主义社会里上等人吃的佳肴还要精美和讲究。傅立叶认为在新的制度下，人们应当讲究吃、穿和舒适，从而享受到“十足幸福”。傅立叶还认为，高消费可以使生产达到普遍完善的境界，任何节制嗜好、欲望和需要的行为都是对人性的歪曲。

第二篇　马克思主义政治经济学

第三章　马克思主义政治经济学的产生与发展

第一节　马克思主义政治经济学产生的历史背景与理论渊源

一、历史背景

（一）物质基础：19 世纪 30~40 年代欧洲资本主义经济的发展

19 世纪 30~40 年代欧洲资本主义经济的发展，是马克思主义政治经济学产生的物质基础。当时，第一次产业革命的成果在欧洲已得到广泛应用，资本主义大工业迅速发展，这种客观经济条件的成熟构成了马克思主义政治经济学创立的重要基础。

19 世纪 30~40 年代，资本主义的发展在欧洲各国和美国已经取得重大成就。资本主义生产方式在英国先于其他各国取得胜利。到 19 世纪中叶，英国的第一次产业革命基本完成。在英国工业中，采用机器生产的大企业占据优势。同样地，资本主义在法国也取得重大的发展成就，但法国的产业革命开始得比英国晚，进展也慢得多。这种情况深刻地影响了法国工人阶级的面貌，在当时，法国工人阶级队伍中有很大一部分是半无产者。德国资本主义工业得到扩大、巩固，特别是莱茵-威斯特法里亚地区的采煤和冶金工业，以及西里西亚和萨克森的纺织工业。在德国的许多工业中心已经出现了大工厂企业，但就总体而言，德国的产业革命才刚刚开始。德国国内保留的半封建生产关系和政治上的割据局面，都阻碍着它的生产力发展。美国东北地区具有产业革命的有利条件，西部地区有着大片自由土地，从而促进了资本主义的迅速发展。美国南部还继续存在以残酷剥削黑奴为基础的耕作粗放的种植场制度，资本主义生产方式发展缓慢。

产业革命是以机器大工业为主体的工厂制度取代以手工技术为基础的工场手工业的革命。最先完成产业革命的英国，率先成为以机器大工业占优势的先进工业国。

马克思、恩格斯高度评价产业革命创造的先进生产力和巨大的技术进步。在19世纪40年代末，马克思、恩格斯在回顾英国产业革命的历史成就时曾指出："资产阶级在它的不到一百年的阶级统治中所创造的生产力，比过去一切世代创造的全部生产力还要多，还要大。自然力的征服，机器的采用，化学在工业和农业中的应用，轮船的行驶，铁路的通行，电报的使用，整个大陆的开垦，河川的通航，仿佛用法术从地下呼唤出来的大量人口，过去哪一个世纪料想到在社会劳动里蕴藏有这样的生产力呢?"

产业革命在使社会生产力，特别是生产技术得到迅猛发展的同时，也使社会生产方式发生了深刻的变化。产业革命加剧了资本主义生产力和生产关系的矛盾：一方面，机器大工业的发展，使生产社会化程度越来越高；另一方面，以社会化形式使用的生产资料，却越来越集中在少数大资本家手中。在生产的社会化和生产资料私人占有这一资本主义基本矛盾的作用下，1825年行将完成产业革命的英国，爆发了世界上第一次以生产相对过剩为特征的经济危机。在这之后的一个世纪中，这种经济危机大约每隔10年周期性地爆发一次。尽管当时资本主义还处在它的上升时期，但是资本主义生产关系却已开始从生产力发展的推动力量转变为生产力发展的桎梏。

（二）阶级基础：无产阶级作为独立的政治力量的形成

无产阶级作为独立的政治力量的形成，是马克思主义政治经济学产生的阶级基础。随着资本主义经济的发展和剥削的加深，工人阶级和资产阶级的矛盾日益激化，无产阶级和资产阶级的矛盾成为社会的主要矛盾。代表先进生产力的无产阶级需要有自己的政治经济学，马克思主义政治经济学应运而生。

19世纪上半叶，由于工业革命的推动，资本主义生产方式在欧洲迅速发展起来，人工劳作被机器所取代，极大地推动了社会生产力的发展。资本主义带来了社会生产力的繁荣，也造成了无产阶级的贫困。产业革命引起了社会关系，特别是阶级关系的新变化。产业革命在创造出一个工业资本家阶级的同时，也创造出一个在人数上远远超过前者的产业工人阶级；产业革命在不断地刺激资本财富积累、强化资本力量的同时，也在不断地扩大工人贫困的积累、聚合工人阶级的反抗力量。产业革命把无产阶级作为一种独立的政治力量推上历史舞台，资产阶级和无产阶级的矛盾不可避免地上升为社会的主要矛盾。

机器技术的采用没有减轻工人的劳动，而只是被资本家用来增加利润。企业主经常延长工作时间，降低工资，加强对工人的剥削。机器使工人的劳动成为单调乏味、疲于奔命的劳动，使脑力劳动和体力劳动的对立更加严重。资本家竭力要把工人变成机器的简单附属品。最初，工人对付资本家加强剥削的办法是进行自发的抗议，如破坏机器和机床、烧毁工厂建筑物等，但是随着阶级成熟性和团结性的增强，工人逐渐开始懂得，使他们陷于灾难之中的，并不是机器，而是资本主义制度的罪恶。他们越来越频繁地举行罢工，争取增加工资，缩短工作时间，改善劳动条件。罢工渐渐成了工人反对资本家的最普遍的斗争形式。因此，工人越来越清楚地认识到自己的特有阶级利益和阶级任务。这一点明显地表现在无产阶级反对资本主义压迫的最初几次独立的斗争之中，如里昂的两次起义、西里西亚织工起义，特别是宪章运动。然而，当时的工人运动还是自发的，无产阶级在那个时候还没有一种革命理论能够表达他们的利益和需要，给他们指出推翻资本主义制度的道路。

马克思与恩格斯有着强烈的历史意识，认识到无产者在西方文明发展进程中所处的被压迫与被剥削地位。他们更有着强烈的现实感，能够系统、深刻地洞察到欧洲社会涌现的无产者群体及其内在异质性。马克思与恩格斯充分借鉴此前法德两国思想家对无产者正面地位的刻画，尤其是西斯蒙第、圣西门和布朗基等的空想社会主义，逐渐形成一套较完整的无产阶级学说。

在《〈黑格尔法哲学批判〉导言》中，马克思对无产阶级的特点进行了简短概括：“①它是通过兴起的工业运动才开始形成的；②它并非自然形成而是人工制造的贫民；③它因社会的急剧解体而不断扩大；④它把否定私有财产提升为社会的原则；⑤它若不从其他一切社会领域解放出来从而解放其他一切社会领域，它就不能解放自己。”

（三）自然科学基础：自然科学领域内一系列重大的新发现、新成果

自然科学领域中一系列重大的新发现、新成果，是马克思主义政治经济学诞生的自然科学基础。一方面，科学技术对推动生产关系的研究提供了动力和要求；另一方面，自然科学的巨大进步进一步说明了事物的联系和发展的规律性，为马克思主义政治经济学对人类社会生产关系的研究提供了强有力的自然科学论据。

马克思、恩格斯所生活的19世纪既是近代科学技术的黄金发展期，也是资本主义生产力迅猛发展的时代，处于以蒸汽机的广泛应用为核心的第一次产业革命迅速发展和以电力发明和使用为标志的第二次产业革命的萌芽时期。马克思、恩格斯对于科学的新发现、技术的新发明以及科学技术成果在生产上的应用，都密切关注并跟踪探索，从自然、社会、人、意识形态等多角度对科学技术做理性思辨，这不仅是马克思主义理论拓展的重要源泉，还是时代赋予他们的历史使

命，马克思、恩格斯认为，只有建立在技术和工业基础上的“此岸世界的真理”才能为历史服务，否则就会成为毫无意义的抽象空洞的理论。

严格意义上的近代科学是在欧洲文艺复兴运动中出现的。当文艺复兴运动逐渐在整个欧洲大陆蔓延开来以后，自然科学也摆脱了宗教神学的阴影和束缚，走上了快速发展的道路。马克思、恩格斯所生活的世纪被誉为科学技术发展的黄金时期，由于自然科学领域的星云假说、能量守恒定律和生物进化论等的发展，人们逐渐抛弃了形而上学的思维方式，并运用一种整体的、联系的、辩证的观点来看世界。辩证法取代了形而上学的思维方式，推动了整个自然科学的快速发展。

这一时期诸多科学部门已经在某种程度上确立起来了：笛卡尔确立了解析几何，耐普尔确立了对数，莱布尼茨确立了微积分，开普勒发现了行星运动的三大定律等。尽管这一时期自然科学主要处于搜集和整理材料、分门别类进行研究的阶段，但是许多新兴的学科，如地质学、古生物学、植物学、动物学等已经如雨后春笋般建立起来，正如恩格斯在《自然辩证法》中所说，“这是一个需要巨人并且产生了巨人的时代”，自然科学经历了一场彻底的革命，这是一场它必须为自己争取生存权利的革命。

达尔文可以说是能够为马克思、恩格斯带来力量的一位挚友。虽然他们研究的领域各不相同，但是相同的奋斗目标即“推进人类知识和幸福的进展”使他们惺惺相惜，结下了深厚的友谊。他们之间经常互通书信，《资本论》的第一卷在 1873 年第二次出版发行时，马克思还专门将其赠送给了达尔文。马克思曾经这样评价达尔文的贡献：“达尔文的著作非常有意义，这本书我可以用来当作历史上的阶级斗争的自然科学根据。”在读完了《物种起源》之后，马克思专门给恩格斯写过一封信表达他对这本书的意见，他说这本书给了我们“一个自然史的基础”。因此，后来马克思去世后，恩格斯于 1883 年 3 月 17 日在海格特公墓发表的葬礼演说中还专门提到了这一点，他说：“正像达尔文发现有机界的发展规律一样，马克思发现了人类历史的发展规律。”研究生物进化的达尔文与研究社会进化的马克思之所以能够相提并论，乃是因为他们有着共同的奋斗目标——推进人类的幸福，只不过一个是从生物学的观点阐明过去，一个是根据人类的经济生活指示未来。

此外，康德的星云假说是最早打破形而上学枷锁的宇宙发展理论，它打开了形而上学自然观的第一个缺口，就其基本点而言，它是科学的、革命的、唯物主义的，而且包含有辩证法因素。而后关于自然界和人类社会是处于不断生成和变化的过程中的观点日益被科学家所接受，使这一期间的物理学、地质学、化学、生物学都取得了一定的进步。特别是物理学，通过整理已经取得的各项成果证明了一切化学力，包括光、电、磁、热，在一定条件下都可以相互转化，并且能量不会流失。一切僵硬不变的东西被摧毁了，一切固定的东西消散了，一切被当作永恒的存在的东西成了转瞬即逝的东西，整个自然界都处于永恒的运动和变化之中。马克思、恩格斯正是吸取了辩证法的精华，并且与唯物主义的基本原则结合在一起，创立了辩证唯物主义的世界观和方法论，开启了崭新的哲学世界观。

二、理论渊源

（一）古典政治经济学

古典政治经济学产生于17世纪中叶，结束于19世纪初，它的代表人物有威廉·配第、亚当·斯密、大卫·李嘉图等。作为资本主义制度确立和上升时期的资产阶级经济理论体系，古典政治经济学实际上是对现代资产阶级社会的理论分析。“它从批判封建的生产形式和交换形式的残余开始，证明它们必然要被资本主义形式所代替，然后把资本主义生产方式和相应的交换形式的规律从肯定方面，即从促进一般的社会目的的方面来加以阐述。”在此意义上，马克思强调：“我所说的古典政治经济学，是指从配第以来的一切这样的经济学，这种经济学与庸俗经济学相反，研究了资产阶级生产关系的内部联系。”将经济学的研究对象从交换关系转向生产关系，是古典政治经济学的一大进步和贡献。

然而，由于阶级立场和历史发展的局限，古典政治经济学虽然研究了资产阶级生产关系的内部联系，但是把资本主义生产方式看作自然的和永恒的超历史存在，因而不能“从否定方面来表述它的规律，证明这种生产方式由于它本身的发展，正在接近它使自己不可能再存在下去的境地”。针对古典政治经济学的这一缺陷，马克思深刻地指出：“英国古典政治经济学是属于阶级斗争不发展的时期的。它的最后的伟大的代表李嘉图，终于有意识地把阶级利益的对立、工资和利润的对立、利润和地租的对立当作他的研究的出发点，因为他天真地把这种对立看作社会的自然规律。这样，资产阶级的经济科学也就达到了它的不可逾越的界限。”对于这一界限，古典政治经济学自身既无自觉意识，更无法自我突破，而最终出现了马克思的政治经济学并加以超越。

1. 古典政治经济学的“劳动价值论”

古典政治经济学的最大贡献就在于提出了“劳动价值论”。作为“古典政治经济学之父”的配第，是从重商主义到古典经济学理论演进的代表人物。他强调“劳动是财富之父，土地是财富之母”，并肯定地声明等量劳动是衡量一切商品的通用尺度。这实际上就是古典政治经济学劳动价值论的萌芽和雏形。然而，由于配第过分局限于流通领域，而且当时工人阶级的条件尚未得到发展，因此他始终对使用这一通用尺度的可行方式心存怀疑。

在古典政治经济学中，斯密被称为“国民经济学的路德”，他的《国富论》

是政治经济学领域里明确批判重商主义的标志性著作。在这里，斯密的目光开始从流通领域转向了生产领域，他认识到“劳动是第一性价格，是最初用以购买一切货物的代价。世间一切财富，原来都是用劳动购买而不是用金银购买的”。斯密第一次提出了“劳动是衡量一切商品交换价值的真实尺度”，是国民财富的源泉。在此理解的基础上，斯密通过不懈地寻求生产领域中经济问题的解决方案，努力查明劳动和资本之间的实际关系，探求资本的不同组成部分在再生产过程中发挥的影响，从而展现了自己的天赋。然而，斯密从来没有研究过劳动生产物为什么和在什么条件下必须表现为商品，以及生产商品的劳动必须表现为价值等这些根本问题。因此，在价值的决定上，斯密仍然“是踌躇莫定的”。

李嘉图是古典政治经济学最典型的代表，劳动价值论是李嘉图政治经济学理论的最高原理。李嘉图强调，商品的价值不取决于付给这种劳动的报酬的多少，而取决于其生产所必需的相对劳动量。因此，李嘉图最重要的理论就在于他将政治经济学以及由此对资产阶级社会的解释，还原为一条可以包罗万象的经济规律——劳动价值论。在李嘉图的劳动价值论中，他已认识到在生产过程中，物化在生产资料中的劳动通过转移和直接生产耗费的劳动一起决定商品的价值。然而，李嘉图终究没能迈出走向真理的这一小步。对于创造交换价值或表现为交换价值的劳动的姿容，它的特殊的决定性，即劳动的性质，他没有进一步研究和深入分析。

李嘉图没能明确提出劳动二重性的概念，更不可能区分抽象劳动和具体劳动，因此他也就看不到和无法解释劳动对资本由“形式上的从属”到“实际上的从属”的转变，更无法区分“以生产者自己的劳动为基础”和“以剥削他人的劳动为基础”这两种极不相同的私有制。这些问题，最终是由马克思的劳动价值论解决的：“劳动价值论的主旨，是挖掘资本主义秩序之外在表象下的深层结构，使我们能够了解劳动时间的花费轨迹，并发现那些使得工人阶级的未付酬劳动或剩余价值能够被剥夺以及剥夺多少的各种制度安排。”因此，古典政治经济学的劳动价值论，没能走向剩余价值论，反而走向了政治经济学的形而上学。

2. 古典政治经济学的形而上学缺陷

作为资产阶级社会生产关系的经济学表达，古典经济学家认为在经济生活中的每一个统计数字、每一件素材以及每一种情况，都能在社会现实中找到和发现相应的经济问题和经济事实。因此，他们求助自然科学的方法，通过观察、归纳、实验等取得所谓的“纯事实”，将劳动产品之间的关系描述为数和量的关系，并找出它们之间的联系和规律。

在古典经济学家这里，经验科学法则实际上取代了抽象价值法则。于是，他们就用这种所谓理想的“实证方法”来对抗思辨的“辩证方法”，这种实证方法

被马克思称为“资产阶级体系的生理学”。当古典经济学家们把这个方法运用到政治经济学的范畴上时，就会得出“政治经济学的形而上学”。由此，“经济学家们都把分工、信用、货币等资产阶级生产关系说成是固定的、不变的、永恒的范畴”。这样，“资产阶级关系就被乘机当作社会一般的颠扑不破的自然规律偷偷地塞了进来”，资本主义摇身变成了普遍的、永恒的、超历史性的存在。

对此，马克思指出，像斯密和李嘉图这样的经济学家，“他们只是表明在资产阶级生产关系下如何获得财富，只是将这些关系表述为范畴、规律并证明这些规律、范畴比封建社会的规律和范畴更有利于财富的生产”。在此意义上，古典经济学家就是“资产阶级的学术代表”，而古典经济学本质上就是资产阶级意识形态的“经济学表达”。

虽然古典政治经济学在其劳动价值理论当中，没能澄清政治经济学各种不同范畴之间的差别，但是其真正的错误却在于：它没能在其理论中形成现代劳动概念的历史性和结构性基础，其交换价值理论并没有同时支撑起一种真实的劳动理论，它并没有真正理解在资本主义社会中劳动的社会本质与历史形式。由此导致了一种对商品的价值和价格的纯粹数量上的理解，即基于完成产品中所包含的劳动数量来加以理解的“实证论”。

因此，古典经济学“分析劳动的方法是本体论式与形而上学式的，而不是历史性的”。这也就是马克思曾批判过的古典政治经济学作为“非批判的实证主义”的“政治经济学的形而上学”。而政治经济学绝不仅仅是实证科学，它本质上是“一门历史的科学”。

3. 马克思对古典政治经济学的批判和继承

对自己的政治经济学与古典政治经济学的理论渊源关系，马克思曾公开承认：“我的价值、货币和资本的理论就其要点来说是斯密、李嘉图学说的必然的发展。”马克思的政治经济学不是古典政治经济学的延伸和变形，而是对古典政治经济学批判和超越的一个必然结果：“资产阶级政治经济学的对立面，即社会主义和共产主义，是在古典政治经济学本身的著作中，特别是在李嘉图的著作中找到自己的理论前提的。”

马克思在自己的政治经济学中充实了比古典政治经济学更加丰富和深刻的历史唯物主义内容：“实际的经济关系是以一种完全新的方式，即用唯物主义方法进行考察的。”在此意义上，马克思的“唯物论实际上成了经济学”。而马克思的这一经济学，是充分借用了黑格尔辩证法的合理形式的，即“马克思把黑格尔辩证法的合理形式运用于政治经济学”。因此，马克思的“政治经济学革命”就是借助黑格尔的辩证法来批判和超越古典政治经济学而实现的。

正是有了唯物辩证法，马克思的政治经济学批判才开辟了不同于古典政治经济学的新理论视域。在评论马克思的《政治经济学批判》时，恩格斯特别强调："经济学所研究的不是物，而是人和人之间的关系，归根结底是阶级和阶级之间的关系，可是这些关系总是同物结合着，并且作为物出现。诚然，这个或那个经济学家在个别场合也曾觉察到这种联系，而马克思第一次揭示出这种联系对于整个经济学的意义，从而使最难的问题变得如此简单明了，甚至资产阶级经济学家现在也能理解了。"

在此基础上，马克思认为推动人类社会发展的既不是具体的物，也不是抽象的精神，而是物与物背后掩盖着的人与人之间的关系，其中最重要的就是人的生产关系。在马克思看来，古典政治经济学家并没有在商品的交换价值和作为衡量这一交换价值尺度的劳动这两者之间建立起一种自然关系。对此，马克思在《资本论》中指出："古典政治经济学在任何地方也没有明确地和十分有意识地把表现为价值的劳动同表现为产品使用价值的劳动区分开。"这实际上也就是没有把抽象劳动和具体劳动区分开。而抽象劳动和具体劳动的区分，作为"理解政治经济学的枢纽"，正是马克思政治经济学革命的伟大贡献。

马克思指出，当经济学家傲慢地断言事物从现象上看不是这样的时候，实际上他们夸耀的是他们紧紧抓住了现象，并且把它当作了最终的东西，他们自以为这是伟大的发现，却不去揭示事物的内部联系。而对马克思来说，资产阶级社会的"内部联系一旦被了解，相信现存制度的永恒必要性的一切理论信仰，还在现存制度实际崩溃以前就会破灭"。

正是马克思通过运用古典政治经济学的劳动价值理论，而不是通过对资本主义的道德谴责，创新了"劳动力"的概念，并表明劳动力的交换价值与使用价值之间的差额是可以测量的，从而把利润与剩余价值联系起来，才"最终把资本主义的秘密追踪到它剥削劳动的诡诈的方式"。

在此意义上，可以说马克思经济学革命的最大贡献就在于将古典经济学的劳动价值论改造成了剩余价值论。实际上，马克思与古典政治经济学的区别不在于研究对象和学术术语的差异，而在于阶级立场的根本不同：古典经济学家们无论自觉地或不自觉地，都着眼于谋求既同地主又同雇佣劳动者相对立的资本家的福利；相反，马克思始终代表雇佣劳动者的利益。因此，与其说古典政治经济学的宗旨是为了揭示支配经济行为和经济真相的本质规律，不如说是为了提高资产阶级的利益和维护现存的社会秩序。

（二）空想社会主义理论

1. 空想社会主义的产生和发展

（1）16~17 世纪：空想社会主义的早期发展阶段。

这一时期的资本主义发展由简单协作进入工场手工业阶段，资本原始积累正

在加快进行。新兴资产者通过残暴剥夺农民，拼命压榨工场工人，野蛮掠夺海外殖民地等办法，千方百计地聚集资本和扩大经营。早期空想社会主义就是在这个时候出现的。最早的空想社会主义者是英国人莫尔，他在1516年出版的《乌托邦》一书被称为空想社会主义的开山之作。早期空想社会主义的另一位代表人物是意大利的康帕内拉，他在监狱中所写的《太阳城》一书，同样产生了较大的影响。这个时期空想社会主义在实际斗争方面的代表人物是16世纪德国农民起义领袖闵采尔和17世纪中叶英国掘地派运动领袖温斯坦莱。

总体来看，这一时期的空想社会主义虽然还有很多的不足，如对平等、平均的混淆，以及存在浓厚的宗教神秘主义色彩和强烈的平均主义等，但是它们已经开始闪烁出真理的火花。可以说，正是在这些早期成果的基础上，空想社会主义才得以进一步地发展。

（2）18世纪：空想社会主义的中期发展阶段。

资本主义发展到18世纪，其生产已经进入了工厂手工业发展阶段。工人阶级和资产阶级的矛盾开始表面化，代表新兴资产阶级的思想家也开始对封建主义发起了全面进攻。空想社会主义在这一背景下继续发展。这一阶段的空想社会主义，在理论方面的主要代表是法国的摩莱里和马布里。摩莱里的代表作是《巴齐里阿达》和《自然法典》（被称为“共产主义法典”）。马布里的著作很多，1792年出版的《马布里全集》就有15卷之多。他们的著作深受法国启蒙思想的影响，开始具有直接的理论形态，其中马布里的著作主要采用论战形式，而摩莱里的著作主要采用法典形式来表达自己的理论主张。除此之外，摩莱里和马布里的空想社会主义还带有明显的平均主义或禁欲主义色彩。在实际斗争方面的代表人物是巴贝夫，其核心思想是有关平等的论述，他在革命实践中探讨向公有制社会过渡的步骤和措施，第一次将共产主义作为实践问题提了出来。

这一时期的空想社会主义者已经能够认清社会剥削或不平等的根源在于社会制度，对封建王权和资本主义私有制进行了相应的揭露和批判。同时，巴贝夫还认识到了阶级的概念，试图用阶级分析方法来进行问题分析，并试图领导群众进行阶级斗争。

（3）19世纪初：空想社会主义的高级发展阶段。

三大空想社会主义是英国产业革命和法国大革命的产儿。经过这两场革命之后，资本主义在欧洲迅速发展起来，阶级关系发生了新的变化，整个社会日益分裂为工业资产阶级和工业无产阶级，资产阶级对劳苦大众进行的残酷剥削使资本主义社会内部矛盾和弊端日益暴露。在此背景下，英国和法国出现了形态更加完备的空想社会主义，这就是以圣西门、傅立叶、欧文为代表的三大空想社会主义，他们把空想社会主义提升到前所未有的高度。圣西门的代表作是《论实业制度》《新基督教》，傅立叶的代表作是《全世界和谐》《新世界》，欧文的代表作是《新社会观》《人类思想和实践中的革命》。欧文还在美洲进行“新和谐公社”的实验。

这一时期的三大空想社会主义者都对资本主义进行了尖锐的批判，并预测了包括社会历史发展等在内的一些真理，对未来社会提出了具有积极意义的设想或方案。虽然由于思想和社会条件的限制，他们也时常倒向唯心主义和形而上学的阵营，看不到资本主义的基本矛盾和规律等，但是三大空想社会主义者的学说包含了科学社会主义的萌芽。

（4）19 世纪 30~40 年代：空想社会主义的渐进发展阶段。

这是一个相对特殊的阶段。在这一时期，资本主义大工业的地位在欧洲主要国家已经确立，圣西门派已经瓦解，傅立叶和欧文派也渐趋没落。正是在这种情况下，一股被恩格斯称为“纯粹出于本能的共产主义”出现了，其主要代表人物有法国的布朗基、卡贝、德萨米和德国的魏特林等。

这一时期的空想社会主义在资本主义工业发展和欧洲工人现实斗争的基础上，对资本主义的剥削本质有了更为深刻而全面的认识。一些空想社会主义者还试图通过暴力革命的手段实现共产主义，对未来社会的构想更加立足于现实并具有较强的科学性。

2. 空想社会主义的局限性

（1）空想社会主义的很多内容都是建立在直觉判断和主观想象的基础之上，缺乏相应深入的科学分析和合理设计。

首先，空想社会主义尤其是早期空想社会主义在对社会问题进行分析时，往往采用直接推导的方法，很少看到深层次的社会原因，更难以将社会问题与资本主义制度本身联系起来。例如，闵采尔在《十二条款》中通过农民的口吻，认为农民负担不起沉重地租的原因在于存在不合理、不公正的地租；温斯坦莱认为英国没有“自由的人民”原因是广大“无地的贫农”没有得到可以耕种的土地，还没有生活得像地主那样富裕。

其次，在对未来社会的构想上，空想社会主义者往往依据个人的既有经验和主观臆想来进行设计，这不免使空想社会主义陷入“空想”的泥潭，并时常背离共产主义的基本原则。例如，莫尔所津津乐道的乌托邦，仍然是以家庭为基本经济单位的手工业生产社会。空想社会主义在对理想社会的建构中，看似对未来社会进行了细致的安排，但这并不是真正意义上的平等安排，而是一种平均主义的表现。有些方面还在客观上违背了共产主义的自由原则。正如恩格斯所说：“这种新的社会制度是一开始就注定要成为空想的，它越是制定得详尽周密，就越是要陷入纯粹的幻想。”

（2）空想社会主义往往忽视了劳动人民在历史发展中的作用，看不到无产阶级的力量和发展趋势，因而不可能找到社会发展的真正动力和变革力量。

首先，一些空想社会主义者往往过分看重个人在社会发展中的作用，不明白人民群众才是人类历史的创造者，这就导致他们难以找到社会发展的真正动力，常常在大规模的群众斗争面前迷失方向。例如，梅叶虽然在思考问题时着眼于劳动人民，认为劳动人民是物质财富的创造者，但是他又对劳动人民“虽然用尽各种方法（好的方法或不好的方法）想努力摆脱贫困，但用各种公正和合法的方法总是不能摆脱贫困的”现象表示惋惜，进而否认劳动人民的力量。

其次，空想社会主义在当时的历史条件下往往把无产阶级当作一个值得同情和救助的对象，缺乏对无产阶级全面正确的认识。这就使得他们很难找到社会变革的真正力量，进而将革命运动置于鲁莽或混乱的状态，或者反对革命、坚持改良。例如，同时代的傅立叶和欧文与圣西门相似，他们都把无产阶级看作受苦受难的群众，对无产阶级的不幸深表同情，并力图减轻其苦难，但他们“并不是想解放某一阶级，而是想立即解放全人类”。也正是在这种思想的支配下，傅立叶坚决主张用改良的手段来改造社会，而欧文认为社会改造应该由政府来实行，幻想政府以和平的方式进行改革。

（3）一些空想社会主义者在对社会问题分析时往往采用宗教神学的方法，或者只是从简单的理性或人性出发对社会历史的发展进行判断。

空想社会主义者大多采用宗教神学的方法研究社会问题，这就使空想社会主义不可避免地带有宗教神秘主义色彩，并最终倒向唯心主义的阵营，陷入形而上学和唯心史观的泥潭，难以从根本上解释人类社会的剥削现象，更不可能发现人类社会发展的客观规律。例如，温斯坦莱认为私有制特别是土地私有制是一切暴政和不合理、不公平法律的根源，而私有制是由于亚当与夏娃后代中的“兄长”利用人类的弱点，采用欺骗和暴力的方法掌握权力，进而对失去土地成为奴仆的兄弟们进行肉体和心灵上的迫害。这样一来，人类的不平等就出现了，奴役性的法律、暴力和各种社会罪恶也随即出现。

3. 马克思对空想社会主义思想的批判与超越

（1）《莱茵报》期间。

马克思最早接触共产主义是1842年在《莱茵报》任职期间。正是《莱茵报》时期对社会现实的激烈批判和个人经历使马克思逐渐开始从唯心主义向唯物主义、从革命民主主义向共产主义转变。正如马克思在《政治经济学批判》序言中说的：“1842~1843年间，我作为《莱茵报》的主编，第一次遇到要对所谓物质利益发表意见的难事……最后，关于自由满意和保护关税的辩论，是促使我去研究经济问题的最初动因。另一方面，在善良的‘前进’愿望大大超过实际知识的时候，在《莱茵报》上可以听到法国社会主义和共产主义的带着微弱哲学色彩的回声。我曾表示反对这种肤浅言论，但是同时在和《奥格斯堡总汇报》的一次争论中坦率承认，我以往的研究还不容许我对法兰西思潮的内容本身妄加评判。”这说明，在这一时期，马克思已经接触并开始思考空想社会主义学说。

（2）《1844年经济学哲学手稿》时期。

在《1844年经济学哲学手稿》中，马克思首次提出了共产主义，并认为有这几种共产主义：封建、专制的共产主义，蒲鲁东式的共产主义，共产共妻，赫斯式的共产主义，克服了异化劳动的共产主义。通过对资本主义社会异化的分析，马克思在《1844年经济学哲学手稿》中首先提出要克服私有制。马克思提出，资本主义工业生产以及资本主义的工业和科学是扬弃私有财产、实现共产主义的物质基础。在《1844年经济学哲学手稿》中，马克思还指出，共产主义是向人的自身即社会人的复归，具体而言：共产主义社会是对异化的扬弃——实现人性的解放，是人类实现自由本质的最高境界，只有当历史发展到共产主义社会时才能实现这一理想；在共产主义社会，人们以一种全面的和感性的方式把自己的本质据为己有，从而实现与世界的和谐统一；共产主义是人与自然、人与人之间矛盾的真正解决，是存在和本质、对象化和自我确证、自由和必然、个体和类之间斗争的真正解决；共产主义是对人的本质的真正占有，是对私有财产即人的自我异化的积极扬弃。

（3）《黑格尔法哲学批判》时期。

在黑格尔法哲学批判时期，马克思已经找到了实现共产主义的物质力量，即无产阶级：“若不从其他一切社会领域解放出来并同时解放其他一切社会领域，就不能解放自己的领域，总之是这样一个领域，它本身表现了人的完全丧失，并因而只有通过人的完全恢复才能恢复自己。这个社会解体的结果，作为一个特殊等级来说，就是无产阶级。”“哲学把无产阶级当作自己的物质武器，同样地，无产阶级也把哲学当作自己的精神武器；思想的闪电一旦真正射入这块没有触动过的人民园地，德国人就会解放成人。”

（4）《德意志意识形态》时期。

《德意志意识形态》标志着马克思唯物史观的形成。在该书中，马克思利用唯物史观，从生产力与生产关系、经济基础与上层建筑、社会存在与社会意识的辩证关系上分析社会的发展规律；他把共产主义看作是建立在资本主义社会的基础之上，是人类社会更高的发展形式，是克服了异化的、解决了矛盾的社会形态。

（5）《共产党宣言》时期。

马克思的科学社会主义在《共产党宣言》中得到了最为系统、成熟的表达。

有关人类社会的终极形态即共产主义及其实现问题，马克思一是从阶级斗争的角度分析了社会现存的两大阶级即资产阶级和无产阶级，指出随着资产阶级的发展也产生了它的“掘墓人”即无产阶级；二是把消除私有制解释为共产主义社会的基本特征；三是提出了由资本主义社会向共产主义社会过渡的方式，即无产阶级通过暴力革命推翻资产阶级，建立无产阶级自己的政权；四是得出“两个必然”的结论，即资产阶级的灭亡和无产阶级的胜利是同样不可避免的；五是把共产主义的本质解释为，取代存在着阶级和阶级对立的资产阶级社会而出现的一个自由人的联合体，在那里，每个人的自由发展是一切人的自由发展的条件。同时，马克思在《共产党宣言》中区分了不同形式的社会主义，并对反动的社会主义、小资产阶级的社会主义、德国社会主义、保守的或资产阶级的社会主义、批判的空想社会主义和共产主义等做出了深刻的批判。

马克思在《共产党宣言》中旗帜鲜明地将自己主张的共产主义和此前的空想共产主义区别开来，通过科学分析得出了资产阶级必然灭亡、无产阶级必然胜利的结论，并据此号召全世界无产阶级联合起来，通过暴力革命的方式推翻资产阶级的统治，建立每个人自由而全面发展的理想社会。

马克思主义政治经济学对古典政治经济学和空想社会主义理论并不是全盘接受，而是有扬有弃，汲取了其中合理、有用的成分，摒弃了其中不科学、不合理的因素。马克思从研究商品与货币所体现的社会关系入手，深入考察剩余价值的实质和来源，以劳动价值论为基础，创立了剩余价值理论，揭示了资本主义生产关系的本质及资本主义经济运行的规律，从而创立了科学的马克思主义政治经济学。

第二节　马克思主义政治经济学的创立

一、马克思主义政治经济学的创立者：马克思和恩格斯

（一）马克思的生平与主要著作

马克思（1818~1883年）生于德意志邦联普鲁士王国莱茵省特里尔城一个律师家庭。他是马克思主义创始人之一，第一国际的组织者和领导者，马克思主义政党的缔造者，全世界无产阶级和劳动人民的革命导师，无产阶级的精神领袖，国际共产主义运动的开创者，同时也是伟大的政治家、哲学家、经济学家、革命理论家、社会学家、记者、历史学者和革命社会主义者。

马克思于1830年10月进入特里尔中学，中学毕业后进入波恩大学，18岁后转学到柏林大学学习法律，但他大部分的学习焦点却在哲学上。中学毕业时，他的著作为《青年在选择职业时的考虑》（1835年8月）。同时，在大学期间他成为青年黑格尔分子。1841年，马克思以论文《德谟克利特的自然哲学和伊壁鸠鲁的自然哲学之区别》申请学位，并得到学术委员会一致认可而顺利获得哲学博士学位。

1842年，马克思为《莱茵报》撰稿，同年10月任该报主编，遇到了在马克思思想发展史上颇为有名的“林木盗窃法问题”，他在《莱茵报》上写了一系列文章发表自己的看法，文中严厉抨击了普鲁士政府的做法，立场坚定地站在民众一边，维护农民的利益。对于《莱茵报》所发表的观点，普鲁士政府非常气愤，他们立刻派人查封了《莱茵报》，迫使它停止印刷。马克思一气之下，辞去了报社的主编职务。马克思对自己的所作所为毫不后悔，相反，他更认清了反动政府的丑恶本质。1843年，《莱茵报》发行许可被普鲁士国王撤销，因为马克思在报上发表了一篇批评俄国沙皇的文章，引发俄国沙皇尼古拉一世的不满，普鲁士国王接到沙皇的抗议后下令查禁《莱茵报》，马克思因此失业。在此期间，马克思认识了恩格斯。恩格斯是工厂主子弟，却十分欣赏马克思的主张，经常出钱赞助马克思的活动与生活费。

1843年6月19日，马克思与女友燕妮结婚。6月，他前往克罗纳茨赫度蜜月，其间写成《克罗纳茨赫的笔记》；10月，他移居巴黎，与卢格合办《德法年鉴》，主要著作有《〈黑格尔法哲学批判〉导言》以及为《德法年鉴》撰写的《论犹太人问题》等文章。这表明马克思已经完成从唯心主义到唯物主义、从革命民主主义到科学共产主义的转变。

1844年8月底，马克思与恩格斯在巴黎会见，合写第一部著作《神圣家族》，从此他们开始了终身的合作。11月至次年5月，他们合写《德意志意识形态》，论述了历史唯物主义的基本原理，同时合著了《1844年经济学哲学手稿》。

1845年，马克思写作了《关于费尔巴哈的提纲》《德意志意识形态》（节选）（与恩格斯合著）。

1847年7月，马克思写作了《哲学的贫困》。11月底，马克思和恩格斯出席在伦敦举行的共产主义者同盟第二次代表大会，受委托起草同盟纲领。1848年2月中旬，国际共产主义运动的第一份纲领性文件《共产党宣言》问世。

1848年2月，席卷欧洲大陆的资产阶级民主革命爆发，马克思和恩格斯指导同盟投入革命洪流。3月初，马克思被比利时政府驱逐出布鲁塞尔到达巴黎。1848年5月31日由马克思主编的《新莱茵报》创刊。

1849年5月16日，普鲁士政府下令驱逐马克思。19日，《新莱茵报》被迫停刊，用红色油墨印刷了最后一号。

1850 年 3 月和 6 月，马克思先后两次与恩格斯一起起草《中央委员会告共产主义者同盟书》。马克思还写作了《1848 年至 1850 年的法兰西阶级斗争》。

1851 年底至 1852 年春，马克思写作《路易·波拿巴的雾月十八日》，总结了欧洲特别是法国 1848 年革命的经验。1852 年 10 月末至 12 月初，马克思写作《揭露科伦共产党人案件》。

1857 年，马克思写作《〈政治经济学批判〉导言》；1858 年，写作《鸦片贸易史》；1859 年，写作《〈政治经济学批判〉序言》；1860 年，写作《福格特先生》。

1864 年 9 月 28 日，马克思应邀出席在伦敦圣马丁教堂举行的国际工人协会成立大会（即第一国际），当选为协会临时委员会委员，他为第一国际起草了《成立宣言》《临时章程》和其他重要文件。

1867 年 9 月 14 日，《资本论》第一卷在德国汉堡出版。后两卷在马克思逝世后，由恩格斯整理其遗稿，分别在 1885 年、1894 年出版。

1870 年 10 月，马克思与移居伦敦的恩格斯再度相聚。由于被许多国家驱逐，马克思到处流亡，他曾自称是“世界公民”。

1871 年 5 月 30 日，马克思宣读了题为《法兰西内战》的宣言，指出巴黎公社实质上是工人阶级的政府。

1875 年，他写了《对德国工人党纲领草案的意见》，即《哥达纲领批判》。

1877 年，马克思写作了《反杜林论》第二编第十章。1880 年 5 月，马克思和恩格斯指导法国工人党盖得派领导人制订党纲，口授了纲领的理论部分。1882 年，马克思为《共产党宣言》俄译本作序。

1883 年 3 月 14 日，马克思积劳成疾，躺在安乐椅上溘然长逝，享年 65 岁。

（二）恩格斯的生平与主要著作

恩格斯（1820~1895 年），德国思想家、哲学家、革命家，全世界无产阶级和劳动人民的伟大导师，马克思主义的创始人之一。恩格斯是马克思的挚友，被誉为“第二提琴手”，他为马克思从事学术研究提供了大量经济上的支持，为无产阶级军事科学奠定了基础，为创立马克思主义的哲学、政治经济学和科学社会主义理论方面作出了卓越贡献。在马克思逝世后，恩格斯将马克思的大量手稿、遗著整理出版，并且成为国际工人运动众望所归的领袖。

1820 年初冬，恩格斯出生于普鲁士王国莱茵省巴门市。1837 年，恩格斯被父亲命令从中学辍学，到营业所学习其厌恶的经商。1838 年 8 月，在父亲的安排下恩格斯去不来梅当办事员。在这个自由和民主思潮澎湃的城市，恩格斯成为了一名民主主义者，并以“弗·奥斯沃特”为笔名写下许多诗篇，其中 1839 年发表的《乌培河谷来信》为其代表作。

1841 年 9 月，他为了服兵役而来到柏林，业余时间就到柏林大学听哲学讲课，很快成为了黑格尔青年派中积极的一分子，写了《谢林和启示》等著作，对谢林的神秘主义观点进行了批判。

1842 年深秋，恩格斯来到英国曼彻斯特的“欧门—恩格斯纺织厂”当总经理。曼彻斯特是英国宪章运动中心，他开始真正深入工人阶级的生活，并且在这段时间认识了还是《莱茵报》主编的马克思。

1843 年底至 1844 年 1 月，恩格斯写了《国民经济学批判大纲》这一经济学著作，以社会主义观点研究资本主义经济制度和资产阶级政治经济学基本范畴。

1844 年 2 月，恩格斯在《德法年鉴》上发表《政治经济学批判大纲》，从社会主义观点出发对资本主义经济制度进行了批判。8 月，恩格斯返回德国巴门老家，途中经过巴黎和马克思见面，在巴黎和马克思合写了《神圣家族》，批判了黑格尔青年派的唯心主义哲学，阐明人民群众是历史的创造者。

1845 年 3 月，恩格斯写完第一部重要著作《英国工人阶级状况》，描述了无产阶级的悲惨处境和历史使命，揭示了资本主义内在矛盾。8 月底，恩格斯在回国途中绕道巴黎去见了马克思，开始了两人的终身合作。

1846 年 8 月，恩格斯和马克思共同完成了《德意志意识形态》，后与马克思在布鲁塞尔共同建立了共产主义通讯委员会和德意志工人协会。

1847 年 6 月，恩格斯起草了《共产主义信条草案》，后来进一步完善成《共产主义原理》。同年，他与马克思一起加入正义者同盟，受同盟第二次代表大会委托，与马克思合作拟定同盟纲领，即 1848 年 2 月问世的《共产党宣言》，总结了以往无产阶级的斗争经验，论述了无产阶级革命和专政的重要思想，其后成为各国无产阶级运动的指南。

1848 年 2~3 月，欧洲资产阶级革命相继在巴黎、柏林、维也纳等城市爆发。3 月，恩格斯当选为共产主义者同盟中央委员会委员，在巴黎与马克思共同拟订了《共产党在德国的要求》。4 月，他们到达德国科伦。恩格斯担任《新莱茵报》编辑，协助马克思主持该报编辑部工作。

1849 年 5~7 月，恩格斯亲自参加了德国人民武装起义，起义失败后流亡到瑞士，11 月抵达伦敦，当选为同盟中央委员会委员，负责改组同盟工作。

1850 年前后，民主革命失败。恩格斯先后两次与马克思合作起草《中央委员会告共产主义者同盟书》。恩格斯和马克思被普鲁士政府压迫，经济拮据，恩格斯于 1850 年 11 月重回曼彻斯特纺织厂工作，以便继续资助马克思。在这期间，他和马克思频繁以书信来往，并在多份报纸上发表评论，同时进行各个方面的研究，主要包括自然科学和军事。在未署名发表的军事评论《战争短评》中，他被公推为军事权威。

1851 年 11 月至 1852 年 11 月，恩格斯为《纽约每日论坛报》撰写了一组题为《德国的革命与反革命》的文章，深刻总结了 1848~1849 年德国革命的经验，提出了“武装起义是一种艺术”的著名论断。

1864 年第一国际成立后，恩格斯同马克思一起参加了第一国际的领导工作，与蒲鲁东派、巴枯宁派、工联派、拉萨尔派进行了路线的斗争，为马克思主义在国际工人运动中的主导地位奠定了基础。

1867 年《资本论》第一卷出版后，恩格斯为工人报刊写了许多篇战争评论，准确地分析和预见了战争的进程与结果。

1869 年 7 月，恩格斯从商人生涯中摆脱，并于 1870 年 10 月移居伦敦，与马克思再度相聚。1871 年 3 月巴黎公社建立后，恩格斯同马克思一起支持公社，在演说和信件中高度评价巴黎公社的革命首创精神和英雄气概，阐明公社的历史意义。在 9 月举行的国际伦敦代表会议上，恩格斯根据巴黎公社的经验提出工人阶级必须参加阶级斗争并建立同一切旧政党相对立的无产阶级独立政党。

1872 年 9 月，国际海牙大会期间，恩格斯与马克思一起为击败巴枯宁阴谋集团，通过关于政治问题和组织问题的决议作出了重要贡献。会后，他写了《论权威》《社会主义民主同盟与国际工人协会》（与马克思合写）等论著，从政治上、理论上和组织上全面揭露和批判了巴枯宁集团的无政府主义和分裂主义，深刻阐述了民主与集中、民主与专政的辩证关系。国际工人协会解散以后，恩格斯与马克思一起为在各国传播科学社会主义理论、建立和发展社会主义政党而努力斗争。

1873~1882 年，恩格斯撰写了一部未完成的手稿——《自然辩证法》，由论文、札记和片段等组成。这是他研究自然界和自然科学的辩证法问题的重要著作，奠定了自然辩证法的研究基础。

1876~1878 年，恩格斯写了一组题为《欧根·杜林先生在科学中实行的变革》的文章（即《反杜林论》），在批判杜林的唯心主义先验论和小资产阶级社会主义时，第一次系统地阐发了马克思主义的三个主要组成部分，即哲学、政治经济学和科学社会主义理论，以及许多自然科学的基础理论，这是一部“深刻透彻的每个有思想的人都能理解的科学百科全书”。

1879 年，恩格斯同马克思合写了有名的《通告信》，批判德国党内苏黎世三人团的改良和投降主义路线。

1880 年夏，应法国工人党领导人拉法格的要求，恩格斯把《反杜林论》中的某些章节改编为《空想社会主义和科学社会主义》（即《社会主义从空想到科学的发展》）。这本被马克思称为“科学社会主义入门”的小册子，对普及马克思主义基本理论起了重要作用。

1884年3~5月，恩格斯根据马克思的《路易斯·亨·摩尔根〈古代社会〉一书摘要》，并结合他本人多年研究的成果写下了《家庭、私有制和国家的起源》一书。这是一部关于古代社会发展规律和国家起源的著作，成为马克思主义国家学说的代表作之一。

1886年，恩格斯写作了《路德维希·费尔巴哈和德国古典哲学的终结》，并于同年发表在德国社会民主党理论杂志《新时代》上。这是恩格斯为论述马克思主义哲学同德国古典哲学的关系，阐明马克思主义哲学基本原理而写的一部重要哲学著作。

1895年8月5日，恩格斯因病在泰晤士河边的寓所内逝世。

（三）马克思与恩格斯的友谊

马克思在思想上是富有者，在经济上却是严贫户，这位对资本主义经济有着透彻研究的伟大经济学家本身一贫如洗，他的一生几乎是在贫困潦倒中度过的。马克思没有固定的工作，一家人的经济来源主要靠他极不稳定而又极其微薄的稿费收入，加之资产阶级对他的迫害和封锁，饥饿和生存问题始终困扰着马克思一家。如果不是恩格斯在经济上长期无私的援助，马克思无法从事领导国际无产阶级运动的事业和专心理论创作。

1851~1869年，马克思总共收到了恩格斯的汇款3121镑。对当时的恩格斯来说，这已是倾囊相助了。正是由于恩格斯的慷慨相助，马克思才能勉强维持生存，得以长期一心从事科学著述，为写作《资本论》进行广泛而深入的经济学研究。恰如列宁所说："如果不是恩格斯牺牲自己而不断给予资助，马克思不但不能写成《资本论》，而且势必会死于贫困。"

对于恩格斯的无私奉献，马克思非常感动，也十分不安，他在1867年致恩格斯的信中写道："坦白地向你说，我的良心经常像被梦魇压着一样感到沉重，因为你的卓越才能主要是为了我才浪费在经商上，才让它们荒废，而且还要分担我的一切琐碎的忧患。"这是马克思的肺腑之言。

二、马克思主义政治经济学的形成过程

政治经济学是马克思主义的重要组成部分。无产阶级的"全部理论内容是从研究政治经济学产生的"。1843~1844年，马克思、恩格斯经历了一场深刻的思想转变，从唯心主义转变到了唯物主义。当时，他们用革命斗争的实践对德国古典哲学和英法空想社会主义理论进行了批判性的研究，深刻认识到政治经济学的重要性。马克思主义政治经济学的形成和创立主要经历了三个阶段。

(一) 19世纪40年代是马克思主义政治经济学的初创时期

马克思于1843~1845年在巴黎开始了政治经济学的研究，他潜心研读斯密、李嘉图等古典经济学家的著作以及当时正活跃在欧洲经济学界的李斯特、麦克库洛赫等人的著作。同时，1843年秋，恩格斯在英国曼彻斯特开始系统研究政治经济学，于1844年1月写成第一部马克思主义政治经济学著作《政治经济学批判大纲》，批判资本主义私有制，揭穿一切资产阶级经济学都是为资产阶级服务的"私经济学"。这部"批判经济学范畴的天才大纲"对马克思有着深刻的影响。在认真研究的过程中，他写成了内容丰富的《巴黎笔记》。其中，《1844年经济学哲学手稿》是他建立政治经济学理论体系的首次尝试，探讨了资本主义制度下雇佣工人的地位，指出由资本主义私有制所产生的异化劳动，使劳动者同劳动产品相异化，同劳动活动相异化，同自己的人类劳动相异化，其结果是人与人相异化，工人与资本家相对立。劳动与资本的对立达到极限，必然会引起全部私有财产关系的灭亡。

1847年出版的《哲学的贫困》是马克思主义经济理论第一次科学的表述。在这部为批判小资产阶级社会主义者蒲鲁东而作的论战性著作中，马克思运用辩证唯物主义和历史唯物主义原理确立政治经济学的研究对象和方法，探讨了劳动价值理论和剩余价值理论，揭示了资本主义生产方式的一般特征、发展形式和必然灭亡的趋势，这是马克思主义政治经济学理论体系的萌芽。

1843~1848年，马克思经过近5年的潜心学习和研究，取得了重要的政治经济学理论成果。例如，得出了政治经济学研究对象和方法的重要结论；对商品、货币、劳动力商品、资本主义积累的规律及未来社会的特征等重要问题做出了深入研究；对劳动价值学说做出了科学阐述；对资本与雇佣劳动关系做出了具体剖析，提出了"资本是对他人劳动产品的私有权"的重要观点。

1849年，马克思所作的《雇佣劳动与资本》问世。它论述了构成资本主义社会阶级斗争物质基础的经济关系，着重指出：第一，资本不是物，是"资产阶级的生产关系，是资产阶级社会的生产关系"。第二，同其他商品一样，劳动(力)作为商品，也有价值和价格，工资就是劳动力的价格。第三，工人阶级与资产阶级的利益是根本对立的。生产资本的增加，就是资产阶级对工人阶级的传统力量的增加，所谓劳资一致、阶级调和的论调，是完全错误的。

由此可见，尽管19世纪40年代马克思还没有把劳动与劳动力区分开来，还没有使用"剩余价值"这个概念，但是马克思那时不仅已经非常清楚地知道资本家的剩余价值是从哪里产生的，而且已经非常清楚地知道它是怎样产生的。这表明了马克思政治主义经济学说已经初步形成。

（二）19 世纪 50~60 年代是马克思主义政治经济学的形成时期

1849 年 8 月，马克思移居英国伦敦。随着 19 世纪 50 年代欧美资本主义经济迅速发展，资本主义基本矛盾急剧尖锐，1857 年发生了世界性经济危机，这为马克思揭示资本主义运动规律提供了大量实践材料。英国是当时资本主义最发达的国家，伦敦是当时资本主义世界经济、政治活动的中心，又为研究资本主义提供了方便的观察地点。同时，大英博物馆的图书馆收藏有大量的政治经济学图书资料，这里成为马克思专门研究政治经济学的理想地方。这些条件都促使马克思“从头开始，用批评的精神来透彻地研究新的材料”。

1851~1853 年，马克思写出了 24 本《伦敦笔记》，但是因健康和家庭困难等中断了一段时间研究工作。随后，他又写出了《1857—1858 年经济学手稿》，也就是《资本论》的第一份手稿。至此，马克思主义政治经济学理论形态已基本形成。不久，马克思又撰写完成了《1861—1863 年经济学手稿》，也就是《资本论》的第二份手稿。接着，1863~1865 年底，马克思又撰写了《资本论》第三份手稿。这些为他在世时《资本论》第一卷的出版以及为他去世后恩格斯编辑出版《资本论》第二卷、第三卷提供了重要的条件和基础。《资本论》第一卷（德文第一版）于 1867 年 9 月 14 日正式出版，它的出版标志着马克思主义政治经济学的创立。

第一，确立了政治经济学研究对象。在导言中，马克思指出，政治经济学不是研究“生产一般”或“一般生产”，而是研究一定生产方式下的生产关系。社会生产过程表现为生产、分配、交换、消费四个环节的辩证统一，政治经济学必须在生产、分配、交换、消费的相互制约中研究生产关系。

第二，制定了政治经济学的完整结构。在 1859 年出版的《政治经济学批判》中，马克思计划把自己整个经济学著作分为六回。19 世纪 60 年代初，在写作《1861—1863 年经济学手稿》时，他决定把这部著作以“资本论”为标题单独出版，而“政治经济学”这个名称只作为副标题。全书共分为四卷，即资本的生产过程、资本的流通过程、总过程的各种形式、理论史。从六回结构到四卷结构，这是马克思经济学理论体系不断完善的过程。

第三，创建了价值和剩余价值的科学理论。在《1857—1858 年经济学手稿》中，马克思第一次阐述了生产商品的劳动二重性，区分了劳动和劳动力，使用了“剩余价值”这个科学概念，论述了劳动价值论和剩余价值论的基本要点。这就表明马克思的经济学说在主要的细目上已经完成了。在 1861~1863 年手稿和 1863~1867 年手稿中，他继续深入研究劳动价值论和剩余价值论，论述了包括《资本论》四卷的主要内容。

第四，探讨了资本主义以前的社会经济形态和未来社会主义、共产主义的若干重要经济问题。这样，到了19世纪60年代中期，研究人类社会发展各个阶段生产关系及其发展规律的广义政治经济学理论体系也已经基本建立了。

（三）19世纪70~90年代是马克思主义政治经济学的发展完善时期

第一，理论更加完整，结构更加合理，表述更加完善。马克思写成《资本论》三部完整的手稿后，精心整理和出版了《资本论》第一卷的德文第一版，接着又修订了德文第二版，校订了法文版。这是马克思主义史上划时代的事件。《资本论》第一卷出版后，马克思继续研究第二卷、第三卷有关的内容，写成第二卷第2稿、第5~8稿，其中第2稿包括全卷三个部分的内容，是这一卷相当完整的手稿。马克思逝世后，恩格斯花了十二年时间，整理和出版《资本论》第二卷、第三卷。第二卷的整理工作比较顺利，第三卷则困难较多。虽然第三卷在理论上非常精彩，但是毕竟是断断续续写的手稿，而且还没有完成，因此有些篇章必须做仔细的校订和局部的调整。有些篇章“基本原理叙述得十分清楚，但是要看懂整个上下文，却需要读者非常熟悉这方面的一些最重要的著作……因此需要加很多解释性的注释等”。有些篇章只有一个标题，但内容非常重要，必须完全补写。经过恩格斯的精心整理，《资本论》这部宏伟的科学著作的结构、内容和表达方式更加完善。

第二，根据资本主义经济运动中出现的新情况、新问题，从理论上做出了新的概括。《资本论》第三卷手稿写于19世纪60年代中期。当恩格斯二十多年后整理这份手稿时，资本主义经济状况已发生很大变化，自由竞争的资本主义正在向垄断资本主义过渡。恩格斯在整理出版第三卷时，写了多处编者注、插入语和增补，从理论上简要分析了资本主义经济中出现的新情况、新问题。恩格斯指出，19世纪60年代以来，资本主义国家工业大发展，世界市场的竞争加剧，“迅速而巨大地膨胀起来的现代生产力，一天比一天厉害地超出了它们应当在其中运动的资本主义商品交换规律的范围”，以调节生产为目的的垄断组织，不能消除资本主义竞争和生产无政府状态。虽然生产需要调节，但是负有这个使命的肯定不是资产阶级。这些精辟的论述，指明了资本主义的发展趋势和帝国主义的基本特征，具有极其重大的理论和实践意义。

第三，阐述了社会主义和共产主义的基本经济特征。在《哥达纲领批判》中，马克思第一次提出了共产主义发展的两个阶段学说，指出了资本主义社会和共产主义社会之间，有一个从前者变为后者的革命转变时间，同这个时期相适应的也有一个政治上的过渡时期，这个时期的国家只能是无产阶级的革命专政。马克思还分析了社会主义社会总产品的分配和个人消费品实行按劳分配的必然性，提出共产主义高级阶段实行按需分配的条件。在《反杜林论》中，恩格斯批判了杜林的小资产阶级社会主义谬论，论述了社会主义生产资料公有制对生产力发展的作用，以生产资料公有制为基础的社会化大生产对于保证社会成员体力和智力充分自由发展的意义，按照社会需要有计划调节社会生产的必然性，以及消灭城乡之间、脑力劳动与体力劳动之间的对立和国家消亡等问题，丰富和发展了马克思主义政治经济学说。

第四，利用美国进步科学家摩尔根的研究成果和其他研究原始社会史的材料，恩格斯在《家庭、私有制、国家的起源》中，从生产及其发展出发，从生产力与生产关系相互作用出发，分析了家庭、私有制、阶级和国家的产生和发展，探讨了原始社会和奴隶社会的经济关系，阐明了私有制和阶级出现的必然性及其发展趋势，为马克思主义政治经济学作出了巨大贡献。

马克思、恩格斯研究政治经济理论，创建无产阶级政治经济学，付出了毕生的精力。在1867~1883年近20年间，马克思一边继续做《资本论》第一卷的翻译修订工作，一边继续做《资本论》第二卷、第三卷的研究和写作工作。遗憾的是，直到1883年马克思逝世，《资本论》第二卷、第三卷还未能正式出版。之后，他亲密无间的战友和合作者恩格斯接着他的工作继续进行研究。为了编辑出版《资本论》第二卷、第三卷，恩格斯对马克思生前留下的散乱、丰富的几十本手稿，花费先后近12年时间进行了整理、挑选、订正、誊清等工作，使之成为理论体系完整的著作。经过恩格斯长期不懈的努力，终于在1885年7月和1894年底正式出版了《资本论》第二卷和第三卷。《资本论》第四卷则是在恩格斯于1895年逝世后，由考茨基（德）根据他的嘱托在1905~1910年编辑出版的。可见，恩格斯为马克思主义政治经济学的形成、发展和完善作出了极大贡献，应该说马克思和恩格斯共同成为了马克思主义政治经济学的创立者和奠基者。

马克思主义政治经济学的创立和理论构成以《资本论》第一卷至第四卷著作全部面世和其理论范畴体系的系统形成为标志，前后整整历经了67年（1843~1910年），这足以表明其理论学说创立过程的艰难。马克思与恩格斯研究、写作、编辑和出版《资本论》的过程是十分艰辛的，特别是马克思因贫困和疾病时常不得不中断工作，但他始终以科学的态度看待自己的研究与写作，先后阅读摘录过的经济学书籍和其他相关著作有1500多部，写下札记、摘录、手稿、提纲等笔记100多册。他把自己的著作看作“是一个科学艺术的整体，在内容、形式上达不到十分完满的程度时绝不出版”。同时，这也体现出马克思、恩格斯以高度的无产阶级革命责任感、无与伦比的刻苦钻研精神、极端严谨的科学态度从事创作，坚持理论创造与实践活动密切结合，坚持彻底的唯物主义和革命的辩证法，秉持严肃认真、一丝不苟的工作原则，严格地自我批评，是理论研究的光辉典范。

第三节 马克思主义政治经济学的核心内容

一、马克思主义政治经济学的研究对象

关于马克思主义政治经济学的研究对象问题，马克思本人曾在《资本论》中明确指出，"我要在本书研究的是资本主义生产方式以及和它相适应的生产关系和交换关系"，"本书的最终目的就是揭示现代社会的经济运动规律"。由此可见，马克思主义政治经济学就是一门揭示以社会化大生产为基础的社会生产关系及其经济运行规律的科学。它是以一定的社会生产方式（即社会生产力与生产关系的对立统一）及其相适应的生产关系为研究对象的。

作为社会生产方式的生产力与生产关系，是不可分割的两个方面。在马克思、恩格斯的著作中，生产关系有广义、狭义之分。广义的生产关系包括生产资料所有制，生产资料与劳动力的结合方式，直接生产过程中的关系，以及交换、分配、消费等关系。而狭义的生产关系是指直接生产过程中的关系。因此，研究生产关系必然要联系生产力，具体地说，马克思主义政治经济学应该在关注生产力和生产关系的矛盾运动中去研究生产关系。它研究的着重点主要包括生产资料所有制形式、产品分配形式、人们在生产中的地位与相互关系等有关社会经济制度与经济体制的研究。同时，也包含关于生产力的劳动者、生产资料、劳动对象等方面的研究，以揭示资本主义社会和社会主义社会经济运行规律为目的，以指导无产阶级争取解放和进行社会主义革命与建设为目标。

《〈政治经济学批判〉导言》尽管带有草稿的性质，但是它在理论方面仍然是成熟的马克思主义文献之一，有着无可估量的科学意义。这是因为马克思在这里比在任何地方相对来说更充分地说明了作为科学的政治经济学的对象和方法。马克思在《〈政治经济学批判〉导言》中描述的对象，又在《资本论》中全面地加以研究，但这种研究正是以其主要方面已经在《〈政治经济学批判〉导言》中得到了深刻的论证和出色的阐述的方法论为基础的。

马克思着重指出，政治经济学不是工艺学。在他的视野中出现的不应当是技术因素和生产要素本身，而应当是物质财富生产过程中人们的社会生产关系，应当是创造社会生产的那些客观经济规律。他又强调说："政治经济学所研究的是财富的特殊社会形式，或者不如说是财富生产的特殊社会形式。财富的材料，不论是主体的，如劳动，还是客体的，如满足自然需要或历史需要的对象，最初表

现为对于一切生产时代来说是共同的东西。因此，这些材料最初表现为单纯的前提。这种前提完全处在政治经济学考察范围之外，而只有当这种材料为形式关系所改变或表现为改变这种形式关系的东西时，才列入考察的范围。”

虽然在《1857—1858 年经济学手稿》中有不少零星的非常珍贵的有关未来共产主义制度和它的生产规律的思想，如共产主义是在共同占有和控制生产资料的基础上联合起来的个人的自由交换，社会已没有了阶级，物质的和精神的生产力空前发展，科学变成直接的生产力等，但是马克思主要还是关注他所处的那个资本主义时代，他把自己的主要力量用于说明导致出现资本主义的那些条件，研究资本主义比以前那些社会生活形态优越的地方，以及它在历史上相对进步的作用，分析它发展的动力、矛盾，揭示资本主义的实质和它的灭亡，以及它被更高级、更进步的社会制度所代替的必然性。

马克思主要是研究狭义政治经济学，即资本主义政治经济学，但是他并没有忽视广义政治经济学，即作为在各种不同的人类社会中生产、分配、交换和消费的条件和形式的科学的问题，因为关注这些问题是正确地、科学而可靠地分析社会发展一定阶段上生产的必要前提，没有这一点，要了解任何一种生产方式的特殊性都是不可思议的。社会财富、生产资料所有制这是一切社会形态所固有的范畴，但是在每一个形态中都被赋予了各种不同的特点，都有着不同的内容，具有自己的某种特质。在以剥削劳动为基础的生产方式中，社会财富中的绝大部分是少数剥削他人劳动的人的财产，而生产资料所有制则采取了私有制的形式。在共产主义社会中，社会财富是真正的社会财产，它的增长不是由于个体生产者孤立的劳动，而是由共产主义社会平等的和自由的劳动者直接的社会劳动所带来的；占统治地位的生产关系不是生产资料私有制，而是全民的共产主义所有制。正是这种个别的、特殊的东西构成了总的彼此之间不相同的各个时代的特点，并构成了发展的实质。研究这些个别的差别应当包含在政治经济学注意的范围之内，同时也应当研究生产的一般规律以及它的各个要素之间的辩证关系及相互作用。

因为生产总是带有社会性，所以政治经济学研究的是社会生产的规律。“孤立的一个人在社会之外进行生产——这是罕见的事，在已经内在地具有社会力量的文明人偶然落到荒野时，可能会发生这种事情——就像许多个人不在一起生活和彼此交谈而竟然有语言发展一样，是不可思议的。”马克思指出，这种性质的错误产生于不了解生产的社会性质，在一定程度上这也是资产阶级政治经济学古典学派的代表者李嘉图所固有的。

正如马克思在《政治经济学批判》以及后来在《资本论》第一卷中所指出的那样，李嘉图犯了时代性的错误，他创造了一个折中主义的、非科学的、由原始的渔夫和原始的猎人参与的结构，与生活的真正的、最简单的逻辑相反，在这个结构中起作用的是1817年伦敦交易所的规则，也就是资产阶级社会中商品交换的规则。对于李嘉图来说，这个错误是合乎规律的，因为他把劳动的资产阶级形式作为社会劳动的永恒的、自然的形式。

马克思在《资本论》和其他有关著作中，系统地论述了随着科技进步和生产力的发展，资本主义生产关系主要是资本与雇佣劳动的关系怎样相应地发展和加深，怎样由劳动对资本的形式上的隶属发展为实质上的隶属；为适应生产力发展的需要，资本主义市场经济体制与运行机制怎样发展与变化，怎样由所有权与经营权相统一的业主制逐步发展为两权完全分离的股份制；生产力和资本主义生产关系的发展产生了什么样的矛盾，怎样为未来转向社会主义准备物质和社会的条件。总之，马克思紧密结合生产力的发展变化，以及生产条件的发展变化，来研究资本主义经济关系的本质、矛盾及其表现形式和发展趋势，并通过对资本主义经济的分析，预见未来新社会制度的一些基本特征。

作为马克思主义政治经济学的研究对象，如何理解“资本主义生产方式”这一概念的内涵？首先，在《资本论》和马克思的其他著作中，马克思对“生产方式”含义的说明，不是斯大林所定义的生产力与生产关系的统一。它的含义比较广泛，用在不同的地方有不同的具体含义，但概括起来是指生产的技术方式和社会方式：有时专指生产的技术方式，即用什么样的工具和其他条件进行生产；有时专指生产的社会方式，即在什么社会关系下进行生产。生产的技术方式一般属于生产力范畴，不具有阶级关系和特定的社会性质。在讲技术生产方式时，一般也不在“生产方式”前加“资本主义”这一定语。例如，《资本论》论述相对剩余价值生产时，说明要提高劳动生产力就需要改变劳动资料和劳动方法，也就是改变生产方式。“不改变他的劳动资料或他的劳动方法，或不同时改变这二者，就不能把劳动生产力提高一倍。因此，他的劳动生产条件，也就是他的生产方式，从而劳动过程本身，必须发生革命。”这里讲的“生产方式”，是特指生产中所用的劳动资料和劳动方法，统称“劳动生产条件”。这种“生产方式”就是从生产力的含义上讲的，不具有资本主义性质，因而在“生产方式”前没有冠以“资本主义”定语。

从《资本论》的论述和逻辑结构来看，作为其研究对象重要内容的“资本主义生产方式”，不仅仅指资本主义所有制。所有制是生产关系的基础，这是马克思主义经济学家所认同的一般原理。然而，人们往往忽视了马克思在阐述所有制的基础性作用时，一般是与生产资料和劳动力的结合方式紧密联系在一起的，因为一定的生产资料所有制，要表现为一定的生产资料与劳动力相结合的方式。在不同的结合方式基础上，建立起不同的生产关系体系即经济制度。马克思十分重视这个问题，他强调指出：“不论生产的社会形式如何，劳动者和生产资料始终是生产的因素。……凡要进行生产，就必须使它们结合起来。实行这种结合的特殊方式和方法，使社会结构区分为各个不同的经济时期。”这就是说，不同的社会经济结构即经济制度，是由生产资料和劳动力的不同结合方式来区分的。生产因素相结合的特殊方式，一方面要以生产因素不同的所有状况为条件，另一方面它又决定着所有制的性质。

马克思在《共产党宣言》中强调：“资产阶级生存和统治的根本条件，是财富在私人手里的积累，是资本的形成和增殖；资本的条件是雇佣劳动。”他十分重视资本和雇佣劳动形式对资本主义制度的决定作用，他指出：“已无须重新论证资本和雇佣劳动的关系怎样决定着这种生产方式的全部性质。”他又说：“劳动作为雇佣劳动的形式对整个过程的面貌和生产本身的特殊方式有决定的作用。”在《哥达纲领批判》中，马克思也讲：“资本主义生产方式的基础是：生产的物质条件以资本和地产的形式掌握在非劳动者手中，而人民大众所有的只是生产的人身条件，即劳动力。”

从以上的分析可以看出，马克思把资本主义所有制以及资本和雇佣劳动相结合的特殊方式，看作是资本主义生产关系体系即资本主义经济制度的基础或决定条件。可见，资本与雇佣劳动相结合，就是资本主义经济中生产资料与劳动力相结合的特殊方式。正是由于这种相结合的特殊方式决定了生产关系和交换关系的资本主义性质，因此明确了《资本论》研究对象的“资本主义生产方式以及和它相适应的生产关系和交换关系”的具体含义。

断言马克思研究资本主义的对象包括生产力，是不符合马列主义经典作家的原意的。如前所述，马克思研究资本主义生产关系时，用大量文字论述了资本主义生产力发展的状况，但这是对既有生产力状况的概述，并且是服从于对资本主义生产关系的研究的。例如，研究价值，需要先讲述作为价值物质承担者的使用价值；研究剩余价值生产，即价值增殖过程，需要先讲述劳动的一般过程和生产的简单要素；研究资本主义发展的三个阶段，重在研究随着生产力的发展，资本与雇佣劳动关系怎样由劳动对资本的形式隶属发展为实质隶属。马克思研究资本主义经济时不研究生产力，这与他的研究任务有关：第一，政治经济学是社会科学，不是工艺学和自然科学，不会研究生产的技术层面；第二，马克思资本主义政治经济学的任务是要揭示资产阶级剥削无产阶级的本质关系，揭示资本主义产生、发展、成熟与终将被社会主义取代的历史规律，给无产阶级提供革命斗争的理论武器。因此，马克思既没有必要建议资产阶级去着力发展生产力，更没有任务去为资产阶级出谋划策，提出怎样更好更快地发展生产力的建议。

以上也说明，马克思、恩格斯在论述生产力发展问题时，对适用于一切社会的生产力诸要素的发展和利用问题，特别是科学发明及其运用于生产的重大意

义，节约利用资源的必要性，违反自然规律发展生产力要受到自然规律的惩罚，外延的扩大再生产和内涵的扩大再生产，粗放型生产和集约型生产，折旧基金怎样用于扩大资本积累，两大部类按比例发展的公式，生产关系一定要适合生产力发展状况的规律等，都有科学的分析。

二、马克思主义政治经济学研究对象的形成

19 世纪 40 年代前半期，马克思、恩格斯曾把政治经济学看作是研究私有财产及其相应的经济范畴和经济规律的科学。1843 年，恩格斯在《国民经济学批判大纲》中将资产阶级政治经济学称为“一门完整的发财致富的科学”，是“私经济学”。恩格斯曾经这样描述马克思的经济学研究：“对莱茵省议会辩论的批评，迫使马克思着手研究有关物质利益的问题，在这方面他获得了一些无论法学或哲学都不曾提供的新观点。马克思从黑格尔的法哲学出发，得出这样一种见解：要获得理解人类历史发展过程的钥匙，不应当到被黑格尔描绘成‘大厦之顶’的国家中去寻找，而应当到黑格尔所那样蔑视的‘市民社会’中去寻找。但关于市民社会的科学，也就是政治经济学，而当时要切实地研究这门科学，在德国是不可能的，只有在英国或法国才有可能。”因此，马克思必须寻找到解剖市民社会的钥匙，而不是仅仅做出对私有制弊端的激情式批判；也必须对政治经济学的对象及其研究方法进行科学界定，必须对政治经济学进行深入研究。

在《1844 年经济学哲学手稿》中，马克思有如下的叙述：“我们看到，工业的历史和工业的已经生成的对象性的存在，是一本打开了的关于人的本质力量的书，是感性地摆在我们面前的人的心理学；对这种心理学人们至今还没有从它同人的本质的联系，而总是仅仅从外在的有用性这种关系来理解，因为在异化范围内活动的人们仅仅把人的普遍存在、宗教或者具有抽象普遍本质的历史，如政治、艺术和文学等等，理解为人的本质力量的现实性和人的类活动。”

马克思的这段论述，可以认为是对政治经济学对象的一种早期表述，其原因在于，马克思确立了异化劳动这样的核心概念之后，所有关于资产阶级政治、经济、文化的认识都是围绕着异化劳动，这种认识已经超出仅仅从现象表面去描述，而是需要深入到劳动得以异化的深层原因去认识，即探究人的类活动为什么异化、怎样异化及异化的后果和趋势是什么。显然，异化外在的是物的关系即“物的异化”，内在的是人的关系即“人的异化”，因此必须通过“物的异化”的外表去探寻“人的异化”的实质。也就是说，通过对物的规定性中包含的人的关系的研究，探究社会的构成及其演进，即通过对物的关系的研究揭示人与人的关系，也就是社会生产关系。

在《德意志意识形态》中，马克思、恩格斯指出，在不同的历史发展阶段，

个人之间的相互关系如何根据“个人在劳动材料、劳动工具和劳动产品方面的相互关系”而不断改变，这其实就是对劳动与资本关系的一种表述，尽管还并不十分准确，但是其含义显然是一致的。而这种关系就是地租、利润等这些私有财产的现实存在形式，是与生产的一定阶段相适应的社会关系，这样的社会关系其实就是生产关系。这标志着马克思主义政治经济学的研究对象已经明确地凸显出来。

1857 年下半年，马克思在着手写作他的经济学著作之前，起草了一篇总的导言，即写于当年 8 月底的《〈政治经济学批判〉导言》的未完成手稿。马克思为写作他的经济学著作已经准备了很多年，1857 年的经济危机推动马克思进入了直接的写作阶段，而这篇为《政治经济学批判》撰写的导言，打算论述政治经济学研究中一般结论性的意见，但后来在《政治经济学批判（第一分册）》出版时，马克思并没有发表这篇总的导言。

《〈政治经济学批判〉导言》在马克思生前没有发表，1903 年 3 月考茨基首次将其发表在《新时代》杂志上。马克思在这篇导言中第一次全面系统地阐述了政治经济学的研究对象和方法，这是十分珍贵的政治经济学文献，在马克思主义政治经济学说史上具有重要意义。导言一开始就写道：“面前的对象，首先是物质生产。”这是马克思关于政治经济学对象问题的一个基本也是最一般的命题。众所周知，在马克思以前的资产阶级经济学理论，其研究对象都是生产中物的关系，而不是人的关系。资产阶级古典经济学具有一定的科学性，但他们所研究的只是资本主义关系下如何获得财富，只是将资本主义生产关系表达为范畴和规律，并证明它比封建社会的规律和范畴更便于财富的生产，而并不认为研究的对象是生产关系。

马克思同他们相反，他站在唯物史观的基础上，认识到经济学研究的对象实质上是生产中人与人的关系。在《〈政治经济学批判〉导言》中，马克思着重阐明政治经济学对生产关系的研究要以物质生产为出发点。

第一，政治经济学研究的物质生产，不是单独的、孤立的个人生产。马克思的这一观点，强调了生产的社会性，指出要从社会中进行生产的许多相互联系的个人来研究生产。人一旦开始进行生产就必然发生联系，亦即人是在社会联系中进行生产。而分工的普遍发展不仅使这种联系更加复杂、紧密，还进一步导致所有制的不同形式，因为“分工的每一阶段还决定个人在劳动材料、劳动工具和劳动产品方面的相互关系”。斯密、李嘉图把单个的、孤立的猎人和渔夫作为研究生产的出发点，就必然忽略了生产的社会性质和物质生产中人们的社会关系。

第二，作为政治经济学出发点的生产，不仅是一定社会性质的生产，而且“说到生产，总是指在一定社会发展阶段上的生产——社会个人的生产”。针对

资产阶级经济学家空谈生产一般，抹杀不同社会形态生产的本质差别，马克思认为，生产一般是一切时代或某几个时代生产的共同标志、共同规定或共同点，真正把共同点提取出来、被思维当作一般规定而确定下来的规定，是一种合理的抽象，但是这个一般本身只能存在于具有许多组成部分的、分别有不同规定的、各种具体的生产形态之中。不同历史时代生产的各种具体形态又具有各自的特殊规定性和本质差别。对生产一般适用的种种规定所以要抽象出来，也正是因为这样不至于有了统一而忘记本质的差别。巴师夏在他的《经济和谐》一书中，把资本主义生产关系的全部特殊规定性都抽掉，竭力鼓吹资本主义的“经济和谐”。对此，马克思指出：“那些证明现存社会关系永存与和谐的现代经济学家的全部智慧，就在于忘记这种差别。”

第三，政治经济学研究的是物质生产的特殊社会形式。马克思强调，在研究财富生产时，应注意区分生产的材料和形式或生产的物质内容和社会形式这两个方面。财富的材料，比如作为主体的劳动或作为客体的满足自然需要或历史需要的对象，最初表现为单纯的形式，因而处于政治经济学考察的范围之外。然而，“当这种材料为形式关系所改变或表现为改变这种形式关系的东西时，才列入考察的范围”。例如，商品即劳动产品的价值形式，其本身表现为使用价值与价值的统一。不管财富的社会形式如何，使用价值总是构成财富的内容，因而使用价值本身不是政治经济学的研究内容。然而，作为商品的使用价值，当它直接表现为一定的经济关系即交换价值的物质基础时，则属于政治经济学的研究范围。在这里，马克思提出了政治经济学对象和方法的一个重要原理，即政治经济学不是“商品学”或“工艺学”，不是以财富的物质内容或生产技术工艺方面为研究对象的，而是研究财富或财富生产的特殊社会形式。

第四，政治经济学研究的生产也不只是特殊的生产，“而始终是一定的社会体即社会的主体在或广或窄的由各生产部门组成的总体中活动着”。政治经济学要研究各生产部门组成的总体中现实运动的关系，这种运动关系的实质就是经济活动中不同生产部门参与财富创造的过程，同时也据此获得财富占有的不同地位。也就是说，各生产部门之间的相互关系，不仅决定了经济运动的形式，而且决定着经济运动的结果。

第五，从社会再生产的总过程来看，政治经济学研究的社会生产是一个包含生产、分配、交换、消费诸环节的有机体，这个有机体的各个环节、各个因素之间存在相互作用，但它们的地位和作用并不相同。“生产既支配着与其他要素相对而言的生产自身，也支配着其他要素。……因此，一定的生产决定一定的消费、分配、交换和这些不同要素相互间的一定关系。当然，生产就其单方面形式来说也决定于其他要素。”社会生产有机体的理论是马克思关于政治经济学研究对象理论的一个极其重要的科学原理，在这个问题上显示了同资产阶级经济学家的根本区别和对立。

在《资本论》中，马克思将政治经济学研究对象的提法进一步精确化。他指出："我要在本书研究的，是资本主义生产方式以及和它相适应的生产关系和交换关系。"这里把现代资产阶级生产改成资本主义生产方式和相应的生产关系，这是政治经济学史上对政治经济学研究对象的崭新提法。因此，马克思说他的政治经济学研究对象是"资本主义生产方式以及和它相适应的生产关系和交换关系"。

三、马克思主义政治经济学的研究方法

（一）马克思主义政治经济学的根本研究方法

任何一门学科都必须有科学的研究方法，倘若方法有误，就难以正确地剖析它的研究对象，阐发相关的科学理论。马克思主义政治经济学具有完整的科学研究方法，即辩证唯物主义和历史唯物主义。它既是研究的方法，又是研究的世界观。辩证唯物主义和历史唯物主义的方法主要包括：对立统一规律、量变质变规律、否定之否定规律的方法，生产力和生产关系、经济基础和上层建筑辩证关系原理的方法，科学抽象法、历史与逻辑相统一的方法等。马克思在研究和撰写《资本论》和其他政治经济学著作时，充分运用了这些方法。

1. 唯物辩证法

运用唯物辩证法研究政治经济学，就要从客观的经济事实和经济现象出发，透过经济现象剖析隐藏在经济现象背后的事物本质，并揭示其运动规律。马克思运用唯物辩证法，从社会生活的各个领域中划分出经济领域，从一切社会关系中划分出生产关系，并把它当作其余一切关系的基础的、原始的关系。为了揭示生产关系及其规律，要从物质资料生产出发来分析社会经济现象，从事物的互相联系、互相制约中研究经济问题，从量变到质变的关系上考察社会经济运动过程，从考察社会经济现象中揭示经济问题的本质，从对立统一规律这个辩证法的根本规律上分析矛盾和矛盾的性质，寻找解决矛盾的途径和方法。马克思在《资本论》中成功地把唯物辩证法应用于经济研究，科学地揭示了资本主义生产方式产生、发展和必然灭亡的规律。因此，是否坚持和运用唯物辩证法，是马克思主义政治经济学和其他经济学说的一个重要区别。

马克思对政治经济学方法的阐述和恩格斯等人关于马克思政治经济学方法的评论，不仅证明唯物辩证法是马克思制定的政治经济学的方法，而且说明唯物辩证法和唯物史观一样是马克思主义政治经济学的根本方法。马克思在《1857—1858年经济学手稿》《政治经济学批判（第一分册）》和《资本论》中设想和

阐析其经济学著作的结构时，处处闪现着辩证法的光辉。在写作《1857—1858年经济学手稿》时，马克思先后酝酿过政治经济学巨著的多个结构方案，特别是在分析“资本一般”时，严谨地运用了辩证法的“一般—特殊—个别”原理。

唯物辩证法不仅体现在政治经济学体系结构的构造上，还体现在政治经济学范畴的提炼和分析上。首先，从政治经济学范畴的确定来看，马克思在《1857—1858年经济学手稿》《政治经济学批判（第一分册）》和《资本论》中的经济范畴以资本主义经济的现实运动为基础，是对资本主义经济现象的抽象。其次，从政治经济学范畴的运动来看，《1857—1858年经济学手稿》和《资本论》中的范畴都内含对立统一的关系，且处于相互联系、相互转化的过程中。《1857—1858年经济学手稿》和《资本论》揭示的商品转化为货币、货币转化为资本、资本转化为剩余价值、剩余价值转化为利润、利润转化为平均利润、剩余价值转化为地租等，都是基于资本主义经济现象的经济范畴的运动。最后，从政治经济学范畴的辩证转化来看，《1857—1858年经济学手稿》和《资本论》中的范畴运动是在现实经济运动基础上资本主义经济的矛盾从萌芽到生长、激化和解决的过程。经济范畴运动发展的动力是资本主义经济的内在矛盾，它萌芽于商品，发展于货币，激化于资本，表现于经济危机，解决于消灭私有制和建立公有制社会的革命。整个《资本论》的理论体系，是基于资本主义社会经济运动抽象出来的经济范畴以及经济范畴之间的联系、发展和转化而构成的。

2. 唯物史观

马克思主义政治经济学依据历史唯物主义的世界观和方法论，它不是孤立地研究社会生产关系，而是从生产关系和生产力的相互关系中来研究生产关系，从经济基础和上层建筑的相互关系中来研究生产关系，从而阐明了资本主义制度的历史局限性和历史暂时性，以及它被社会主义代替的历史必然性。

马克思在《〈政治经济学批判〉序言》中写道，唯物史观是他“所得到的，并且一经得到就用于指导我的研究工作的总的结果”。例如，马克思从唯物主义这一思想出发，在《〈政治经济学批判〉导言》中确定了政治经济学“研究的本题”，即“现代资产阶级生产”，并在他的政治经济学研究中一以贯之。从生产一般的角度来考察，“现代资产阶级生产”作为一个总体由生产、分配、交换、消费等环节构成，“一定的生产决定一定的消费、分配、交换和这些不同要素相互间的一定关系。当然，生产就其单方面形式来说也决定于其他要素”。从技术层面来考察，“现代资产阶级生产”是劳动者运用劳动资料作用于劳动对象生产使用价值的过程，与现代资产阶级生产相适应的技术组织形式经历了从简单协作到工场手工业再到机器大工业的发展过程，最终表现为机器体系的生产。从交换角度来考察，“现代资产阶级生产”是“以交换价值为目的的生产”。从生产的社会性质来考察，“现代资产阶级生产”是以资本和雇佣劳动为基础的生产，是“以资本为基础的生产方式”。

根据唯物史观，“社会的物质生产力发展到一定阶段，便同它们一直在其中运动的现存生产关系或财产关系（这只是生产关系的法律用语）发生矛盾。于是这些关系便由生产力的发展形式变成生产力的桎梏。那时社会革命的时代就到来了”。例如，《1857—1858 年经济学手稿》阐释了以资本和雇佣劳动为基础的生产，剖析了资本主义社会生产力和生产关系的矛盾运动，揭示了“资本的伟大的文明作用”和历史局限性，证明资本主义制度下“社会生产的发展同它的现存的生产关系之间日益增长的不相适应，通过尖锐的矛盾、危机、痉挛表现出来。用暴力消灭资本——这不是通过资本的外部关系，而是被当作资本自我保存的条件——这是忠告资本退位并让位于更高级的社会生产状态的最令人信服的形式”。再如，《资本论》深入分析了由资本追求剩余价值的内在动力和许多资本激烈竞争带来的外在压力共同作用所造成的生产无限扩大趋势，及其与资本主义社会价值产品的分配所造成的有支付能力的需求相对缩小之间的矛盾。资本主义社会生产力和生产关系的矛盾，在资本有机构成不断提高条件下的资本积累过程中不断深化，最终导致剥夺者被剥夺。

因此，马克思的政治经济学研究和《1857—1858 年经济学手稿》《政治经济学批判（第一分册）》《资本论》等著作的写作是在唯物史观指导下开展的。马克思主义政治经济学研究不仅在人类社会发展的截面上分析生产力发展和生产关系的矛盾，揭示了资本主义社会的经济运动规律，而且在人类社会发展的历史长河中以生产力和生产关系的矛盾运动为基础揭示了经济社会形态演进的规律。

（二）马克思主义政治经济学的具体研究方法

1. 科学抽象法

由辩证唯物主义和历史唯物主义延伸出来的科学抽象法，是马克思主义政治经济学研究的一个重要方法。马克思说过：“分析经济形式，既不能用显微镜，也不能用化学试剂。二者都必须用抽象力来代替。”

要发现和把握经济事物的本质及其发展规律，不能停留在事物的表面现象上，必须运用科学的抽象法，舍去事物表面形态的假象、乱象，揭示出事物的本质，即经过去粗取精、去伪存真、由此及彼、由表及里的抽象过程发现事物的本质。然而，只停留在从具体现象到抽象出本质的研究过程还是不够的。因为人们不能只是认识世界而不去说明世界，所以在研究过程完成之后，还要用已经认识了的事物的本质来阐释事物的具体现象，这就是说要有一个叙述过程。这是一个从抽象到具体的上升过程。马克思主义政治经济学研究的抽象法，是研究过程和叙述过程相统一的方法。科学抽象法在政治经济学研究和叙述过程中的运用有两

个侧面。

第一，“抽象出”，即从社会经济运动复杂的具体现象中提炼出最重要、最一般的范畴。《〈政治经济学批判〉导言》第3节“政治经济学的方法”中所讲的抽象，更多是在“抽象出”的意义上使用的。比如，“资本一般”就是从许多特殊资本中抽象出来的范畴。在《1857—1858年经济学手稿》中，马克思写道：“与各特殊的现实的资本相区别的资本一般，本身是一种现实的存在。……例如，这种一般形式上的资本，尽管也属于单个的资本家所有，但在它作为资本的基本形式上形成在银行中进行积累或通过银行进行分配的资本，形成像李嘉图所说的那样令人惊异地按照生产的需要进行分配的资本。这种资本同样会通过借贷等在不同国家之间形成一种平均水平。”抓住了“资本一般”，弄清楚资本这个资产阶级社会的基础与资本主义经济关系的基本前提，“就必然会得出资产阶级生产的一切矛盾，以及这种关系超出它本身的那个界限”。

第二，“抽象掉”，即在对经济范畴和经济运动进行研究或叙述时作出必要的假定，排除一些次要的、无关的具体因素。“抽象掉”是“抽象出”的背面。比如，在《资本论》第二卷分析货币资本的循环时，马克思写道：“为了纯粹地理解这些形式，首先要把一切同形式变换和形式形成本身无关的因素撇开。因此，这里不但假定商品是按照它们的价值出售的，而且假定这种出售是在不变的情况下进行的。所以，也把在循环过程中可能发生的价值变动撇开不说。”如果不抽象掉和分析主题无关的各种因素，政治经济学分析有时会无从下手。

因此，抽象法是否得到科学运用，直接关系到研究结论的科学性。资产阶级经济学家在研究中也使用抽象法，但缺少唯物史观和唯物辩证法的科学思维指导，往往抽象错了，“抽象出”的不是本质的东西，“抽象掉”的恰恰是不应排除的东西，因而其结论是错误或片面的。马克思多次对资产阶级经济学家错误的抽象进行批评。比如，他在评价巴师夏时指出：“借助于某种极廉价的抽象过程，任意地时而抛掉特殊关系的这一方面，时而抛掉那一方面，来把这种关系化为简单流通的抽象规定，从而证明，个人在生产过程的比较发达的领域中所处的那种经济关系，只不过是简单流通的关系，等等。巴师夏先生就是用这种办法拼凑出他的经济神正论——《经济的和谐》。”马克思评价巴师夏的这种抽象法“完全是儿戏般的抽象法”。

2. 历史与逻辑相统一的方法

历史与逻辑相统一的方法是马克思主义政治经济学研究的又一个重要方法。恩格斯指出：“历史从哪里开始，思想进程也应当从哪里开始，而思想进程的进一步发展不过是历史进程在抽象的、理论上前后一贯的形式上的反映；这种反映是经过修正的，然而是按照现实的历史过程本身的规律修正的，这时，每一个要素可以在它完全成熟而具有典型性的发展点上加以考察。”换言之，逻辑的东西不是照镜子似的简单叙述历史的东西，而是剔除历史中偶然因素之后的概念链条和理论推理，科学的逻辑顺序同实际的历史进程是高度统一的。马克思在唯物主义的基础上，在政治经济学研究中很好地运用了逻辑与历史相统一的研究方法。

第一，从政治经济学的逻辑范畴出发点来看，《1857—1858 年经济学手稿》《资本论》的逻辑起点和资本主义经济历史进程的起点是相一致的。其中，《1857—1858 年经济学手稿》在探索中发现政治经济学科学体系的逻辑起点是商品，《政治经济学批判（第一分册）》和《资本论》也都是从商品展开其叙述过程的。货币、资本、剩余价值、资本积累等重要的经济范畴及其所反映的生产关系，都是由商品这一“经济细胞”逐步分析的结果。

第二，从政治经济学逻辑发展的顺序来看，在马克思对政治经济学巨著的结构计划中，可清楚地看到“商品→价值→货币→资本→剩余价值→资本积累→资本主义矛盾的尖锐化→经济危机→资本主义制度灭亡”的逻辑链条。至于《资本论》的逻辑发展进程，更是既有资本总公式的逻辑推演，又有大量历史事实的论证，非常严谨地阐发了资本主义制度的产生、发展和灭亡的基本进程。

历史与逻辑既不是简单地等同，又必须在本质上一致。马克思把逻辑建立在历史的基础之上而反对“让历史迁就逻辑”，致力于揭示和论证逻辑所包含的所有真实的历史内容，使“逻辑阐明历史”和“历史阐明逻辑”相互印证、相得益彰，使其政治经济学既有严密的逻辑震撼力，又有强烈的历史感召力。

3. 从具体到抽象的研究方法和从抽象到具体的叙述方法

理论研究成果的体系化，必须运用从抽象到具体的叙述方法，即从最抽象的经济范畴出发，逐步揭示现实经济运动和经济范畴之间复杂的、具体的联系，在思维行程中完整再现经济生活的本来面目和内在本质。在《资本论》第一卷第二版跋中，马克思清楚地阐述了自己的政治经济学方法的一个重要特征：“在形式上，叙述方法必须与研究方法不同。研究必须充分地占有材料，分析它的各种发展形式，探寻这些形式的内在联系。只有这项工作完成以后，现实的运动才能适当地叙述出来。这点一旦做到，材料的生命一旦在观念上反映出来，呈现在我们面前的就好像是一个先验的结构了。”

从相对意义上看，唯物史观侧重于指导研究，唯物辩证法侧重于指导叙述。从《1857—1858 年经济学手稿》来看，它既是研究又是叙述，以研究为主；它是研究过程的记录，也是叙述过程的展现，但是其叙述的特点还不甚突出，其关于政治经济学巨著结构计划的不断调整就是在寻找完美的叙述逻辑和叙述方法，最终在研究的基础上探寻到政治经济学理论体系的叙述起点——商品。而《政治经济学批判（第一分册）》《资本论》则是以叙述研究成果为主，带有研究的色

彩。没有唯物史观和唯物辩证法指导的对社会经济运动从具体到抽象的深入研究，就没有从抽象到具体的叙述过程。

研究方法和叙述方法的区别是形式上的，两者往往相互交织作用，存在不可分割的内在统一性，本质上是唯物史观和唯物辩证法在政治经济学研究的不同阶段的运用与证明。具体来说，“研究”需要充分地占有各种材料，分析各种经济运动和经济理论的发展形式及其内在联系。而“叙述”则是在研究的基础上，恰如其分地表述反映现实经济运动及其内在规律的研究成果，呈现经济理论的严整体系。因此，建立在研究成果基础上的从抽象到具体的叙述方法，“显然是科学上正确的方法。具体之所以具体，因为它是许多规定的综合，因而是多样性的统一。因此，它在思维中表现为综合的过程，表现为结果，而不是表现为起点”。“从抽象上升到具体的方法，只是思维用来掌握具体并把它当作一个精神上的具体再现出来的方式”，其中前一个“具体”是指客观对象，后一个“具体”是指思想具体。在从抽象上升到具体的叙述过程中，不仅范畴的转化是从抽象上升到具体的转化过程，而且同样有从简单到复杂、从抽象到具体的上升过程。例如，《资本论》中的同一个概念，处在从抽象到具体的较早发展阶段时只有最一般的规定性，而随着转化过程的进展，这个概念越来越丰富。因此，不能简单地把从抽象上升到具体看作是政治经济学的方法，从抽象到具体是政治经济学建立在从具体到抽象的研究过程之上的叙述方法，是唯物史观和唯物辩证法在研究成果叙述过程中的具体应用，是在根本方法基础上延伸出来的一种具体方法。

4. 数量分析法

经济问题不仅有质的规定性，而且有量的规定性和可计算性，经济矛盾之所以会发生质变，也在于自身量的变化。为更加简明、具体和精密、清晰地揭示现代社会的经济运动规律，政治经济学研究的内在要求和必然趋势是借助数学工具来获得对经济现象和经济运动的规律性认识。

马克思在政治经济学研究过程中，非常重视数量分析法的使用，他曾为写作《资本论》而努力学习数学。他在写给恩格斯的信中说：“我不止一次地想计算出这些作为不规则曲线的升和降，并曾想用数学方式从中得出危机的主要规律（而且现在我还认为，如有足够的经过检验的材料，这是可能的）。”例如，在《资本论》阐述社会资本再生产的运动规律及其矛盾时，马克思运用Ⅰ（v+m）=Ⅱc、Ⅰ（v+Δv+m/X）=Ⅱ（c+Δc）等数学模型，讨论了社会两大部类生产之间的交换关系以及社会总产品实现的前提条件和实现条件。此外，马克思对货币流通量、必要劳动时间和剩余劳动时间比例、固定资本折旧率、利润率和平均利润率等问题的分析都运用了数量分析法，借助数学这一技术中介和数理逻辑的优势推进了自己的政治经济学研究。

从本质上讲，数量分析法的科学运用也需要以唯物史观和唯物辩证法为依据，对社会经济运行中的两个或多个变量进行科学的抽象分析，“抽象掉”一些与分析主题无关紧要的部分，而“抽象出”与分析主题密切相关的因素。马克思在政治经济学研究中没有片面沉迷和滥用数量分析法而使经济学看上去像数学的一个分支，而是依据理论研究的必要性和可能性，将数学方法加以合理改造、具体化为经济分析的有用工具，实现了定性分析与定量分析的辩证统一。

四、马克思主义政治经济学的理论体系

（一）国民经济学

1. 国民经济学的建立与最初发展

马克思将“国民经济学”作为“政治经济学”的同义词，并认为斯密是国民经济学的理论出发点。

谈到国民经济学，不能不谈到马克思，不能不谈到马克思主义政治经济学。众所周知，马克思主义政治经济学来源于英国古典政治经济学，但作为一个德国人，像其他德国经济学家一样，马克思在其早期著作中曾交替使用“国民经济学”和“政治经济学”的概念。例如，马克思曾对恩格斯 1844 年在《德法年鉴》上发表的《政治经济学批判大纲》作过详细的摘要，并给予高度的评价，题目为《〈国民经济学批判大纲〉一文摘要》。在《1844 年经济学哲学手稿》中，马克思大量使用“国民经济学”和“国民经济学家”的提法，认为“国民经济学从私有财产的事实出发，但是，它没有给我们说明这个事实。……国民经济学没有给我们提供一把理解劳动和资本分离以及资本和土地分离的根源的钥匙”。

在《詹姆斯·穆勒〈政治经济学原理〉一书摘要》中，马克思把国民经济学作为政治经济学的同义词，并加以评论：“国民经济学能够把整个发展只作为某种事实，作为偶然需要的产物来把握。……在国民经济学家看来，生产、消费以及作为二者之间独有的交换和分配是孤立地存在的。”仅在这里，他曾先后 12 次提到“国民经济学”、4 次提到“国民经济学家”、4 次提到“现代国民经济学”。而在评论李斯特的《政治经济学的国民体系》时，马克思指出：“如果说亚当·斯密是国民经济学的理论出发点，那么它的实际出发点，它的实际学派就是‘市民社会’，而对这个社会的各个不同发展阶段可以在经济学中准确地加以探讨。”在这里，马克思把国民经济学和政治经济学并用，称之为“国民政治经济学”，同时还提出了“现代经济学”的概念。

可见，马克思的早期著作将“国民经济学”与“政治经济学”相提并论，认为二者并无本质区别。从这个意义上看，诚如我国著名经济学家卫兴华教授所

说："所谓的'国民经济学'不过是'政治经济学'的另一种称谓。"

2. 国民经济学与政治经济学既有联系又有区别

与马克思的看法不同，北欧学派（也称瑞典学派）认为"国民经济学"是一门更古老的学科。按照瑞典经济学家维克塞尔的说法，"国民经济学这个名称出现在所谓'重商主义'时代"。而在英国和法国，当时习惯地称它为"政治经济学"。1615 年，法国重商主义的代表孟克列钦发表了《献给国王和王后的政治经济学》，在法国第一次提出了"政治经济学"这个名词，并用于自己的书名中。之所以如此，他主要想说明这本书已不是论述家庭管理，而是涉及整个国家的经济问题，其目的在于挽救封建制度的危机。由此可见，早期的国民经济学与政治经济学比较接近，这与当时封建制度的发展相适应。

然而，在一些人眼里，"国民经济学"与"政治经济学"还是有区别的。它（指与"政治经济学"等同意义上的"国民经济学"）的适当性，随着重农主义思想的出现与无限自由及自由贸易观念的胜利而减少。17 世纪下半期，法国出现了反对重商主义、主张经济自由和重视农业的思潮，这时的国民经济学家主张国家应当尽可能少地干预经济事务，应该在某些明确规定的情况以外让各人自己料理自己的事务。按照这种原理，国民经济学的基本原理，即关于它的主题——国民家计的原理就不存在了。这时的国民经济学主要与封建制度向资本主义制度转变相适应，与经济民主、自由发展相适应，而与原来意义上的"政治经济学"渐行渐远，但总体说来，还未完全脱离传统政治经济学的政策主张。在德国、奥地利特别是北欧学派看来，国民经济学与政治经济学的区别部分是由于方法论和理论观点的不同，也与各国所处的环境有关。

维克塞尔认为，国民经济学与政治经济学不仅名称不同，而且研究对象也有所不同。如果说英法的古典经济学是国家经济学，那么现代的国民经济学则是国计民生经济学，其意义是国家富强、百姓富裕。正如维克塞尔所说，"国民经济学"这个名称指的是国民家计或国民家计的理论，"而财政学虽应视为国民经济学的一部分（并且是一个重要部分），但它却绝对不是国民经济学的全部"。也就是说，国民经济学既论及"国"又涉及"民"，是国与民的经济学，因而其研究内容必然"涵盖了经济过程的宏观层面与微观层面"。

尽管在英法两国经济学家看来，国民经济学和政治经济学是一回事，在伦敦撰写《资本论》、深谙英法古典经济学的马克思实际上也认同这一点，且英国古典政治经济学成为马克思主义政治经济学的重要来源，但是德国、奥地利、瑞典的一些经济学家仍将其称为"国民经济学"，并以此为名出版了一系列著作。

随着封建制度的消亡，资产阶级和资本主义制度处于上升阶段，要求经济理论与之相适应，主张经济自由的国民经济学应运而生。当由重商主义发展到重农学派，传统政治经济学的主流地位已开始发生一些变化，一些国民经济学家极力想划清与传统的或早期的政治经济学的界限，它不限于理论分析而更强调其实践性或应用性。“国民经济学作为一门实践科学，其定义就是满足人类需要的方法的理论”，从这个意义上可以认为“早期的国民经济学接近于政治经济学，后来的国民经济学则接近于应用经济学”。

3. 马克思从对国民经济学的研究到批判的转变

在《莱茵报》《德法年鉴》时期，马克思就“第一次遇到要对所谓物质利益的问题发表意见的难事”，这构成了他“去研究经济问题的最初动因”。马克思后来在谈到这一具有决定性意义的选择时说：“为了解决使我苦恼的疑问，我写的第一部著作是对黑格尔法哲学的批判性的分析。”通过这一批判性分析，马克思更加坚定地认为：“法的关系正像国家的形式一样，既不能从他们本身来理解，也不能从所谓的人类精神的一般发展来理解，相反，它们根源于物质的生活关系，这种物质的生活关系的总和，黑格尔按照18世纪的英国人和法国人的先例，称之为‘市民社会’，而对市民社会的解剖应该到政治经济学中去寻找。”因此，1843年底，马克思开始了对经济学的研究，直到1844年最终形成了作为马克思经济思想逻辑展开的重要标志的理论成果——《1844年经济学哲学手稿》。

首先，《1844拥经济学哲学手稿》是经济学的，是马克思为了解决思想困惑而对国民经济学进行研究的思想成果。其次，它更是一部哲学巨著。也许一开始马克思只是为了从国民经济学理论中了解作为“根源”的“物质的生活关系的总和”，把被黑格尔颠倒了的关系重新颠倒过来，以发现真正现实的、作为国家关系基础的生活世界，但是在进一步的研究中马克思发现，国民经济学所展示给人们的世界是一个充满了矛盾的世界：国民经济学家陈述的经济事实都是被经济学的范畴建构起来的经济事实，而非真正的“现象事情”。对于那些以经济事实显现的现实世界矛盾的根源以及由以建构经济事实的、作为根据的经济学范畴和前提，国民经济学家却不去追问，而被作为一个当然的事实、前提接受下来。因此，以此为当然事实、前提基础的国民经济学，本质上是一门无历史感的、实证的学科。

4. 马克思批判国民经济学的武器：以人为本

如果说国民经济学的特点是见物不见人，那么马克思正相反，是从物中看到了人。这一特点首先体现在马克思对私有财产这种物的看法中。通常认为私有财产只是一种物，“人们谈到私有财产时，认为他们谈的是人之外的东西”，“我们把私有财产的起源问题变为外化劳动对人类发展进程的关系问题”。正是凭借这种物中见人的方法，马克思把私有财产看作人的本质的对象化和异化：“私有财产不过是下述情况的感性表现：人变成对自己来说是对象性的，同时，确切地

说，变成异己的和非人的对象。”这一看法扬弃了私有财产的对象性本质，“因而在人之外存在的并且不依赖于人的财富，也就是只以外在方式来保存和保持的财富被扬弃了，换言之，财富的这种外在的、无思想的对象性就被扬弃了”，进而肯定了私有财产的主体性本质：“私有财产的主体本质，作为自为地存在着的活动、作为主体、作为个人的私有财产，就是劳动。”

马克思指出：“只有把劳动理解为私有财产的本质，才能同时弄清楚国民经济学的运动本身的真正规定性。”国民经济学在这方面经历了一个从承认人到排斥人的自我否定过程，即“以劳动为原则的国民经济学表面上承认人，毋宁说，不过是彻底实现对人的否定而已”，因为在国民经济学中，“人本身被认为是私有财产的本质，从而人本身被设定为私有财产的规定”。因此，“这个学说的结论与上述原来的观点相反，不如说是敌视人的”，而且这种敌视人的现象随着国民经济学的现代发展而越来越严重：“从斯密经过萨伊到李嘉图、穆勒等等……他们总是自觉地在排斥人这方面比他们的先驱者走得更远。”

为什么国民经济学从承认人出发结果却是对人的彻底否定或排斥，马克思总结其理论教训：“这只是因为他们的科学发展得更加彻底、更加真实罢了。”他们的科学发展到这样的程度：“把私有财产在现实中所经历的物质过程，放进一般的、抽象的公式，然后把这些公式当作规律。”这说明国民经济学不懂得抽象规律如何具体化和历史化，他们“在表述抽象规律的时候忽视了这种规律的变化或不断扬弃，而抽象规律正是通过变化和不断扬弃才得以实现的”。因此，他们所讲的科学规律就和现实的运动相脱离，即“现实的运动……被现代的国民经济学家歪曲成偶然性、非本质的东西”，而国民经济学所说的“规律只是现实运动的抽象的、偶然的、非本质的因素”。因此，国民经济学所承认的人只是抽象的人，不是现实的人，而所谓抽象的人，就是指工人。马克思批评国民经济学把人“仅仅当作工人来考察”，“不把工人作为人来考察”。

第一，马克思的以人为本的原则，首先表现在人对物的关系中。在人对物的关系中，要体现以人为本的原则，首先需要把物看作不是与人无关、在人之外存在的东西，而是看作与人的活动有关的东西，看作人的活动对象和活动产物。其次，还要看人在他的对象中是实现了自身，还是丧失了自身。马克思认为：“只有当对象对人来说成为人的对象或者说成为对象性的人的时候，人才不致在自己的对象中丧失自身。”所谓“成为人的对象”，就是成为“由人并为了人创造出来的对象”。这样的对象物，因为是由人生产出来的，是为人而存在的，所以在自然物中就包含有人的规定和属性。因此，无论是人对物的关系还是物对人的关系，本质上都是一种人的关系。“物本身是对自身和对人的一种对象性的人的关系，反过来也是这样。”

第二，在人与人的关系中，更是存在着是否以人为本、是以人为本还是以物为本的问题。在人对人的关系中，以物为本就把他人作为工具、手段、客体来对待，而不是作为主体、目的来对待。在人对人关系中，以人为本就是把任何一个他人都作为和自己一样的人，即作为主体和目的来对待。马克思在《1844 年经济学哲学手稿》中专门分析了这样一种情况："假定我们作为人进行生产。在这种情况下，我们每个人在自己的生产过程中就双重地肯定了自己和另一个人。"这种自我和他人同时得到肯定的关系共包含四个环节：第一个环节是我在我的产品中存在，第二个环节是我的产品为另一个人而存在，第三个环节是另一个人通过我的产品而认识到我是他的本质的补充，第四个环节是我的生命表现通过他人的生命表现而成为真正人的社会的本质。总之，马克思对国民经济学理论原则的批判，就意味着从"以物为本"走向了"以人为本"。

5. 马克思对国民经济学的批判

（1）对国民经济学"以物为本"理论原则的批判。

马克思批判国民经济学"以物为本"，是因为它把人看作物。首先，在国民经济学的生产理论中，以物为本的原则表现在它把人（劳动者或工人）看作如同机器或骡马一样的生产工具或生产要素。"在他们眼中，这些部下（产业大军）不是人，仅仅是以尽可能少的花费带来尽可能多的收入的生产工具。"

其次，在国民经济学的工资理论中，以物为本的原则表现在它假定工人像牛马一样只有维持肉体生存和族群繁衍的需要。由于"工资属于资本的费用"，"国民经济学把工人只当作劳动的动物，当作仅仅有最必要的肉体需要的牲畜"。由于国民经济学把全靠劳动为生的人"仅仅当作工人来考察。因此，它可以提出这样一个论点：工人完全像每一匹马一样，只应得到维持劳动所必需的东西"，"按照斯密的意见，通常的工资就是同'普通人'即牲畜般的存在状态相适应的最低工资"。

再次，在国民经济学的需要理论中，以物为本的原则表现在它把工人维持肉体生存的需要作为普遍标准用于大多数人。"需要和满足需要的资料的增长如何造成需要的丧失和满足需要的资料的丧失，国民经济学家是这样论证的：（1）他把工人的需要归结为维持最必需的、最悲惨的肉体生活，并把工人的活动归结为最抽象的机械运动；于是他说：人无论在活动方面还是在享受方面再没有别的需要了；因为他甚至都把这样的生活宣布为人的生活和人的存在；（2）他把尽可能贫乏的生活（生存）当作计算的标准，而且是普遍的标准：说普遍的标准，是因为它适用于大多数人。他把工人变成没有感觉和没有需要的存在物，正像他把工人的活动变成抽去一切活动的纯粹抽象一样。""节制需要，这个国民经济学的原则在它的人口论中最鲜明地表现出来。人太多了，甚至连人的存在都是十足的奢侈。”

最后，在国民经济学的交换理论中，以物为本的原则表现在它把劳动和劳动者都看作可以自由交换的商品。“国民经济学抽象地把劳动看作物，劳动是商品。价格高，意味着对商品的需求很大；价格低，就意味着对商品的供给很多。”“劳动生产的不仅是商品，它生产作为商品的劳动自身和工人，而且是按它一般生产商品的比例生产的”，“工人的存在被归结为其他任何商品的存在条件。工人成了商品，如果他能找到买主，那就是他的幸运了”，“工人不但远不能购买一切东西，而且不得不出卖自己和自己的人性”。

（2）对国民经济学“分工”概念的批判。

第一，马克思对国民经济学“分工”概念的重述。马克思在《莱茵报》时期遇到了对物质利益发表意见的难题。他意识到要形成对现实生活的思想高度的把握，需要深入研究人与人之间的物质联系，需要对国民经济学进行批判。马克思首先对国民经济学的“分工”概念进行了重述。这种重述不是简单复述，而是在指明国民经济学“分工”概念两重内涵的基础上，对其进行分析与批判。

第一重内涵是：从经济学角度来看，分工能有效提高劳动生产力。马克思在《1844 年经济学哲学手稿》中指出，国民经济学家虽然对分工的论述各有不同，但是都一致同意“分工同生产的丰富、分工同资本的积累是相互制约的”；在《1861—1863 年经济学手稿》中指出，在斯密看来，分工能够提高工人技能、节约劳动时间和促进机器发明，这些都大大提高了劳动生产率。马克思指出，国民经济学的分工是资本主义社会特殊生产方式下的特殊分工，而不是存在于一切历史阶段的一般分工，这种分工产生的生产力不属于劳动而属于资本，分工在现实中表现为资本对劳动的统治。

第二重内涵是：从伦理学角度来看，分工能成就共同体。在资本主义社会中，“人的依赖”关系被打破，个体从封建共同体中被解放出来，成为自由个体。个体在市民社会中追求自己的利益，相互之间存在竞争关系，这种关系能够优化资源配置，但也使个体处于人与人的战争状态，而分工则使人与人相互联系起来，“任何个人都是各种需要的整体，并且就人人互为手段而言，个人只为别人而存在，别人也只为他而存在”。个体劳动通过分工和自由充分的交换，上升为社会劳动。个体生产的产品在满足自身需要的同时，也满足全体社会成员的需要，从而实现市民社会与国家的统一。

第二，马克思对国民经济学“分工”概念的批判。马克思肯定国民经济学“分工”概念具有的两重内涵，同时指出，由于没有把分工看作资本主义这一特定历史阶段的特殊劳动组合形式，他们的理论不可避免地存在二律背反和历史局限性。

在资本主义社会中，分工带来的生产力不属于劳动者而属于资本家。马克思指出，斯密的独到之处是把“分工放在首位，强调分工的意义，并且直接把分工看作劳动（即资本）的生产力”。然而，斯密没有看到的是，这种生产力不属于劳动者而属于资本家，这种生产力带来的财富不属于全体社会成员而属于少部分人，这种生产力使得财富和贫困在两个看似矛盾的方面同时积累。国民经济学家没有看到的是，虽然分工促进了生产力的发展，但是生产力发展带来的社会财富不归全体社会成员共有，而是以利润的形式归资本家私有。这种财富是外在于工人的强制力量，工人创造的财富越多，受奴役的程度越严重。在资本主义社会中，分工不是劳动的外化而是异化劳动的外化。国民经济学家指出的劳动是财富的唯一源泉意义重大，从此财富不再是外在于人的偶然的东西，而是由人创造的必然的存在。然而，问题在于，国民经济学家抽象出来的劳动不是人的自由自觉的劳动，而是异化劳动。异化劳动是造成国民经济学理论矛盾的根源。

理论上，劳动使人与对象的关系得以实际展开，意味着人在对象性活动中成就自身；事实上，工人实际劳动的结果却使人与对象的关系彻底异化，人彻底失去对象。劳动的对象化成果以利润的方式被资本家占有，反过来规定劳动者的行为，劳动者获取的工资只能维持劳动者的基本生存。分工作为异化劳动的外化形式，不仅无法消除人与人之间的统治关系，反而使这种统治关系得到加强。

在资本主义社会中，分工无法实现特殊利益与普遍利益的有机统一。国民经济学家试图论证在私有财产的前提下，个体劳动通过分工直接成为社会劳动，个体的特殊性与社会的普遍性直接统一起来。事实上，资本主义社会的分工使一部分人与劳动对象分离，这部分人的生存依赖于资本，他们的劳动只能带来满足基本生存需要的工资，社会财富的增加带来的是他们的贫困。分工不仅无法实现特殊利益和普遍利益的统一，反而使两者相互对立、相互冲突。这种情况会产生两个后果，即周期性经济危机的爆发和大量失业工人的经常性存在。这些工人在失去工作的同时，也彻底失去生活资料，因此无法生存下去。就此而言，财富无法满足共同体全体成员的需要。

（3）马克思对国民经济学“劳动观”的批判。

《1844 年经济学哲学手稿》的出发点是“现实的人”，主张一切以人为本，如何促进人自由全面地发展是马克思追求个人发展的最高境界。马克思批判资产阶级国民经济学的一个最主要的原因就是国民经济学站在了反工人阶级的立场，他们经济学的出发点是“理性经济”，一切都可以用经济来量化，它关注的是财富而不是人，它的理论价值在于是否解决了社会发展的财富问题，而不在于是否解决了人的命运问题，劳动者仅仅作为财富的生产者而被作为考察对象，因此国民经济学无法解释工人在资本主义制度下受苦受难的原因，抑或是他们觉得工人的命运是应该的。

马克思站在国民经济学家的立场上分析工人的理论要求与实践要求。依据国民经济学家的理论观点，劳动的全部产品是属于工人的，但实际上工人不能自由支配自己的劳动产品，他们所得到的“不是作为人而是作为工人生存所必要的那一部分，不是为繁衍人类而是为繁衍工人这个奴隶阶级所必要的那一部分”，这在理论与事实上就构成了明显的矛盾。

马克思认为劳动不仅是人实现目的的手段，而且是人的自由得以实现的基础，但在资本主义社会下的劳动仅仅是为了追求物质财富，工人出卖自己的劳动也只是为了保证自己和家人不被饿死，工人的贫困是从劳动中产生，工人劳动的异化也导致了工人全面的异化。

首先是物的异化，工人在劳动中消耗的力量越多，创造出来的反对自身的世界力量就越强大，劳动产品越来越被对象化；其次是人的自我异化，劳动本身是存在于工人之外的东西，但工人在劳动中并不感到幸福，相反是肉体和精神的折磨，劳动变成被迫的劳动；再次是人同自己“类本质”相异化，人的劳动不再是自由自觉的生命活动，而变成仅仅维持自己及家庭生存的手段；最后是人与人相异化，劳动者生产的产品不属于劳动者本身，而是为资本家所有，与其说资本家是统治工人的异己力量，不如说资本是统治工人的异己力量，工人陷入了“物的依赖”中。一方面，工人的劳动产品不属于自己；另一方面，国民经济学家还坚持“一切东西可用劳动来购买，而资本无非是积累的劳动”。资本是积累的劳动，但拥有“劳动资本”的工人却不能购买一切东西，不但如此，他们还不得不出卖自己的劳动力和“人性”去换取基本的生活物资。

（4）马克思对国民经济学“分配观”的批判。

国民经济学家说“劳动是唯一不变的物价”，工人靠出卖劳动获取工资。然而，在现实中，劳动力的价格“更具有偶然性，更受波动”，即在资本主义条件下，劳动力是衡量一切产品价值的不变的尺度，但劳动力自身的价格却不稳定。

马克思曾说过：“资本家同工人之间的经济关系实际上是一种敌对的斗争关系”，而工人工资的高低则是由这种敌对斗争决定的，不可否认的是，斗争的赢家往往是资本家。资本家拥有一定的资源和财富，他们失去工人还有资本去寻找其他的出路，但工人失去资本家则失去了生活的唯一来源，且工人的联合也只会让自己所处的环境更加艰难。资本家凭借这种巨大的不平等优势，向工人所支付的工资通常是“最低的和唯一必要的工资额”，即使工人处于如此低下和不利的地位，资本家却还能自由地雇用工人，工人也因为生存被迫出卖自己的劳动，可想而知，工人之间的竞争也是非常激烈的，而且工人的工资还会随着社会财富的增加或者工人之间的竞争上下波动，劳动便不再是国民经济学家口中“唯一不变的物价”。

三大社会阶级即工人、资本家和土地所有者，所对应的收入分配形式是工资、资本的利润和地租。在现实中，“工资是土地资本让工人得到的一种扣除，是从劳动产品中让给工人、让给劳动的东西”。工资的产生在理论与现实中是完全相反的，这是马克思揭示的第五个矛盾，即工资分配理论与现实的矛盾。简而言之，工人的劳动被异化，工人所生产出的产品也被异化，工人的工资也被剥削得所剩无几，这一切都是国民经济学站在资本主义立场上的结果，根本没有意识到也不会去意识到这是由资本主义社会的本质所决定的。

（5）马克思对国民经济学“需要观”的批判。

随着社会生产力的发展，社会的分工也将更加深化和明确，国民经济学家认为，提高生产效率缩短了必要劳动时间，提高了劳动生产力，有利于社会财富的增长和积累，“促使社会精美完善”，但他们忽视了这样会使工人陷于贫困直到变为机器。劳动促进资本的积累，社会财富的增长也促使社会福利的增长。分工会导致工人越来越依附于资本家，工人之间的竞争也更加激烈，工人的工资也会被降低，还要面对生产过剩带来的危机感，每天都挣扎在温饱边缘。这与国民经济学家的立场是一致的，他们站在资产阶级的立场上，关注的只是资本家财富的积累和经济的增长，不会关注工人作为人的生存状况和发展情况，在他们看来，工人只是财富的附属品，工人只能出卖自己的劳动来维持生活的继续。

在马克思看来，国民经济学家只是从自然的、非历史性的立场出发，在资本主义社会的限度内以私有制为基点来说明他的经济学说，这就决定了国民经济学所研究的经济理论并没有从根本上说明资本主义经济关系的实质，更不会去分析私有制和资本主义生产方式的矛盾，因此不可能科学地揭示资本主义经济运动的规律。马克思从经济现实出发去揭露资本主义社会的矛盾，揭示资本主义制度发展和灭亡的规律。同时，马克思对国民经济学的批判并不是纯粹经济学的批判，而是在“扬弃”的基础上将哲学与经济学结合起来，开创理论意义上的经济思想，论证了资产阶级国民经济学的伪科学性，进而批判了资本主义社会。国民经济学对工人的考察是经济学的考察，而马克思对工人的考察则是哲学的考察，这也为后期马克思政治经济学的形成和发展奠定了坚实的基础。

（二）世界经济学

1. 世界经济学是马克思主义政治经济学体系中的一个组成部分

马克思《资本论》第一卷是 1867 年出版的，而早在 19 世纪 50 年代后期，马克思就开始制订他的政治经济学写作计划。1857~1858 年，马克思以惊人的速度写了一系列的经济学手稿，这些手稿被后人称为《1857—1858 年经济学手稿》。在这部手稿里，马克思不仅在继承和批判前人价值理论的基础上提出了科学的劳动价值理论和剩余价值理论，而且也制订和不断地完善其政治经济学著作的写作计划，构建他的政治经济学理论体系。这一计划随着研究的不断深入而演变，从1857年第一次提出的“五篇计划”到1858年最后形成的“六册计划”，充分反映了一个完整的马克思主义政治经济学体系的形成和发展过程。

1858年2月，马克思在写给拉萨尔的信中明确地提出出版自己经济学著作的“六册计划”方案，他指出：“全部著作分为六册：（1）资本（包括一些绪论性的章节）；（2）地产；（3）雇佣劳动；（4）国家；（5）国际贸易；（6）世界市场。”这一方案在马克思写作《政治经济学批判》的过程中经过了几次修改。在1859年出版的《政治经济学批判（第一分册）》的序言中，马克思第一次向公众正式宣布了他的“六册计划”，他写道：“我考察资产阶级经济制度是按照以下的次序：资本、土地所有制、雇佣劳动；国家、对外贸易、世界市场。在前三项下，我研究现代资产阶级社会分成的三大阶级的经济生活条件；其他三项的相互联系是一目了然的。”

很显然，“六册计划”是以一定的逻辑联结而成的一个有机整体。在整个研究计划中，马克思以“资本”这一最为抽象和最为本质的经济范畴作为研究的逻辑起点，遵循逻辑与历史相统一的原则，按照从抽象上升到具体和从简单上升到复杂的分析方法来展开对资本主义社会总体的考察。必须注意到的是，马克思将这六册分为两个部分：前三册即“资本、土地所有制、雇佣劳动”考察的重点是资本主义社会的三大阶级即资本家、土地所有者以及工人阶级之间的经济关系，即资本主义生产关系；后三册即“国家、对外贸易、世界市场”考察的重点则是世界各国相互联系而形成的国际经济关系总和。因此，马克思始终都把对国际经济关系及其形成的世界市场的考察作为其政治经济学研究的一个重要内容。可以说，世界经济理论是马克思政治经济学理论体系中一个不可缺少的部分。

然而，我们需要注意到前三册与后三册之间的逻辑关系。马克思“六册计划”中的后三册，分别是第四册《国家》、第五册《对外贸易》和第六册《世界市场》，其中，第四册《国家》研究的是资产阶级社会在国家形式上的概括，即资本主义生产关系在国内的总和。在这里，前三册所研究的三大阶级结合成了一个有机的整体，由“国家”概括起来。同时，《国家》又是研究《对外贸易》与《世界市场》的逻辑起点。在《对外贸易》中，研究作为各个行为主体的国家之间的经济关系，即“生产者国家”跨出一国国界所发生的对外经济关系，包括国际分工、国际交换、资本输入与输出、汇率等内容。在《世界市场》中，各个资本主义国家联结成一个统一的经济整体，在世界市场上各国国内的资本主义生产关系就发展成为“生产者国家的关系”。因此，在后三册中，马克思也是根据逻辑与历史的发展历程，从抽象上升到具体来研究资本主义生产关系在国家上的概括及其通过对外贸易而实现的在世界市场上的总体发展。

遗憾的是，马克思本人来不及完成其宏伟的经济学研究与写作计划，无法亲自建立其设想的世界经济学理论体系。从马克思的政治经济学写作计划来看，其完整的政治经济学理论体系还应当包括以世界市场的经济运行方式为研究对象的世界经济学。虽然马克思本人未能建立一个完整的世界经济学理论体系，但是他有关世界经济学的思想却散见于其经济学著作中，这些思想成为后人研究和发展马克思主义世界经济学的理论基础。

2. 世界经济学的研究对象是世界范围的生产力和生产关系的体系

世界经济学的研究对象是世界范围的生产力和生产关系的体系。马克思在《德意志意识形态》中说："各民族之间的相互联系取决于每一个民族的生产力、分工和内部交往的发展程度。这个原理是公认的。然而不仅一个民族与其他民族的关系，而且一个民族本身的整个内部结构都取决于它的生产以及内部和外部交往的发展程度。一个民族的生产力发展水平，最明显地表现在该民族分工的发展程度上。任何新的生产力都会引起分工的进一步发展，因为它不仅仅是现有生产力的量的增加（例如开垦新的土地）。"一国的生产力发展的水平反映出该国生产的财富的种类和数量。因此，一国的生产力发展水平越高，生产结构越复杂，它在国内和国际的经济联系就越广泛、越密切。

世界经济学既要研究不同生产关系的国家如何在国际经济联系中发挥作用和产生影响，又要研究生产力对世界经济发展的影响。世界经济学的研究对象应该是世界规模的生产力和生产关系体系。

3. 马克思有关世界经济学的思想

（1）关于世界市场形成的理论。

世界市场的形成是与国际分工和国际交换的发展密切相关的，而国际分工和国际交换的发展又"取决于每一个民族的生产力、分工和内部交往的发展程度"。马克思考察作为世界市场要素的国际分工和国际交换，是从分析各民族生产力的发展以及与之相联系的分工的发展程度入手的，人类物质劳动和精神劳动最大的一次分工，就是城市和乡村的分离。马克思认为城市之间的分工是工场手工业和超出行会制度范围的生产部门产生的直接原因，而同外国各民族的交往则是工场手工业初次繁荣的历史前提。因此，在14世纪、15世纪，随着资本主义的出现，意大利北部诸城已成为欧洲的贸易中心；在15世纪末16世纪初，由于美洲和东印度航道的发现，以及殖民地的开拓，工场手工业和整个生产已有了巨大的发展，市场已经扩大为世界市场。

马克思的世界市场形成理论着重分析了世界市场既是资本主义生产方式的历

史前提又是它的历史结果的这种双重作用。他从分析前资本主义社会形态入手，说明了在生产力不断发展的推动下，国际交换和国际分工的发展如何导致世界市场的形成。而世界市场的形成过程同时也是为资本主义生产方式的确定创造条件的过程。世界市场的形成加速了封建制度的崩溃，促进了资本主义关系的确立，因此，“世界贸易和世界市场在十六世纪揭开了资本的近代生活史”。马克思指出，资本主义机器大生产一经形成，就会取得一种飞跃的扩张能力。这种“机器经营在破灭外国手工业的产品时，强迫地把外国变作自己的原料产地了”。为达此目的，它首先必须摧毁殖民地、附属国那种小农业与家庭手工业相结合的社会经济结构。

马克思在一系列著作中具体描述了宗主国如何通过倾销商品、掠夺当地的土地所有权等方法，来瓦解殖民地附属国自给自足的自然经济，从而把它们变为自己的原料产地和产品销售市场的过程。由于世界市场的开拓，一切国家的生产和消费都成了世界性的，过去那种地方的和民族的自给自足和闭关自守状态，被各民族的各方面互相往来和互相依赖所代替。正因如此，马克思又指出：“大工业建立了由美洲的发现所准备好的世界市场。”这就是说，世界市场也只有在资本主义生产方式确立后，才最终形成并进一步发展。

关于世界市场的形成与资本主义生产方式确立的这种辩证关系，马克思在《资本论》中曾作过极其精辟的论述。他说：“固然，世界市场本身，也形成这个生产方式的基础。不过另一方面，这个生产方式固有的按照不断扩大的规模来进行生产的必要性，也促进着世界市场的不断扩大。”同时，他也指出：“对外贸易的扩大，在资本主义生产方式的幼年期，虽然曾经是它的基础，但在资本主义生产方式的进展中，由于这种生产方式的内在的必然性，由于这种生产方式对不断扩大的市场的需要，它也已经变为这种生产方式本身的产物。在这里，我们再一次看见了作用的二重性。”可见，马克思的世界市场理论，以历史唯物主义的观点，说明了由于各国民族生产力的发展，社会分工如何发展为国际分工，国内商品交换如何发展为国际商品交换，而国际分工和国际交换的发展又如何导致世界市场的产生。

同时，他还说明了世界市场的产生怎样加速了世界各国前资本主义生产方式的瓦解，从而为资本主义生产方式的世界性胜利提供了历史前提，而资本主义生产方式的确立，以及它不断对外扩张的内在必然性，又促使世界市场的最终形成和进一步扩展。在这里，世界市场作为一个历史范畴，一方面是在各国民族生产力不断发展的基础上，商品货币关系取得世界规模的发展的产物；另一方面，它又是资本主义生产方式的直接的历史结果，本质上体现了资本主义的生产关系。正是在这一意义上，马克思把构成世界市场要素的国际分工、国际交换等称为

“生产的国际关系”，也就是我们现在所说的“国际生产关系”。马克思把世界市场及其各要素作为国际生产关系来论述，不仅深刻地揭示了它们的本质，而且对于正确理解和确定世界经济学的研究对象也具有重大的理论意义。

（2）关于国际价值的理论。

我们常说，劳动价值论是马克思主义经济学的理论基石，这仅仅是对马克思主义经济学的国民经济学部分而言的，对马克思主义经济学的世界经济学部分来说，由马克思主义劳动价值论发展而来的国际价值论才是马克思主义世界经济学的理论基石。要理解这一点，必须从马克思有关世界市场与国际价值的论述入手。马克思认为，由于资本贪婪的本性，当国内狭小的市场限制了资本追逐利润的欲望时，资本就会跨越国界，在世界市场上寻求自己的增殖。他指出：“资本一方面具有创造越来越多的剩余劳动的趋势，同样，它也具有创造越来越多的交换地点的补充趋势……从本质上来说，就是推广以资本为基础的生产或与资本相适应的生产方式。创造世界市场的趋势已经直接包含在资本的概念本身中。”不仅如此，他还认为，只有在世界市场中，只有在充分发展的国际商品交换中，“商品普遍地展开自己的价值”，“只有市场发展为世界市场，才使货币发展为世界货币，抽象劳动发展为社会劳动。抽象财富、价值、货币，从而抽象劳动的发展程度怎样，要看具体劳动发展为包括世界市场的各种不同劳动方式的总体的程度怎样”。

在世界市场上，生产以及它的每一个要素都表现为总体，才能获得自身性质的充分发展。这里隐藏着一个深层的含义，即只有在“世界总体”或世界市场这一更高层次的商品社会中，商品才真正地表现为人类无差异的抽象劳动的凝结，价值的概念才得到最纯粹的表现并具有普遍意义，国际价值是价值实体运行的最高层次。也就是说，价值作为凝结在商品中的一般的、无差别的人类劳动即抽象劳动，在一国相对有限的市场范围内和一国相对有限的产品系列中，是不可能得到完全充分的展开的。只有到了世界市场这一层次，商品内含的抽象劳动才真正表现为一般的、无差别的人类抽象劳动，这种人类抽象劳动就构成了国际价值的实体。

就资本主义生产方式所讨论的生产者个别价值与国民价值相比，国际价值是一个更抽象的概念。它不仅“抽象掉”了生产者个体之间的劳动差异，而且还进一步“抽象掉”国家之间的差异，从而使价值真正地体现为人类社会的一般的、无差别的抽象劳动。各国生产者的个别劳动在世界范围内经过再抽象，就转化为世界劳动。这种世界范围内的抽象劳动构成国际价值的实体。诚然，与国民价值的实现相比，商品的国际价值在世界范围内的实现还受到诸多因素的阻碍，如不合理的国际分工、贸易壁垒、国际金融制度、各国的法律政策等，但是这些因素并不能否定商品的国际价值的存在，只是在或大或小的程度上影响国际价值的实现。国际价值仍然是在国际分工的背景下，参与国际贸易的商品所具有的本质的社会属性。“价值”从个别价值经过国民价值最终到国际价值的逻辑演绎过程，始终遵循着马克思从具体上升到抽象、从简单到复杂的分析方法。

4. 从三大类经济学计划手稿看马克思关于世界经济学的思想与认识

（1）马克思三大类经济学计划手稿的结构。

马克思从19世纪50年代后期起将全部精力投入到政治经济学的研究中去，1857~1867年的十年间写了十几篇经济学计划手稿。马克思的经济学计划手稿基本上分为三种结构：“五篇”结构（1857年8月至1857年11月）、“六册”结构（1857年11月至1860年1月）和“四册（三卷）”结构（1862年12月至1867年7月）。

第一，在“五篇”结构里，马克思计划将政治经济学分为五个部分：①一般的抽象的规定；②资本、土地所有权和雇佣劳动；③国家；④生产的国际关系；⑤世界市场和危机。

第二，在“六册”结构里，马克思计划将政治经济学分为六个部分：①资本；②土地所有制；③雇佣劳动；④国家；⑤国际贸易；⑥世界市场。

第三，在“四册（三卷）”结构里，马克思计划写作《资本论》。该书分为四册或三卷：第一册，资本的生产过程（第一卷）；第二册，资本的流通过程（第二卷）；第三册，总过程的各种形式（第三卷）；第四册，理论史。

（2）从计划手稿内容的发展看马克思主义政治经济学与世界经济学的关系。

马克思在“五篇”结构里对政治经济学的研究做了最全面的计划。这是马克思根据历史唯物主义原理对资本主义生产关系做出的最深刻、最全面的概括，即“人们在自己生产的社会生产中发生的一定的、必然的、不以他们的意志为转移的关系，即同他们的物质生产力的一定发展阶段相适合的生产关系。这些生产关系的总和构成社会的经济结构，即有法律的和政治的上层建筑竖立其上并有一定的社会意识形态与之相适应的现实基础。物质生活的生产方式制约着整个社会生活、政治生活和精神生产的过程”。在“五篇”结构里，马克思对在一国范围和世界范围内生产关系的研究都做了详细的计划。从计划手稿可以看出马克思完整的政治经济学体系。马克思在“六册”结构里已明确将计划重点放在资本、雇佣劳动和土地所有制，并计划将资本、竞争、信用和股份资本国家、对外贸易和世界市场作为前提进行假设。

马克思在“四册（三卷）”结构里已明确将一般资本的生产过程、资本的流通过程和资本生产的总过程作为现实的计划来实现。马克思不但不提国家、对外贸易、世界市场和土地所有制、雇佣劳动，而且资本的特殊性和个别性也没有列入计划。因为政治经济学这门理论学科的大厦太宏伟了，马克思用毕生的精力也只能论述政治经济学的精髓，至于其他问题，“别人就容易在已经打好的基础上去探讨了”。

马克思主义政治经济学的完整体系，包括一国国内形成内部结构的三大阶级所依据的经济范畴和世界范围内形成内部结构的不同社会经济制度所依据的经济范畴。各国的和世界范围内的生产关系就是世界经济学研究的内容。这就是政治经济学和世界经济学两者之间的关系。

（3）从“五篇”结构看马克思关于世界经济学的设想。

马克思在经济学计划手稿中曾对世界经济学做了详细的设想。首先，马克思确定了大量的世界经济范畴。在“五篇”结构里，他多次提到“赋税”“国债”“殖民地”“移民”“国际分工”“国际交换”“对外贸易”“生产的国际关系”“输出和输入”“汇率”“世界市场”和“世界经济危机”等。马克思在其他著作中也多次提到“世界货币”“世界劳动的平均单位”“工资的国民差异”“价值规律在国际上的应用”和“国际价值”等重要的世界经济范畴。

其次，马克思确立了世界经济的体系。马克思对资本主义社会政治经济学体系做了全面的计划。“从劳动、分工、需要、交换价值等这些简单的东西上升到国家、国际交换和世界市场的各种经济学体系就开始出现了。”马克思在“五篇”结构里对第一、第二篇的计划是以一国为典型进行抽象和本质的研究，这是马克思对资本主义生产关系第一级的、原生的研究。同时，资本主义是世界性的资本主义，在市场扩大即交换范围扩大到各国、全世界的时候，我们就必须从整体上来研究资本主义社会。

五、马克思主义政治经济学的基本原理

（一）劳动价值论

1. 马克思劳动价值论产生的社会历史条件

马克思主义劳动价值论的产生有着特定的社会历史条件，西欧商品经济的高度发展、价值与市场之间的关系充分暴露、无产阶级登上历史舞台以及当时西欧学术成果大量产出，这些均成为马克思主义劳动价值论产生的客观条件。

（1）社会经济关系的变化为马克思劳动价值论的创立提供了前提。

资本主义生产关系很早就在西欧产生，但其繁荣却是在 19 世纪。18 世纪中叶，蒸汽机的发明和应用带来了轰轰烈烈的工业革命，半个世纪后，英国率先完成工业革命，建立了机器大工业体系，通过资本的积累与集中，出现了许多规模较大的企业，甚至出现万人以上的大企业。到 1840 年，英国的工业产量已占世界工业生产总额的 45%，对外贸易占世界总额的 21%，英国成为“世界工厂”

和“殖民帝国”。

法国工业革命自19世纪初开始，三四十年代已取得较大成就，许多生产部门广泛采用机器生产，重工业、交通运输与对外贸易高速发展，成为仅次于英国的资本主义大国。德国虽然在19世纪初仍处于封建割据状态，但是受英法影响，资本主义工业生产也逐渐兴起。到19世纪30年代的时候，德国建立关税同盟，形成统一的国内市场，促进了工业革命的发展和机器大生产的出现。可以说，19世纪三四十年代，在工业革命的影响下，机器与科技应用于生产过程，资本主义商品经济进入自由竞争的新发展阶段。商品与货币关系深刻影响着各个领域，作为价值特殊形式的资本开始主宰社会生活，劳动力商品化，分工体系精细化，生产操作简单化，劳动生产率日益提高，如何延长劳动时间以获得最大限度的资本增殖成为资本家苦思的焦点；信用制度和金融体系广泛蔓延，价值规律在经济生活中的作用越来越突出，价值内在的本质及弊端也得以充分暴露，经济危机也开始周期性地爆发。这一切都为马克思劳动价值论的创立提供了认识前提。

（2）西欧工人运动兴起，工人们迫切需要能够反映无产阶级利益的科学理论。

资本主义生产的社会性和生产资料的私人占有矛盾日益加深，社会贫富差距不断扩大，经济危机周期性爆发，进一步激化了无产阶级和资产阶级的矛盾。在无产阶级同资产阶级的冲突中，无产阶级日益壮大，最终成为独立的政治力量。19世纪三四十年代爆发了工人运动史上的三大历史事件——法国里昂工人起义、英国宪章运动和德国西里西亚纺织工人起义。虽然这三场运动最后均以失败告终，但是在这三场运动中，无产阶级明确表达了他们对资产阶级压榨的深恶痛绝，提出了掌握自己命运、捍卫自己阶级利益的政治要求，并在斗争中充分展示出巨大的力量。创立能够反映无产阶级意志和利益的科学理论，为无产阶级争取自由的斗争提供科学指导，成为当时面临的紧迫任务。

（3）对德国古典哲学和空想社会主义的研究促成了马克思劳动价值论科学形态的最终形成。

在哲学的方法论上，马克思的劳动价值论研究受到古典哲学和空想社会主义的重大启迪。一方面，黑格尔和费尔巴哈是18世纪末至19世纪三四十年代德国哲学思想界的优秀代表，马克思深受他们的影响，先从青年黑格尔左派的唯心主义转入唯物主义旗下，再对黑格尔辩证法和费尔巴哈哲学进行批判和改造，最终实现了对两者的创新和超越。另一方面，圣西门、傅立叶和欧文三大空想社会主义者，对资本主义制度进行猛烈抨击，对无产阶级和劳动人民深表同情，对未来社会进行美好构建，马克思对他们的思想进行了深入研究，发现单纯地咒骂与同情无济于事，更重要的是从根本上对资本主义制度的本质关系进行科学分析，从而清除社会主义的空想成分，并将其建立在社会发展的必然性之上。这触发和引导了马克思进行政治经济学研究，并最终建立起劳动价值论的科学形态。

2. 马克思劳动价值论的理论来源

(1) 配第的劳动价值观。

马克思指出："真正的现代经济科学，只是当理论研究从流通过程转向生产过程的时候才开始。"这种真正的经济科学的开端就是古典政治经济学，而配第是英国资产阶级古典政治经济学的奠基人、启蒙者，马克思称其为"政治经济学之父，在某种程度上也可以说是统计学的创始人"。配第在劳动价值论方面的主要理论贡献有四个方面：

第一，配第对商品的"自然价格"和"政治价格"作出了区分。"自然价格"实际上是指价值，其高低"决定于生产自然必需品所需要人手的多少"，而"政治价格"则是指市场价格，"将政治价格以人工的共同的标准银币来衡量就可以得到我们所寻求的价格，即实际的市场价格"。在配第的研究中，他更重视对价值的考察，也就是商品的自然价格，他将自然价格看作研究其他社会经济问题的前提。在他看来，谷物能够获得多少货币，"就看另一个在同一时间内专门从事货币生产与铸造的人，除去自己费用之外还能剩下多少货币"。值得注意的是，他用谷物生产与货币生产做比较并不合适，货币实际上充当交易媒介，货币生产并不等同于单纯的产品生产，但这反映了他已经尝试从生产劳动的角度来衡量价值。

第二，对于财富创造的源泉，配第作出了"土地为财富之母，而劳动则为其父"的论断。他认为"所有物品都是由两种自然单位——土地和劳动来评定价值。换句话说，我们应该说一艘船或一件上衣值若干面积的土地和若干数量的劳动"，但就作为决定价值的最后因素来说，他对这两种因素并不是同等看待的，他进一步指出："我们就能够和同时用土地和劳动这两种东西一样妥当地甚或更加妥当地单用土地或单用劳动来表现价值；同时，也能够像把便士还原为镑那样容易而正确地将这一单位还原为另一单位。"在土地和劳动之间，劳动更具有主动性，作为财富之母的土地上的生成物，是由劳动生产出来的，当生产劳动的劳动者从他们的劳动条件即土地分离之后，不能期望由他的所得来承担任何额外的负担。在配第看来，虽然社会财富是在土地上由劳动创造出来的，但是地租及派生的收入却是最后的课税对象，或者说，土地所提供的地租要取决于在该土地上的劳动，看该劳动有多大比例维持劳动者的必要生活，有多大比例能够作为剩余。

第三，对于价值量的决定，配第指出："如果发现了新的更丰富的银矿，因而获得两盎司白银和以前获得一盎司白银同样容易，那么，在其他条件相等的情况下，现在谷物1蒲式耳售价十先令和以前1蒲式耳售价五先令同样低廉。”可见，配第已经看到了商品的价值量取决于劳动时间，如果劳动生产率提高，那么商品中所含的劳动减少，它的价值随之降低。而对于价值量、劳动生产率和分工的关系，配第指出：“一个人，如果技艺高超，可以和许多人相抗衡；一英亩土地，如果加以改良，可以和辽阔的土地相抗衡”，而“这样分工生产，和只是单独一个人笨拙地负担上述全部操作比起来，所花的成本一定较低”。

第四，配第还朦胧地认识到简单劳动和复杂劳动的区别。他曾尝试用“技术”一词来表达他对复杂劳动这一概念的理解，“我们也必须使技术和简单劳动之间有一种等价和等式的关系”，能够看到，配第事实上认为复杂劳动能够被视作更多简单劳动的加总。值得注意的是，配第在经济研究中还系统地讨论了经济学的研究方法问题。在他看来，经济发展有着客观的自然规律，经济研究的目的就是对经济的客观规律进行研究，研究的方法则可仿照解剖学的方法来分析社会的经济职能、精确经济的具体指标和数量，进而通过实践检验的方法或演绎推理的方法来得出科学的结论。他在劳动价值研究中就对这一方法进行了运用，例如，配第对1蒲式耳谷物和1盎司白银进行“解剖”，抽取了其中的共性因素，即两者都消耗了人类劳动，因此他认为劳动是一切价值进行权衡比较的基础。

（2）斯密的劳动价值论。

斯密对劳动价值论的贡献主要聚焦在对交换原则的研究探讨上。

第一，在价值理论上，斯密不是从工业劳动或商业劳动或农业劳动出发，而是从“劳动一般”出发，来研究价值的创造源泉。这种观点对于把流通领域看作价值源泉的重商主义和把农业劳动看作价值源泉的重农主义来说，都是极其巨大的进步。斯密明确指出：“劳动是第一性价格，是最初用以购买一切货物的代价”，“只有用劳动作标准，才能在一切时代和一切地方比较各种商品的价值”。可见，在斯密的劳动价值论研究中，他已意识到劳动是价值创造的源泉，正是坚持了这一基本观点，他的劳动价值论获得了继续向前发展的基础和核心。

第二，在考察价值问题时，斯密在《国民财富的性质和原因的研究》中先论述分工，再引出使用价值及交换价值，并对使用价值和交换价值进行了概念上的区分。“价值一词有两个不同的意义。它有时表示特定物品的效用，有时又表示由于占有某物而取得的对他种货物的购买力。前者可叫作使用价值，后者可叫作交换价值。”他进一步对两者的关系进行了研究，指出使用价值并不能决定商品的交换价值，一个东西如果没有使用价值，同样可以具有交换价值（这一观点与马克思的观点存在根本不同，在马克思看来，没有使用价值的东西绝不可能具有交换价值），商品交换的原因在于它们具有同样劳动量。因此，“劳动是衡量一切商品交换价值的真实尺度”。

第三，斯密在研究中比较详细地分析了市场的价值规律及其表现形式和作用。斯密在分析自然价格和市场价格时指出：“商品通常出卖的实际价格，叫作它的市场价格。商品的市场价格，有时高于它的自然价格，有时低于它的自然价格，有时和它的自然价格完全相同。”这里所指的自然价格，主要是由价值转化而成的生产价格。斯密认为，市场中存在竞争机制，这使得市场价格会随着供求关系的变动而围绕自然价格产生波动，供不应求时市场价格上涨，引起社会资本向该市场转移，反之，则从该市场流出，这是一种“自然价格的趋势”，也是客观规律。虽然斯密通过对市场价格变动进行研究，说明了市场的价值规律及其表现形式和作用，但遗憾的是，对于商品价格的变化及供求关系的变化更深层次的原因及两者的本质关系，斯密并没有进一步说明。

第四，斯密的劳动价值论具有明显的二元性。一方面，他明确认定衡量一切商品交换价值的真实尺度是劳动，认为商品的价值取决于“获得它的辛苦与麻烦”，“只由取得或生产这物品一般所需要的劳动量来决定”，或等于它所能购买到的劳动的价值；另一方面，他又提出“我们都可极其准确地用一种物品所换得的劳动量，来估定这物品的真实价值”。也就是说，斯密模糊了生产时所耗费的劳动和购买的劳动之间的差别，也并未弄清劳动和劳动力、物化劳动和活劳动这些概念的区别。除此之外，斯密把利润、地租和工资同样看成了价值的源泉，从而认为“工资、利润和地租，是一切收入和一切可交换价值的三个根本源泉。一切其他收入归根到底都是来自这三种收入中的一个”。

（3）李嘉图的劳动价值论。

李嘉图是英国古典政治经济学的集大成者，也是英国古典政治经济学的杰出代表。李嘉图的学说正是适应资产阶级利益的要求而产生的，其任务就是为资本主义大工业的迅速发展制定新的经济理论和政策，扫清大工业发展道路上的障碍，促使资本主义生产力提高到新的水平。他的主要经济学代表作为《政治经济学及赋税原理》。李嘉图在劳动价值理论方面的主要贡献体现在多个方面。

首先，李嘉图对斯密的一些观点进行了批驳。

第一，李嘉图看到了斯密劳动价值理论的不一致性。“亚当·斯密如此精确地说明了交换价值的原始源泉……但他自己却又树立了另一种价值标准尺度，并说各种物品价值的大小和它们所能交换的这种标准尺度的量成比例。”在李嘉图看来，“投在一种商品内的劳动量和该种商品所能换得的劳动量……两者并不相等”。这是因为，劳动生产率发生变化后，投入劳动量与可换得的劳动量会发生不同比例变化，不能用购买到的劳动作为价值决定的因素来代替生产商品中耗费的劳动。

第二，李嘉图批判了斯密关于“利润、地租、工资三种收入决定交换价值”

的观点。李嘉图同意斯密将交换价值分解为三种收入，但反对斯密将三种收入化为交换价值。斯密认为资本主义社会和前资本主义社会具有极大不同，在资本主义社会，价值取决于收入而非劳动。而李嘉图恰恰认为资本主义和前资本主义社会并无区别，价值规律作用的方式未曾改变，因此商品的价值取决于它所消耗的劳动。在李嘉图的劳动价值论中，不是利润、地租和工资决定商品的价值，而恰恰是商品的价值决定利润、地租和工资，利润和地租都是由劳动创造的，取决于劳动的量，而工资是劳动的报酬。

其次，李嘉图坚持了劳动价值论的最基本观点，并对其进行了更为详尽的分析。

第一，李嘉图明确指出劳动时间决定商品的价值。“决定这一商品交换另一商品时所应服从的数量的尺度，几乎完全取决于这个商品上所费的相对劳动量”，且“商品相对价值的一切巨大变动都是由于生产所必需的劳动量时时有所增减而引起的”。

第二，李嘉图指出商品价值量同劳动量成正比，同劳动生产率成反比。“劳动量每有增加，就一定会使在其上施加劳动的商品的价值增加”，而“劳动使用的节约必然会使商品的相对价值下降，无论这种节约是发生在制造这种商品本身所需要的劳动方面，还是发生在构造协助生产这种商品的资本所需的劳动方面”。

第三，李嘉图指出商品的价值由必要的一般劳动量决定，而非生产该商品实际耗费的个别劳动量决定。不同劳动熟练程度和生产条件会使耗费在商品中的劳动量有所不同，但“各种不同性质的劳动的估价很快就会在市场上得到十分准确的调整，并且主要取决于劳动者的相对熟练程度和所完成的劳动的强度”。

第四，李嘉图对“直接劳动”和“积累劳动”进行了区分。“这里所谓劳动不仅是指投在商品的直接生产过程中的劳动，而且也包括投在实现该种劳动所需要的一切器具或机器上的劳动”，前者叫作直接劳动，后者叫作积累劳动，积累劳动进行价值转移，而直接劳动创造新价值。

再次，李嘉图指出了利润与地租、利润与工资的利益对立。

第一，在对工资进行理论分析时，李嘉图认为，劳动同买卖的商品一样，有自然价格和市场价格之分，劳动的自然价格是使劳动者生存下去，并能维持其家族人数不增不减得以永续的必要价格。决定劳动者维持其自身及家族力量的，是货币的实际购买力。劳动的市场价格是在供求比例的自然作用下实际支付的价格。劳动稀少时，它的市场价格就昂贵，而劳动充裕时，它的市场价格就便宜，虽然劳动的市场价格和自然价格有时会有背离，但是它与所有商品一样，具有符合自然价格的倾向。不过，进步社会的市场工资率可能高于自然率。抛开货币价值变化影响工资，假设货币价值不变，那么影响工资涨跌的因素有两个：一是劳动的供求；二是劳动工资所购买的商品的价格。李嘉图认为，工资应当由公平、自由的市场竞争决定，而不得受立法机关的控制。

第二，在对利润的理论分析中，李嘉图认为，土地的耕种者或者生产各种物品的制造商，他们生产出来的商品的全部价值都由两大部分组成：资本利润和劳动工资。在任何情况下，工资提高，利润必然会降低，反之亦然。

第三，在对地租的分析中，李嘉图认为："在产品量充裕、劳动价格低廉的情况下，已耕种的土地能创造出更多的收获量，只要增投资本越多，所得到的价值就会更大，开始时这一利益是由劳动者、资本家和消费者分享的，但是随着人口的增加将会逐渐转移，直至由地主独享。这种改良会使整个社会得到近期利益，而使地主得到长远利益。除此以外，地主的利益关系往往与消费者以及制造业者的利益关系相对立。"地租创造价值而不创造财富，是价值的转移，只利于地主阶级，却不利于消费者。

最后，李嘉图劳动价值论中实际上体现着他对资本主义生产方式及其相关经济范畴的超历史观念。他将资本主义生产方式视为永恒的、自然的，那么在资本主义阶段所存在的价值范畴也是永恒的、自然的。他并没有看到在商品经济发展的高级阶段即资本主义阶段，劳动的雇佣关系出现，劳动力已成为商品，商品已不再单纯地作为商品，而是被当作资本进行交换。因此，李嘉图断言，劳动者出卖的是劳动而不是劳动力，工资是劳动价值的货币表现。

此外，他的价值理论也面临着两大困难：一是资本和劳动的交换如何同价值规律相符。二是无论等量资本的有机构成如何，都提供相等的利润，即提供一般利润率。这两个理论上的致命缺陷，导致了李嘉图价值理论的破产，并被后来的资产阶级经济学家庸俗化。

3. 马克思劳动价值论的形成与发展

（1）从批判转向肯定劳动价值论。

19 世纪 40 年代，马克思在继承资产阶级古典经济学劳动价值论中合理部分的同时，也开始对资产阶级政治经济学进行批判。

马克思把对劳动和价值问题的研究建立在辩证唯物主义和历史唯物主义的科学基础上，从而把表现为商品、价值、资本、利润、地租等的经济学范畴看作是与资产阶级私有制相联系的异化劳动的表现。这就体现了马克思劳动价值论与资产阶级经济学各种价值理论的根本区别。当时的马克思尚未将古典经济学派和以后的庸俗经济学分开，对于古典经济学中包括价值在内的一些科学的基本范畴加以否定，他认为价格围绕价值的波动是对价值规律的否定，而商品现实价值是由供求关系决定的。

1844 年，恩格斯发表了备受马克思称赞的《国民经济学批判大纲》。马克思

认为，价值是生产费用与产品效用的关系。一件产品如果生产的价值不能抵消生产费用的话，人们是没有积极性去生产的。产品有实际价值与交换价值之分，实际价值即生产费用，而交换价值是由供求和竞争决定的。

在《神圣家族》一书中，马克思指出了资产阶级经济学家抽象劳动价值论的虚幻性，批评其对资本主义经济事实毫无解释力。马克思认为，资产阶级抽象的劳动价值论认为商品的价值是由商品的生产费用和社会效用来决定，初看起来很合理，后来发现，价值是偶然确定的，不是由生产费用或者社会效用决定的。在批判资产阶级虚幻的劳动价值论的同时，马克思也充分肯定了古典经济学用劳动时间决定价值的观点。他认为，如果撇开竞争的影响来考虑价值，生产某个物品所必需的劳动时间就是这个物品的生产费用。

在《德意志意识形态》一书中，马克思认为面包的价格不是由面包师决定的，而是在市场经济条件下由面包的生产成本决定的。生产中活劳动和物化劳动的消耗决定了生产成本，而生产出来的商品价值则由生产成本通过竞争的作用实现。

在1847年发表的《哲学的贫困》著作中，马克思进一步肯定了劳动是价值的源泉，商品的相对价值由产品所必要的劳动时间决定这一论断。竞争的作用是实现了产品的相对价值由生产它的必要劳动时间来确定的规律。马克思认为，一种东西的价值不是简单地由生产它的时间来确定，而是由生产它的最短时间的可能性来决定，这种最低限度在众多的生产者之中由竞争来规定。在未来消灭了阶级的共产主义社会里，花费在某种物品生产上的时间将由这种物品的社会价值大小来确定。这时的马克思没有能区分出商品的价值与相对价值的正确内涵。

1849年的《雇佣劳动与资本》是马克思根据1847年的演讲写成的。这篇著作详尽地考察了资产阶级的经济关系，并揭示出工人受奴役的生产地位。马克思认为，商品通过货币表现出来的交换价值就是商品的价格，劳动者的工资是只能存在于劳动者血肉中的特殊商品价格的特别名称。关于商品价格的决定，马克思认为商品价格是由它的生产费用决定的。商品的具体价格是由买主、卖主之间的供求关系决定的，供求关系的改变引起价格的上涨或下跌，卖主以生产费用为基准，根据生产费用的波动来衡量利润升降并决定投资生产。同时，马克思认为，随着生产力的发展，用同样数量的劳动和资本在一定的劳动时间内可以创造出更多的使用价值，但不是创造出更多的商品交换价值。生产方式和生产资料的不断变更，必然使商品价格和商品生产费用趋于一致。这一时期马克思还是未能将价值与交换价值严格分开。

从马克思19世纪40年代的著作中，我们可以看出马克思对价值的研究历程。马克思认为在资本主义生产方式下，劳动是以异化劳动形式存在的。在存在剥削与压迫的资本主义社会里，人们劳动所生产的产品不仅仅是为了自身的需要，更可以作为追求财富的手段。因此，马克思认为，商品的价值就是交换价值。如果撇开竞争的影响，交换价值由生产费用决定，也就是由生产物品所必需的劳动时间决定。由于竞争的作用，交换价值由生产费用或劳动时间决定是一个动态的过程。

（2）对庸俗政治经济学的批判。

第一，萨伊的生产费用及效用论。马克思主义政治经济学不仅是在批判和继承英国古典政治经济学的基础上形成的，而且也是在批判资产阶级古典政治经济学和庸俗经济学的过程中产生和发展的。古典经济学的重要代表人物斯密，由于其方法论上的二重性，致使在许多理论问题的论述上都具有二重性甚至多重性，其把耗费的劳动决定价值与购买的劳动决定价值相混淆，把劳动创造价值与资本、劳动、地租收入决定价值或生产费用相混淆。这为后来的庸俗经济学家提供了理论滋生的空间。

萨伊出版的著作都是以《国富论》传播者的身份创作的，但其却将斯密理论中的观点庸俗化、系统化，这为政治经济学的庸俗化奠定了基础。在萨伊的代表作《政治经济学概论》中，他首先区分了政治经济学与政治学的概念，认为政治学是研究社会秩序的学问，而政治经济学是研究财富的生产、分配与消费的学问。他首次把政治经济学理论体系划分为生产、分配、消费三个相互独立的部分，全书也以此分为《导论》《财富的生产》《财富的分配》《财富的消费》四篇。

在《财富的生产》中，萨伊认为：“财富是具有内在价值的东西，并和价值成正比。物品满足人类需要的性能叫作效用。所谓生产，不是创造物质，而是创造效用。生产数量不是以产品的长短、大小或轻重来估计，而是以产品所能提供的效用来估计。价格是测量物品价值的尺度，而物品的价值又是测量物品效用的尺度。”

在《财富的分配》中，萨伊认为一个物品的价值基于它的效用，没有效用即不为人们需要的物品不会有价值，但有些天然财富如空气、水、太阳光等有很大的效用，却不具有可以交换的价值。因此，价值或者更确切地说可交换价值的根据，不仅在于它具有满足人类需要的效用，还因为要获得它们就必须在生产方面付出劳动。由此可见，萨伊所谓的效用就是使用价值。以物品的使用价值来决定价值，这是马克思劳动价值论所不能接受的，因为价值是对人而言的，撇开人与人的社会关系说明使用价值决定价值，这是行不通的。

斯密在《国富论》中把耗费劳动决定商品的价值同购买劳动决定商品的价

值混在一起，认为在资本主义条件下，商品的价值实际上是由工资、利润、地租这三种收入构成的。萨伊进一步把这种观点系统化。他认为，由于劳动、资本和土地这三种生产要素在生产中相互协作，因而分别创造和获得了相应的收入，即劳动创造了工资、资本创造了利息、土地创造了地租，而这些收入就构成生产费用，决定了商品的价值。正如马克思批评庸俗经济学一样，它是辩护的而不是客观的，它只是在表面现象内兜圈子而不是在揭示事物的本质。

第二，马尔萨斯的供求论。1820 年，马尔萨斯写成《政治经济学原理》，借以反对李嘉图的经济学说。马尔萨斯站在反动的地主阶级立场，极力为土地贵族的利益辩护，企图证明土地贵族的存在对资本主义的发展是完全必要的，资本主义的发展只有有利于土地贵族这个阶级才是可能的。

《政治经济学原理》全书分为两卷：第一卷分别讨论了财富、生产劳动、价值、地租、劳动工资、资本的利润、财富与价值的区别，第二卷主要探讨财富的增长问题。马尔萨斯反对李嘉图经济学说是从资本主义生产关系理论基础的价值论开始的。

在劳动价值学说史上，李嘉图坚持了斯密生产中耗费劳动决定商品价值的原理，但未能解决资本利润与劳动交换的矛盾，同时，在新的历史条件下，未能阐明等量资本何以在有机结构不同的企业里能提供一般利润，这两个矛盾使李嘉图学派惨遭解体。马尔萨斯抓住了以上矛盾，吸取了斯密关于商品的价值由购买劳动决定的观点，建立了他的庸俗价值理论。在他看来，价值有三种不同的含义："第一，使用价值，这可以界说为物品的内在效用。第二，名义的交换价值或价格，除特别指明其他物品外，这可以界说为以贵重金属来估量的商品的价值。第三，内在的交换价值，这可以界说为由内在原因所产生的购买力。在没有其他说明的时候，物品的价值总是指这种意义上的价值而言。这种意义的价值恰恰等于根据占有欲望和获得的困难而决定的商品的估价，并且和我的《政治经济学定义》一书中商品的交换价值的定义完全一致，就是，在任何时间和任何地点，商品的估价总是决定于需求和供给的相对状况，而且通常决定于基本的生产成本。"可见，马尔萨斯没有理解价值与交换价值的区别与联系，把价值理解为交换价值。他所关注的只是价值的现象形态，而不注意这些价值形态的基础。交换价值与价格都只不过是价值形态。因此，马尔萨斯把价值看成是交换价值，得出了供求关系决定价值的结论。

第三，蒲鲁东的构成价值论。马克思在创立劳动价值论时，不仅注重对资产阶级古典经济学价值理论的批判和继承，而且也注重对资产阶级庸俗经济学价值理论的批判，后者重点表现在他对蒲鲁东构成价值论的批判上。

蒲鲁东在他的《贫困的哲学》一书中对构成价值论做了系统论述。蒲鲁东认为，价值论是全部经济理论的基石，价值矛盾的解决就是社会一切经济矛盾的解决。以前的经济学家们虽然区别了使用价值与交换价值，但是并未认识两者的矛盾，而他不仅发现了使用价值与交换价值的矛盾，而且也发现了两者矛盾的统一。他试图用自己虚构的构成价值来综合价值与交换价值两者的矛盾，以达到消除这一矛盾的目的。

蒲鲁东认为，一切产品所具有的维持人类社会生存的性能叫价值，而这些产品所具有的相互交换的性能则称为交换价值。由于人们有多种需要而自己又不能生产那么多物品，于是建议别人把一部分产品同自己的产品相交换。由于产品众多，使用价值就与交换价值成反比例形态，使用价值与交换价值的矛盾就成了众多与稀少的矛盾。由于供给是提供效用，需求是提供对商品价值的意见，因此使用价值与交换价值的矛盾实际也就是效用与意见的矛盾。由于自由的购买者根据自己的意见提供价格，而自由的生产者又任意决定自己的生产费用，因此双方发生了矛盾，因而使用价值与交换价值的矛盾归根到底是由人的自由意志决定的，矛盾的统一则是构成价值。

蒲鲁东进一步认为，一切产品都应当根据其生产时所耗费的劳动来确定其交换的比例关系。在构成价值论的基础上，蒲鲁东得出的结论是必须建立一个新的交换制度，建立一个可以使一切产品都可以按其所包含劳动的构成价值实现等价交换的新世界。

马克思在《哲学的贫困》和《论蒲鲁东》等著作中，对蒲鲁东的构成价值进行了批判。马克思指出，蒲鲁东根本不懂分工和交换的历史性，交换是以既定的生产方式为基础的，因而与物质生产方式不同，交换也有它的历史，并经历了各个不同的阶段。马克思通过对交换发展历史的考察指出，交换价值的产生是一个由物质生产发展所决定的客观事实，决不取决于人们的主观意愿。在此基础上，马克思还批判了蒲鲁东把交换价值同稀少、使用价值同众多混为一谈，把交换价值与需求等同，把使用价值与供给等同，从而随意杜撰出交换价值与使用价值的矛盾谬论。

马克思认为蒲鲁东对整个问题的基础即交换价值的理解始终是模糊、错误和不彻底的，错误地把对李嘉图价值理论的空想主义解释看成是一种新的科学的基础。由于他从来不懂得真正科学的辩证法，因此陷入了诡辩。他不是把经济范畴看作历史的、与物质生产的一定发展阶段相适应的生产关系的理论表现，而是把它看作历来存在的、永恒的观念，他同空想主义者一起追求一种所谓的科学，先验地构想出一个解决社会问题的公式，而不是从历史运动的批判认识中引导出科学。

（3）马克思劳动价值理论的确立。

19世纪50年代，在《伦敦笔记》中，马克思第一次发现了李嘉图体系中价值规律与劳动、资本相交换的矛盾，但由于当时他未能将劳动与劳动力分开，也无法解决这个矛盾。在《〈政治经济学批判〉（1857—1858年草稿）》中，他认为唯心主义的叙述探讨的只是一些概念的辩证法。因此，为了清晰地说明商品的生产过程，就必须搞清楚产品转化为商品、商品变成交换价值、交换价值转化为货币等的一系列过程。

首先，马克思指出了商品的二重性。他认为价值不仅指的是商品的社会关系，而且更重要的是指商品的质。由于商品在质上的相同，因此其可以并按一定的比例交换。马克思认为商品本身表现为使用价值和交换价值的统一，因为只有通过商品本身的出让，通过商品同别的商品相交换，商品的所有者才能占有使用价值。使用价值和交换价值之间是对立而统一在商品中的。

其次，马克思认为商品的价值表现形式是商品的交换价值。商品的价值只有在交换中得以体现。马克思认为价值是商品在生产中物化到其他商品劳动时间交换的比例数，交换价值表现的是这个商品交换成其他商品的比例。马克思指出，当商品被当作交换价值的产品时，实质上已经不再被规定为简单的自然意义上的产品，这时它被看作是一种社会交换关系，而且这种关系是普遍的交换关系，是对一切商品的关系。

最后，马克思认为，包括劳动在内的一切商品的实际交换价值是由它们的生产费用决定的，也即决定于制造它们所必需的劳动生产时间。价格就是这种商品交换价值的货币表现形式。在《政治经济学批判》中，马克界清晰地阐述了商品中使用价值和交换价值之间对立统一的关系，他认为使用价值是交换价值的物质基础，在相互交换中，交换价值得以实现，使用价值得到表现。马克思也进一步阐明了劳动的二重性，他认为具体劳动创造了使用价值，抽象劳动也即活劳动创造了价值。在商品交换中，个别生产劳动时间转化为一般社会生产劳动时间，私人劳动转化为无差别的社会一般劳动。在《资本论》中，马克思从分析占统治地位的资本主义生产方式的经济细胞商品入手，全面地分析了劳动商品的特性，完成了商品二重性、劳动二重性和剩余价值理论学说，并在此基础上揭示了资本主义生产规律，建立了科学的劳动价值理论。

4. 马克思劳动价值论的基本内容

（1）商品二因素。

在政治经济学发展史上，斯密第一个提出了交换价值与使用价值的概念，李嘉图在继承斯密观点的基础上做了正确的区分与判断。然而，他们缺乏唯物辩证法基础，用孤立的、片面的、静止的观点看待商品，把使用价值和交换价值看成是价值的双重属性，忽视了价值所具有的物质属性，否定了价值中蕴含的社会属性，没有把商品看作是价值的对立统一体，而把商品看作是物与人的关系，没能通过对商品的分析揭示出它所反映的人与人之间的关系，混同了价值与交换价值的关系，没有把价值概念从使用价值中抽象出来考察。

在《资本论》中，马克思运用唯物辩证法，从经济的细胞商品开始分析，揭示了商品是使用价值和价值对立统一的矛盾体。使用价值是商品能够满足人们需要的效能，是商品的自然属性；价值是凝结在商品中的一般的、抽象的、无差别的人类劳动，体现了各种私人个别劳动与社会整体劳动之间的关系，是商品的本质属性，体现了相互交换劳动的人与人之间的社会关系，同时也是一种评价私人劳动的社会尺度，是商品交换关系中私人劳动和社会劳动矛盾的反映。

作为商品的二重属性，价值与使用价值既有联系又有区别。价值和使用价值是描述私人劳动与其劳动成果关系的范畴，是人们对劳动进行评价的主观尺度。价值必须依附在具体的物质上面，寓于商品的使用价值之中。使用价值是商品价值的物质承担者，使用价值也不能离开价值而单独存在。使用价值和价值又是相互排斥的，使用价值是在人与自然关系的方面对劳动成果进行评价的个人尺度，而价值则是在人与人之间社会关系的方面对劳动成果进行评价的社会尺度。劳动成果因为对个人有用才具有使用价值，劳动因为对社会有用才对社会创造价值。

一切商品，对于商品生产者来说，为了获取其价值必须放弃商品的使用价值，而对于消费者来说，为了获取其使用价值必须付出价值，商品生产者和消费者都不能同时既占有价值又同时占有使用价值。这也充分表明了商品使用价值与价值的对立统一关系。只有有使用价值的商品才能用来交换并形成价值，交换价值是商品价值的表现形式，没有使用价值的商品就没有价值。凡是商品必然有价值，如果一个物品只有使用价值而无价值，也就不可能称其为商品，但是有价值的商品一定是具有使用价值的。只有通过市场交换，才可以使商品生产实现价值，同时消费者获得使用价值，达到双赢的目的。

马克思第一次把价值从交换价值中抽象出来，从而确立了价值这个商品经济的重要理论范畴。马克思在说明自己的价值理论时曾经说：“我不是从‘概念’出发，因而也不是从价值概念出发……我的出发点是劳动产品在现代社会所表现的最简单的社会形式，这就是‘商品’。”

（2）劳动二重性。

马克思认为，一切劳动在生理学意义上是人类劳动体力的消耗，作为一般的、无差别的抽象劳动形成了商品的价值，而作为具体的有目的劳动，它生产出了商品的使用价值。具体劳动和抽象劳动，是同一劳动的两个方面，是生产商品的劳动二重性。商品的二重性是由劳动的二重性引起的。马克思指出，由于劳动以自然力为工作的先决条件，具体劳动虽然创造使用价值，但是不是使用价值的唯一源泉。正如配第所认为的，劳动和土地的共同作用创造了物质财富，劳动并不是商品使用价值的唯一来源。一般的、无差别的人类抽象劳动是商品价值的唯一源泉。

马克思认为，劳动是人类生存的前提与基础，是人和自然界物质变换的必然形式。创造使用价值的具体劳动并不体现某阶段社会的生产关系，但作为一般的、无差别的抽象劳动却体现着一定的社会生产关系。人类劳动对象的统一性，使物获得了人类共同劳动的产品的价值形态，用人们劳动时不自由的代价即劳动的持续时间来计算人们劳动力的消耗，取得了劳动产品价值量的形式。

马克思从劳动二重性的分析中指出，抽象劳动是只有在商品生产条件下才存在的历史范畴。劳动二重性决定商品的二因素，商品价值量由抽象劳动量决定。抽象劳动不直接指人的脑力和体力等的生理学意义上的支出，而是这个支出的社会历史平均劳动形式。人类劳动的这种无差别性，反映了商品生产者交换劳动的平等关系，反映了商品生产者之间平等的生产关系，同时也揭示出商品经济特别是资本主义经济的内在矛盾。

（3）价值形式论。

资产阶级在分析价值的时候，常常把价值和交换价值混淆，把价值与价格混同。马克思继承和批判了资产阶级古典经济学，在《资本论》第一卷的价值形态或交换价值中，马克思在对价值形式的表现形态即相对价值形式和等价形式分析的基础上，对价值形式的历史演变即简单价值形式、扩大价值形式、一般价值形式、货币形式的四个发展阶段进行了分析，揭开了货币之谜。

马克思认为："一切价值形态的秘密，都隐藏在这个简单价值形态中。所以，它的分析引起真正的困难。"他指出，流动状态中的人类劳动，是形成价值的，本身并不是价值，要在凝结状态中，在物质化的形态中，方才成为价值。劳动物化在产品中后，在商品生产条件下，具有自然和社会价值二重形态。马克思认为，价值是某种纯粹社会的东西，体现在社会关系中。一个商品的价值是由它作为交换价值独立表现出来的，而商品的价值形态是从商品价值的性质中衍生出来的。

在对相对价值形态性质内容分析时，马克思认为，一种商品的价值要表现在别种商品的使用价值上。同质的商品才可比较，这是交换方程式的基础。

在对商品的等价形态分析中，马克思阐述了等价形态的三个特征：第一，使用价值成为它的反对物价值的现象形态；第二，具体劳动成为它的反对物抽象人类劳动的现象形态；第三，私人劳动成为它的反对物的形态，即直接社会形态上的劳动，并揭开了价值形态的秘密。他认为商品的等价形态就是它能直接同别种商品交换的形态。

关于相对价值形态与等价形态的关系，马克思认为，等价形态的发展程度和相对价值形态的发展程度是交相发展的，等价形态的发展是相对价值形态发展的表现和结果。在对货币之谜的解答中马克思认为，首先，简单价值形态是不充分的，这个胚芽形态通过一系列的形态变化才成熟为价格形态。其次，扩大的相对价值形态第一次真正表现为无差别的人类劳动的凝结物。再次，总和或扩大的价值形态的缺点表现在，“总的说来，有的只是各种有限的等价形态，并且每一个都排斥着别一个。每一种特殊商品等价物内包含的具有一定形式的具体有用劳动，同样也只是人类劳动的特殊的，不是包括一切的现象形态。当然，它会在那些特殊现象形态的总和中，具有一个完全的或总和的现象形态。但统一的现象形态在这里却还是没有”。最后，“一般等价形态，是广泛而言的价值的一个形态。所以，它可以归于任何一种商品。但一种商品只因为并以此为限，它已经当作等价物从其他一切商品排除出来，所以是处在一般等价物的第三个形态上。只是从这种排除最后以特别一种商品为限的时候起，商品界的统一的相对价值形态，才取得客观的固定性和一般的社会效力。等价形态和特种商品的自然形态合在一起了，这特种商品因此也就成了货币商品，或当作货币来发生功能”。

马克思价值形式理论的创立，解决了古典经济学所没有解决的问题，即商品是为什么和怎样变成货币的，马克思价值形式理论阐明了商品与货币的内在联系，揭示了货币的起源与本质。

（4）生产价格论。

马克思的价格理论是一个以价值价格为核心的多元化价格理论体系。从经济学史来说，这个生产价格实际上就相当于斯密所说的自然价格、李嘉图所说的生产价格、生产费用和重农学派所说的必要价格。马克思在《资本论》中关于价格的理论体系内容包括价格的本质、价格形成的决定因素、价格的构成及其运动、价格变动的内部决定因素等方面的理论。这一价格理论体系可概括为价值价格、基于生产价格的价格理论、商品化价格理论、资本化价格理论以及垄断价格理论等。

马克思的价格理论以科学的劳动价值论为基础，其价格理论体系具有体系内的内在互补性。马克思认为，商品的价值是凝结在商品中的人类的一般的、抽象的、无差别的劳动，商品价值量由生产它的社会必要劳动时间所决定。马克思认为：“货币作为价值尺度，是商品内在的价值尺度即劳动时间的必然表现形式。”价格是价值的货币表现形式，这就是对商品价格的本质规定。当商品经济发展到资本主义市场经济阶段时，竞争使不同部门的不同利润率转化为平均利润率，价值就转化为生产价格。到了垄断资本主义阶段，生产价格进一步转化为垄断价格形式。由于在生产部门之间发生的竞争，不管资本有机构成的高低和资本周转速

度快慢，等量资本都要求得到等量的利润。竞争最终使得商品市场价值规律转化为生产价格规律。

马克思生产价格理论的建立，完成了科学的劳动价值论，解决了古典政治经济学所不能解决的价值规律和平均利润率规律之间的矛盾问题，对古典经济学的价值论是一个重大的革新和伟大的突破。

（二）剩余价值论

1. 剩余价值的内涵

在资本主义生产方式下，价值是通过不断地运动、变化而实现增殖的，由于在交换过程中是等价交换，因此价值增殖不可能是在流通领域发生的，只能是在生产过程中产生。在资本增殖的过程中，货币形态从产业资本形态出发，用货币购买所需生产资料和劳动力，使货币资本形态转化为生产资本形态，并逐步进入交换、消费领域，完成其增殖的全部过程。

正如马克思在《资本论》中所论述的，如果价值形成过程中资本所购买的劳动力价值恰好等于商品的交换价值，那就毫无利润可言，也就没有剥削，是平等交换。劳动力成为商品，是价值增殖的关键因素。在劳动力交换中，劳动者得到工资，而资本家得到劳动者的劳动力。在生产过程中，劳动者不仅把生产资料的价值转移到产品中去，而且把自己多余的劳动剩余价值也加到了产品中去。资本家购买的劳动与劳动力之间的这个差值正是剩余价值的根本来源。货币从产业资本到生产过程中的生产资本，再到交换过程中的商品资本，既是交换价值的形成过程，也是劳动者受压迫、受剥削的过程。

马克思认为，在资本主义经济制度下，劳动力也是商品，也具有价值和使用价值。劳动力的价值是由生产这种商品的社会必要劳动时间决定的，它包括生产维持劳动者生活所必需的消费品的社会必要劳动时间、生产劳动者抚养子女所必需的消费品的社会必要劳动时间以及劳动者接受教育和培训服务所体现的社会必要劳动时间。劳动力的使用价值是商品价值的源泉，劳动者通过劳动不仅创造了自身的价值，而且还给资本家创造了剩余价值，这就是资本主义剥削的秘密。因此，马克思认为，剩余价值是雇佣劳动者所创造的、被资本家占有的、超过劳动力价值的那部分价值。

同时，资本在生产过程中采取两种形态，其中一种是生产资料，另一种是劳动力，这两种形态在资本的剩余价值生产中所起的作用是不同的。生产资料包括厂房、机器、设备、原料、材料、燃料等，其中原料、材料、燃料在生产过程中一次性地消耗，它们的价值一次性地转移到商品价值中去，而厂房、机器、设备在生产过程中多次使用，它们所耗费的价值逐渐地转移到商品价值中去。由于生产资料的价值是转移到商品价值中，不会发生价值增殖，马克思把投在生产资料上的资本称为不变资本。劳动力与生产资料不同，他们在生产过程中不仅创造出自身的价值，还创造了剩余价值。马克思把投在劳动力上的资本称为可变资本。

剩余价值是可变资本创造的，马克思把剩余价值与可变资本之比称为剩余价值率。如果设剩余价值为 m，可变资本价值为 v，则剩余价值率 $m'=m/v$。另外，如果把雇佣劳动者再生产劳动力的价值或可变资本的价值所花费的劳动时间称为必要劳动时间，将生产剩余价值的劳动时间称为剩余劳动时间，那么剩余价值率还可以有另一种表达方式：剩余价值率=剩余劳动时间/必要劳动时间。剩余价值率表示剥削程度。

2. 剩余价值率的影响因素：绝对剩余价值和相对剩余价值

马克思指出，资本家提高剩余价值率主要有两种方法，其中一种是绝对剩余价值的生产，另一种是相对剩余价值的生产。雇佣劳动者的劳动时间分为必要劳动时间和剩余劳动时间，必要劳动时间是再生产劳动力价值的时间，剩余劳动时间是生产剩余价值的时间。在必要劳动时间为一定的条件下，雇佣劳动者的劳动时间越长，剩余劳动时间就越长，剩余价值率就越高，马克思将这种由于劳动时间的绝对延长而生产的剩余价值称为绝对剩余价值。即使雇佣劳动者的劳动时间不变，但是劳动强度提高，在同样的劳动时间里要消耗更多的脑力和体力，这相当于延长劳动时间，马克思将这种通过提高劳动强度生产的剩余价值也称为绝对剩余价值。

剩余价值率不仅取决于剩余劳动的时间和劳动的强度，还取决于在雇佣劳动者的劳动时间为一定的条件下必要劳动时间和剩余劳动时间的比例。必要劳动时间越短，也就是剩余劳动时间越长，剩余价值率就越高。相对缩短必要劳动时间和相对延长剩余劳动时间的方法就是提高劳动生产率，在劳动生产率提高的情况下，雇佣劳动者单位时间可生产出更多的商品。由于所耗费的劳动时间不变，商品的总价值不变，但单位商品的价值由于商品数量的增加而减少了。然而，商品的交换不是按照个别商品的价值进行的，而是按照由社会必要劳动时间决定的价值进行的，这样一来，这个资本家将获得超额剩余价值。超额剩余价值的产生相当于相对缩短了必要劳动时间和相对延长了剩余劳动时间。马克思将这种通过提高劳动生产率来生产的剩余价值称为相对剩余价值。

3. 剩余价值率和剥削率、利润率的关系

（1）剩余价值率和剥削率的关系。

在马克思生活的年代，资本主义发育得还不够充分，剩余价值率还被剥削率的外壳所掩盖，很容易把剩余价值率和剥削率混为一谈。马克思在《资本论》第七章关于剩余价值率的含义是这样表述的："我把可变资本的这种相对的价值增值或剩余价值的相对量，称为剩余价值率。"这里所说的可变资本，"只是生产资本家已经预付的劳动力价值的等价物”，相当于工资耗费，并不一定等于劳动力价值。在这个意义上，可以认为马克思的剩余价值率与剥削率是一个内涵完全相同的概念，可以看作“是劳动力受资本剥削的程度或工人受资本家剥削的程度的准确表现”。然而，他又说：“工人在劳动过程的一段时间内，只是生产自己劳动力的价值，就是说，只是生产他必需的生活资料的价值。”劳动力价值和工资在绝大多数情况下是不等的，再生产劳动力价值的必要劳动时间和再生产相当于工资那部分劳动力价值的必要劳动时间在绝大多数情况下也是不等的。

实际上，马克思以再生产工资或可变资本为标准划分的剩余劳动时间和必要劳动时间的比率，是利润和工资的比率，不是剩余价值率，而是剥削率，不是生产率，而是分配率。以再生产劳动力价值为标准划分的剩余劳动时间和必要劳动时间的比率，即剩余价值和劳动力价值的比率，才是真正的剩余价值率。

在理论上必须明确，同一个劳动日的劳动时间，以劳动力价值为标准划分的必要和剩余两部分与以工资即得到支付的劳动力价值为标准划分的必要和剩余两部分，是不等量的，是发生在生产和分配两个不同领域、性质不同的两个问题。

劳动力价值 v 是劳动力简单再生产费用，是由劳动力的素质和社会生产力水平决定的，无论资本家支付的劳动力价值即工资是多少，投入生产过程实际耗费的劳动力价值是客观存在的，其数量是不以分配关系为转移的。所谓必要劳动就是再生产劳动力价值 v 必要的劳动时间，而所谓剩余劳动时间就是超过必要劳动时间创造剩余价值 m 的劳动时间。工资 g 是劳动力的价格，是在劳动力价值 v 的基础上由劳动力的市场供求关系以及阶级力量的对比共同决定的。所谓再生产工资的必要劳动时间，是有偿的为自己劳动的时间；所谓剩余劳动时间就是无偿的为他人劳动的时间，即为资本家创造利润 r 的时间。

准确地说，同一个劳动日，创造相同的价值，从劳动生产率角度划分为必要劳动时间和剩余劳动时间，创造了劳动力价值 v 和剩余价值 m，而从分配关系上划分则是为自己劳动的时间和为他人劳动的时间，创造了工资 g 和利润 P。剩余价值率是 m/v，剥削率是 P/g，只有在 g=v、r=m 这种极为特殊的情况下，剩余价值率 m/v 才等于剥削率 P/g。因此，剩余价值率与剥削率，除了劳动力市场供求关系和阶级力量都平衡的极为特殊的情况之外，是不可能相等的，有时背离的幅度是相当大的，把剩余价值率看作是剥削率也是不科学的。

实际上，剩余价值率反映的是社会生产力水平，它揭示资本主义生产方式得以建立的物质技术基础，由此资本主义生产方式才能建立起来。而剥削率反映的是经济行为当事人之间的分配关系，反映的是资本主义生产关系实现的程度和分配关系的实际状态。排除劳动力供求关系影响之后，剥削率明显高于剩余价值率，说明资本主义生产关系有超经济剥削存在，而如果剥削率长期低于剩余价值率，则说明资本主义生产关系已经在逐步向社会资本主义转变。一旦人力资本参与纯利润分配成为社会生产的通例，劳动被别人占有的份额就越来越少，剩余价值率和剥削率不仅不再同步上升，反而成为两个共同反映生产方式转变的先导性经济指标。

（2）剩余价值率和利润率的关系。

《资本论》第三卷第一篇第三章要研究的主要内容是关于利润率变动规律和剩余价值率变动规律之间的区别和联系。这一章要说明的问题是，虽然利润率是剩余价值率的转化形式，但是剩余价值率和利润率是质和量上都不同的两个范畴。利润率具有自身的运动规律和特点，它既可与剩余价值率的变动方向相一致，也可与之相反。

利润率的基本公式是 $P'=m/C$。从公式中可以看到，利润率的大小与剩余价值量 m 的大小成正比，与总预付资本 C 的大小成反比。在这里，影响剩余价值量的因素有劳动日的长度、劳动强度、劳动生产率、工资的数额。影响总预付资本量大小的因素有经济部门的生产条件和生产性质、生产力的发展、资本技术构成的增长和资本有机构成的增长以及资本的周转速度。

由于 $m=m'\times v$，因此利润率 $P'=m'\times v/C$。从这个公式出发可以知道，影响利润率的因素有剩余价值率 m'，除了 m'之外，还有资本有机构成、总资本。下面就分别讨论在其他因素不变时，每单个因素变动对利润率大小的影响，并在数学推导的基础上，考察每种情况在经济现实中发生的可能性。

1）分析 m'不变、v/C 可变的情况对 P'的影响。

第一，m'和 C 不变，v 可变。在这种假定条件下，可变资本 v 变为 v1，不变资本 c 要与可变资本 v 保持相同的变动幅度、方向相反的变动。变动之前利润率为 $P'=m'\times v/C$，变动之后利润率为 $P1'=m'\times v1/C$，则有 $P':P1'=v:v1$，即在这种条件下，利润率变动的比例等于可变资本变动的比例。由于在这里是抽象地运用数学公式进行推导，因此还要对由此得出的利润率变动规律的前提条件进行说明，检验这种假设情况在经济现实中是否可能存在。

首先，如果可变资本的变动是在工资不变的情况下由工人人数的变动引起的，对于单个资本来说，在剩余价值率不变时，可变资本增加的同时，不变资本却相应减少，这在经济现实中表明单个资本的劳动生产率在下降。这种情况不符合资本主义生产发展的一般规律。然而，如果对于两个完全不同的资本来说，一个比另一个使用较多的工人，而同时使用更小或数量更少的生产资料，就完全是可能的。相反地，在剩余价值率不变时，可变资本减少的同时，不变资本相应增加，这种情况无论对单个资本还是不同的资本来说，都属于资本主义生产发展的正常情况，表明劳动生产率在提高，较少工人使用较多的生产资料。

其次，如果可变资本的变化是由工资变动引起的，而工人人数不变。当工资增加时，在假定剩余价值率不变的情况下，工人劳动强度或劳动时间必须相应地变动，由此消费的生产资料数量也相应增加。生产资料价格下降而引起不变资本减少，这在资本主义生产的劳动生产率提高的情况下也是可能发生的。相反地，当工资降低时，工人劳动强度或劳动时间相应地减少，这在资本主义实际中通常不会发生，工资的降低经常是同工人劳动时间的延长和劳动强度的增加同时发生。

第二，m′不变，v 可变，C 因 v 的变化而变化。这种情况和上一种情况的区别就在于 C 随 v 变化而变化。变动之前利润率为 P′=m′×v/C，变动之后利润率为 P1′=m′×v1/C1，则有 P′：P1′=v/C：v1/C1，即在这种条件下，利润率变动的比例等于每单位不变资本上的可变资本比例。因此，从本质上讲，这种情况和上一种情况完全相同。

第三，m′和 v 不变，c 可变。变动之前利润率为 P′=m′×v/C，变动之后利润率为 P1′=m′×v/C1，则有 P′：P1′=C：C1，即在不变资本变化、剩余价值率和可变资本相等时，利润率与总资本成反比。这种情况在经济现实中也是可能发生的。不变资本的变化可能有两种原因：一是劳动生产率变化而引起生产资料数量发生变化。由于劳动生产率提高，所使用的生产资料数量增加，这在资本主义社会中是普遍存在的现象。劳动生产率下降，同量劳动推动的生产资料数量减少，这种情况也会在农业等生产部门发生。二是生产资料的价值量发生变化，这是指原料等价格发生了变化，这在经济上也是可能发生的情况。

2）分析 m′可变对 P′的影响。

第一，m′可变，v/C 不变。变动之前利润率为 P′=m′×v/C，变动之后利润率为 P1′=m1′×v/C，则有 P′：P1′=m′：m1′，即在这种情况下，利润率变动的比例等于剩余价值率变动的比例。在经济上，剩余价值率发生变动可能由三种原因引起：一是工资发生变动，二是工作日长度发生变动，三是劳动强度发生变化。

第二，m′和 v 可变，C 不变。变动之前利润率为 P′=m′×v/C，变动之后利润率为 P1′=m1′×v1/C，则有 P′：P1′=m′×v：m1′×v1，即利润率变动的比例取决于剩余价值量变动的比例。

第三，m′、v 和 C 都可变。变动之前利润率为 P′=m′×v/C，变动之后利润率为 P1′=m1′×v1/C1，则有 P′：P1′=m′：m1′v1/C1。总结起来，剩余价值率的变动会对利润率的变动产生下列五种影响：

（a）如果 v/C 不变，那么 P′和 m′会按照相同的比例变动；

（b）如果 v/C 和 m′按照相同的方向变化，那么 P′也会按照更大的比例变动；

（c）如果 v/C 和 m′按照相反的方向变化，但 v/C 比 m′变动比例小，那么 P′

会按比 m' 变动更小的比例变动；

（d）如果 v/C 和 m' 按照相反的方向变化，但 v/C 比 m' 变动比例大，那么 P' 会按比 v/C 变动更小的比例变动；

（e）如果 v/C 和 m' 按照相反的方向变化，但 v/C 比 m' 变动比例相同，那么 P' 会保持不变。

从以上五种情况可以看到，同一个剩余价值率可以有不同的利润率，同一个利润率也可以有不同的剩余价值率，说明利润率和剩余价值率具有不同的变动规律。

4. 马克思关于剩余价值率公式适用条件的理论

马克思的剩余价值率公式是其剩余价值理论的一个重要组成部分，它们都建立在科学的劳动价值论基础之上。因此，剩余价值率公式的建立，具有严密的逻辑性和科学的严谨性。这个公式的特点与马克思时代的这个公式的适用条件是密不可分的。

（1）马克思明确指出资本剥削雇佣劳动是剩余价值率公式存在的前提。

从公式 $m'=m/v$ 分析看出，v 成为创造剩余价值 m 的可变资本，是因为劳动力成为了商品，工人为了生活不得不出卖自己的劳动力，因此不论何种资本，都是“借交换直接的、活的劳动而保存下来并增殖起来。除了劳动能力之外一无所有的阶级的存在是资本的必要前提”。正是由于 v 的存在，使得劳动“成为实际创造价值的生产活动”，于是剩余价值 m 被生产出来，使得公式 $m'=m/v$ 能够确立。显然，这个公式既然以资本剥削雇佣劳动为存在条件，那么反过来，这个公式必然适用于资本主义的生产过程，也即适用于当时西方市场经济的生产过程。

（2）马克思剩余价值率公式把价值增殖看成是必然的社会现象，因此适合于任何时期增殖的社会生产过程。

在马克思看来，m 是雇佣劳动者创造出来的比自身劳动力价值高出的、大于本身的超额部分，因此 m/v 实际上只存在于或只适用于资本增殖的生产过程，而且剩余价值率不会等于零。“剩余价值总是超过等价物的价值”，“在资本方面表现为剩余价值的东西，正好在工人方面表现为超过他作为工人的需要，即超过他维持生命力的直接需要而形成的剩余劳动”，而资本的历史任务“就是创造这种剩余劳动”。

（3）马克思通过两种剩余价值的生产，揭示了剩余价值率公式适用于技术与社会组织发生变动的社会生产过程。

在《资本论》中，马克思把剩余价值率公式中的剩余价值 m 的生产分为绝对剩余价值和相对剩余价值的生产，并认为前者是资本主义体系的一般基础，是后者的起点。在前者的生产过程中，劳动对资本的隶属只是在形式上表现，而在

后者的生产过程中，劳动对资本的隶属则是在实际上表现。同时，“绝对剩余价值的生产只同工作的长度有关；相对剩余价值的生产使劳动的技术过程和社会组织发生根本的革命”。显然，马克思把劳动的技术过程和社会组织的根本革命看成资本对相对剩余价值的追求结果。于是，用m/v来衡量资本对所有形式的剩余价值的追求结果，即便是对技术和组织发生巨大变化后的社会生产过程，其也是适用的。

（4）马克思认为剩余价值率公式适用于发展中的资本主义生产的过程。

在《资本论》里，马克思还从剩余价值生产过程的发展进一步阐明了资本和雇佣劳动关系的发展，认为“资本在精力、贪婪和效率方面，远远超过了以往一切以直接强制劳动为基础的生产制度”，这就决定剩余价值将以更快的速度积累，进一步推动资本的积累，推动资本主义生产的进一步发展。显然，$m'=m/v$公式在这种生产的发展中，自始至终都是适用的。

（5）马克思认为剩余价值率公式同样适用于可变资本不断减少的情况。

从剩余价值率公式$m'=m/v$分析可知，m与v均是变量，均能引起剩余价值的变化。前文已分析，m在资本主义生产中不会小于或等于零，而马克思认为在一定条件下可变资本v将变小，也将影响剩余价值率的变化，当m一定时，由于v的减少，剩余价值率必然变大。“如果加入生产过程的资本总价值增加，那么，与劳动生产率不变时，即必要劳动同剩余劳动的比例不变时相比，劳动基金（资本的这个可变部分）必定会相对减少。”也就是说，生产越发展，转化为不变资本的剩余价值会越多，转化为可变资本的剩余价值会越少。而反过来，资本主义生产越发展，直接投在工资上面的可变资本部分也会相对地越来越少，这种减少的趋势并不影响m/v的成立，当然也不影响其适用性。

（三）物质资料再生产理论

1. 物质资料再生产的内涵

物质资料再生产是指不断更新和不断重复的物质资料生产过程，是在一定的生产关系中进行的。人类社会不能停止消费，因而也就不能停止生产。社会的每一个生产过程，从它的经常联系和不断更新来看，同时也就是再生产过程。物质资料的再生产过程，同时也是生产关系的再生产过程。任何一次生产过程都要消耗一定的物质资料，不仅包括各种生产资料，还包括生产人员消费的各种消费资料。一定的生产过程结束以后，又生产出各种各样的生活资料和生产资料，它们既为下一次生产过程提供了必要条件，也为满足人们的生活需要提供了物资前提。物质资料的再生产是人类社会生存和发展的基础。

马克思和恩格斯认为，物质资料的生产与再生产是人类社会得以产生和存在的第一个前提。正是因为有了这个前提，才有了人类社会。他们指出：“一切人类生存的第一个前提也就是一切历史的第一个前提，这个前提就是：人们为了能够‘创造历史’，必须能够生活。但是为了生活，首先就需要衣、食、住以及其他东西。因此第一个历史活动就是生产满足这些需要的资料，即生产物质生活本身。”他们还指出，物质资料的生产与再生产是决定“一切历史的一种基本条件”。

因此，他们一直十分强调物质资料的生产或生产力的增长与发展，尤其是对于胜利了的无产阶级来说更是如此。他们指出，已经获得政权的无产阶级，必须一步一步地夺取资产阶级的全部资本，“尽可能快地增加生产力的总量”。

马克思在自己的理论著述过程中，详细考察了物质资料生产与再生产在人类社会发展的不同历史时期所采取的具体形式，并且从这一角度把人类社会的发展划分为自然经济、商品经济和产品经济这样三个阶段。人类社会的物质资料的生产与再生产，不论在何种状态下，都必须将社会劳动按照一定的比例分配于社会生产的各个部门，建立起合理的经济结构。只有这样，人类才能获得自己所需要的各种物质资料，保证自身的生存与发展。马克思认为，这是人类社会经济发展的一个基本的、普遍的规律。他指出，人们“要想得到和各种不同的需要量相适应的产品量，就要付出各种不同的和一定数量的社会总劳动。这种按比例分配社会劳动的必要性，绝不可能被社会生产的一定形式所取消，而可能改变的只是它的表现形式，这是不言而喻的”。

为了揭示社会劳动的按比例分配规律，马克思发现了它在人类社会发展不同阶段的具体实现方式，即按需要和习惯进行分配、由市场或价值规律进行分配、利用计划进行分配和利用计划与市场共同进行分配等。社会劳动不论是由哪一种形式进行分配，都必须遵循$\mathrm{I}(c+v+m)=\mathrm{I}(c+\Delta c)+\mathrm{II}(c+\Delta c)$或$\mathrm{II}(c+v+m)=\mathrm{I}(v+\Delta v)+\mathrm{II}(v+\Delta v)$的要求，而不得违背。这里的c、v、m分别指的是不变资本、可变资本和剩余价值；Ⅰ和Ⅱ分别指的是第一部类生产即物质资料生产和第二部类生产即生活资料生产价值。

马克思关于社会资本再生产的平衡公式所反映的就是社会劳动按比例分配的一种普遍适用的共有规律。马克思为我们证明了社会再生产具有简单再生产和扩大再生产两种基本形式。就人类社会发展的总的情况来说，扩大再生产才是它的基本表现形式或总的趋势。

扩大再生产又有外延型的扩大再生产与内涵型的扩大再生产两种类型，但内涵型的扩大再生产又因其代表了社会生产的基本发展趋势而成为主流。由于教育的发展、劳动者对经济规律（含对自然规律）的认知以及劳动技能的积累使劳动力具有不断成熟与复杂化的趋势，加上资本的不断集聚、集中与规模化发展，因此又使之具有“一种不以它的一定量为转移的扩张能力”。

2. 积累在物质资料再生产过程中的必要性

马克思从物质资料生产的角度分析了积累的必要性。与简单再生产相比，任何积累或规模扩大的再生产都可以说是一种剩余生产，也就是说，除了再生产出补偿原有规模再生产所需的各种物质要素之外，还生产出一部分剩余产品。马克思说，“如果从物质的角度来考察过程，积累只不过是剩余生产的另一个名称而已”，“在任何一种比较发达的生产方式的基础上，这种剩余生产或积累都是再生产的内在因素”。这是因为：第一，随着人口的自然增长，即使维持原有生活水平也需要更多的产品才能满足需要；第二，随着生产的发展，为防止自然灾害等意外情况，为进行规模大、周期长的建设，也必须储备更多的产品。社会生产越是发展，对积累的需要也越大。在资本主义社会，不仅人口以更快的速度增加，而且由于采用了越来越庞大且复杂的生产手段，利用了各种巨大的自然力，加上新的生产部门不断出现，国内外市场日益扩大，进行大规模积累已经成为社会生产发展的必然要求。

马克思指出，剩余产品的实物形态在积累中有着重要作用。用于积累的剩余价值要实际地转化为生产资本，必须按照一定的比例转化为可变资本和不变资本。“追加可变资本从物质方面来说，由工人阶级的追加生活资料构成”，因此，一部分剩余产品必须以工人的必要生活资料的形式生产出来。要使剩余价值实际转化为不变资本，“剩余产品必须以追加生产资料的形式再生产出来”。马克思在这里所要强调的是，一定量的剩余价值仅仅是实行积累的前提，这些剩余价值要实际地转化为生产资本，必须在物质形态上同生产资本的技术构成相符合。也就是说，这一定量剩余产品必须包含合乎比例的生产资料和生活资料，既要有合乎比例的机器、工具、原料、辅助材料，又要有满足追加劳动力需要的生活资料。“如果剩余产品不以这种形式直接再生产出来，就必须用它向其他民族交换这样的商品。”否则，尽管有一定量的剩余价值和剩余产品，也不能完全地、实际地转化为生产资本。

3. 简单再生产与扩大再生产

物质资料简单再生产是指在其他条件不变的情况下，社会在一年时间里所消费的生产资料在实物形式上能为数量相等的新产品所替换，有新的生活资料以满足原有劳动者的生活消费。而实现物质资料扩大再生产的条件是：生产出来的社会产品中，要包含有追加的生产资料和维持追加劳动力所必需的追加消费资料。

因此，马克思将生产中的许多商品和服务进行汇总，用两个汇总的部门（或部类）来代表整个经济体系：生产生产资料（可以视为资本品）的部门和生产消费资料（可以视为消费品）的部门。这是马克思在《资本论》第二卷中提出的。

用于生产资料和消费资料生产的生产资料的价值，被马克思称为不变资本；用于劳动力再生产的消费资料的价值，被马克思称为可变资本。在生产资料部门（部门1）中，不变资本和可变资本分别用C1和V1表示；在消费资料部门（部门2）中，不变资本和可变资本分别用C2和V2表示。两个部门生产的产品价值分别为W1和W2。W1与不变资本、可变资本之和C1+V1间的差额，被称为剩余价值M1；W2与不变资本、可变资本之和C2+V2间的差额，被称为剩余价值M2。

上述变量定义可以表示为：

C1+V1+M1=W1（部门1）

C2+V2+M2=W2（部门2）

上述表达式是马克思发展的、用于分析各种经济体系再生产过程条件的再生产图式。

应用上述再生产理论，可以推导得到以下简单再生产条件：

C1+C2=W1

V1+V2+M1+M2=W2

第一个公式意味着生产资料部门产品的价值，等于整个经济在生产中消耗的生产资料价值；第二个公式意味着消费资料部门产品的价值，等于整个经济消费的消费资料价值。

由于C1+V1+M1=W1，因此就有C1+C2=C1+V1+M1及C2=V1+M1，这意味着部门1的增加值等于部门2在生产中使用的生产资料价值。由于C2+V2+M2=W2，因此就有V1+V2+M1+M2=C2+V2+M2及V1+M1=C2，即得到类似的结论。

当下一个生产周期开始时，生产者能够开始生产与上一个生产周期相同数量的产品。也就是说，当满足上述简单再生产条件时，经济循环可以持续进行下去。部门1在部门内部对价值为C1的生产资料进行补偿，同时获得了下一个生产周期雇佣劳动力所需的消费资料。类似地，部门2获得了价值为C2的生产资料，以及下一个生产周期雇佣劳动力所需的消费资料。在第二个生产周期结束时，再生产理论显示：各个部分的价值和第一个生产周期结束时相等。正因如此，这样的再生产过程被称为简单再生产。

简单再生产意味着所有剩余价值都被消费掉。在工人及其家庭消费掉再生产劳动力所需的消费资料（价值为V1和V2）之后，净产品（价值为M1+M2）被不参与劳动过程的其他阶级所消费。在资本主义社会，这部分剩余价值被资产阶级及他们的附庸如军队、牧师、艺术家等所消费。

简单再生产和扩大再生产形成鲜明对比，扩大再生产是在资本主义条件下进行的。事实上，只有在生产技术上足够先进，如马克思指出的，“劳动的生产力，从而生产资料生产迅速扩大的技术手段越发展”，才会产生扩大再生产。

4. 扩大再生产的充分条件

为了进行生产从而获得剩余价值，马克思指出，个体资本家首先必须购买原材料、机器和劳动力。假设资本家用 G 数量的货币购买生产资料和劳动力价值，资本家希望将产品出售以后，不但能收回原先的投资 G，还能获得剩余价值的增值 ΔG，然后在扩大的规模上重新开始资本循环。

马克思将这个过程表示为：G→原材料、机器和劳动力→P（生产过程）→G′=G+ΔG（销售产品获得货币）。该过程代表了每个资本家都在经历的经济循环。然而，从宏观经济层面来看，马克思指出，这种经济循环要持续下去是需要满足一定条件的。尽管劳动分工日益扩大，但是要使整个资本主义生产体系在长期中取得稳定增长，就必须满足这些条件。资本主义经济循环会受到过度生产和过度储蓄的困扰，同时资本主义经济的扩张还需要足够的额外劳动力。在马克思看来，古典经济学家和之后许多经济学家所认为的和谐的“自然秩序”是不存在的。简单再生产是在没有剩余价值积累时产生的，或者说，剩余产品被资本家完全消费掉了。我们用下面的数值例来说明：

部门 1：4000（C1）+1000（V1）+1000（M1）= 6000

部门 2：2000（C2）+500（V2）+500（M2）= 3000

消费资料部门的产品数量等于工人和资本家购买的消费资料总量：

2000（C2）+500（V2）+500（M2）= 1000（V1）+1000（M1）+500（V2）+500（M2）

于是有 2000（C2）= 1000（V1）+1000（M1），即为简单再生产的必要条件。

简单再生产的具体过程可以说明如下：

部门 1 的资本家用价值为 4000（C1）的生产资料产品替换本部门生产中消耗的生产资料；将价值为 2000（V1+M1）的生产资料产品销售给部门 2 的资本家，换取价值为 1000（V1）的消费资料以支付劳动力工资，并换取价值为 1000（M1）的消费资料供本部门资本家消费。

部门 2 的资本家将价值为 2000（C2）的消费资料产品销售给部门 1 的资本家，换取价值为 2000 的生产资料以替换本部门生产中消耗的生产资料；用价值为 500（V2）的消费资料产品支付劳动力工资，用价值为 500（M2）的消费资料产品供本部门资本家消费。

上述的交换和支付过程可以采用实物形式，也可以采用货币形式。

应该注意的是，简单再生产并不是资本主义经济的典型特征。可以预期的是，资本家不会浪费他们的剩余价值，而是尽可能地积累，这必然导致生产规模的扩大。资本家需要积累剩余价值以扩张资本，以便在竞争中生存，因此资本主义经济对利润的渴望是扩大再生产的原因。以下再生产理论说明了这一点：

部门 1：4000（C1）+1000（V1）+1000（M1）= 6000

部门 2：1500（C2）+750（V2）+750（M2）= 3000

5500（C）

前文分析指出，部门内和部门间的交换和支付可以采用实物形式，也可以采用货币形式。部门 1 的生产资料补偿 4000（C1）可以在部门内部补偿，但需要预支 1000（V1）以支付劳动力工资。运用这 1000（V1），部门 1 的劳动者会购买部门 2 生产的消费资料。部门 2 要补偿生产中消耗的生产资料 1500（C2），除了得到部门 1 劳动者支付的 1000（V1）外，还需要预支 500。部门 2 资本家支付给部门 1 资本家 1500（C2）以购买生产资料，部门 1 资本家获得 1500（C2），先补偿预支的 1000（V1），再将剩下的 500（M'_1）购买部门 2 生产的消费资料以用于本部门资本家消费。部门 2 的资本家收到 500（M'_1）后可以补偿自己预支的 500。注意到部门 1 没有被资本家消费掉的剩余价值为 1000（M1）-500（M'_1）= 500，假设其中 400（ΔC1）用于生产资料的积累，则下一生产周期部门 1 的不变资本变成 4000（C1）+400（ΔC1）= 4400。

注意到上一生产周期中资本有机构成为 4∶1，假设其在下一生产周期保持不变，则可变资本要增加 100（ΔV1），那么部门 1 资本家需要预支 100（ΔV1）用以雇用更多的劳动力，而更多的劳动力会购买更多的消费资料。这样一来，部门 2 资本家也可以购买更多生产资料和雇用更多劳动力。假设部门 2 资本家消费了 600（M'_2）的剩余价值，余下的 100（ΔC2）和 50（ΔV2）分别用于购买生产资料和雇用更多劳动力，那么部门 2 在下一个周期的资本有机构成也保持不变，仍为 2∶1。

注意到两个部门的扩张是不均衡的。部门 1 的生产规模增长了 10%，而部门 2 的生产规模则只增长了 6.67%，因此存在很多马克思主义学者指出的“生产资料部门（部类）优先增长”的现象。要保持宏观经济均衡，如果部门 1 多生产出来的生产资料无法被销售出去，那么部门 1 资本家只能把过剩产品作为存货投资；如果部门 2 多生产出来的消费资料无法被销售出去，那么部门 2 资本家只能自己消费这些过剩产品或作为存货投资。

我们应该明确剩余价值的生产和剩余价值的实现之间的差异。根据上文的再生产理论，在一个生产周期中，生产出来的剩余价值量为 M1+M2。而这个剩余价值的实现取决于生产出来的生产资料和消费资料产品的销售情况。如果短期内其他部门缺乏对额外投资（资本积累）的兴趣，从而对多生产出来的生产资料和消费资料需求不足，产品销售不出去就会使得剩余价值无法实现。

我们用一般化的公式表示扩大再生产的条件。假设部门1的剩余价值M1除了用于资本家消费M'_1外，还用于追加生产资料投资ΔC1和追加劳动力ΔV1。类似地，部门2的剩余价值M2除了用于资本家消费M'_2外，还用于追加生产资料投资ΔC2和追加劳动力ΔV2。为简化分析，我们忽略资本家的消费，扩大再生产的均衡条件或充分条件可以写成：

$$W1=C1+V1+M1=C1+C2+\Delta C1+\Delta C2$$

$$W2=C2+V2+M2=V1+V2+\Delta V1+\Delta V2$$

第一个公式意味着生产资料产品的价值等于两个部门替换在生产中消耗的生产资料价值，以及追加的生产资料价值。

第二个公式意味着消费资料产品的价值等于两个部门支出的可变资本价值，以及追加的可变资本价值。

（四）资本主义发展理论

1. 跨越资本主义“卡夫丁峡谷”的理论

（1）跨越资本主义“卡夫丁峡谷”的提出。

“卡夫丁峡谷”一词出自罗马史，指罗马军队战败后屈辱地被要求从卡夫丁城附近的峡谷穿过，后人理解为“耻辱之谷”，以比喻灾难性的历史经历。

跨越“卡夫丁峡谷”的设想是马克思根据俄国革命家查苏利奇关于俄国公社何去何从的问题所给出的回答。1880年，俄国学界对俄国公社未来的发展方向产生了激烈的争论，出现了许多不同的意见。一方面，马克思主义思想在俄国的广泛传播使得俄国上层的资产阶级把马克思关于资本主义起源和发展的理论进行大肆宣传，它们强调资本主义社会的优越性，想要把农村公社彻底地消灭，然后把俄国推向资本主义发展的道路，建立一个资本主义国家；另一方面，部分民粹主义者认为俄国的农村公社可以保持自身土地公有制的优势继续发展，应当坚持俄国自身特有的发展道路。正是基于此种情形，查苏利奇向马克思进行询问，希望马克思能够为俄国农村公社的发展以及俄国未来的前进方向进行系统的解答。对于查苏利奇的提问以及俄国公社的发展问题，马克思显然是十分重视的，通过具体的研究，马克思从内部和外部两方面对俄国公社进行了分析。

从内部来看，马克思认为俄国的资本主义已经开始发展。俄国虽然通过保护关税的方式从资本主义国家引进了许多先进的生产机器，但是由于国家内部产生的资产阶级对于农村公社的迫害，这些先进的生产资料并不会运用到农村公社的生产活动中来促进农村公社的发展，也正是因为这样的内部环境，俄国农村公社的发展处于一种不利的地位。另外，结合俄国公社自身的特点来看，俄国公社是属于亚细亚所有制形式下的公社，公社本身的生产结构导致了个人的积累以及财富的分化，这也在一定程度上使得公社内部出现了私有化的倾向。在客观方面，俄国公社本身具有顽强的生命力，它跨越了资本主义发展阶段的整个繁荣时期，直到资本主义在内部已经出现了危机的情况下俄国公社依然存在。

从外部来看，俄国正处在一个世界民族频繁交往的大环境之中。随着资本主义国家的崛起，资本主义也像病毒一样在全世界扩散，资本主义国家迫切希望资本主义可以深入到世界的各个角落，在这种情况下产生了两种不同的现实结果，即在资本主义的影响下，一种是像印度这类相对落后的国家，遭受了资本主义国家的侵略被迫变成了资本主义的殖民地，而另一种是像俄国这样的国家，它虽然通过与资本主义国家的接触使其受到了资本主义的影响，但是并未因此沦为资本主义的殖民地，而且国家内部的公社也还未遭受到毁灭的破坏。

正是通过对俄国内外两方面的具体分析，马克思认为俄国不会走印度的老路。一方面，俄国可以利用资本主义产生危机的大好时机；另一方面，俄国应该在与资本主义接触的同时把资本主义产生的先进成果运用到公社的发展当中，俄国不同于印度的消极被动，因而应当走一条积极主动的跨越“卡夫丁峡谷”之路。

（2）马克思跨越资本主义“卡夫丁峡谷”理论的科学内涵。

第一，“跨越”是指对资本主义生产关系的超越，而资本主义社会生产力不能跨越，只能采取跨越式的发展方式。从理论上讲，按照马克思跨越资本主义“卡夫丁峡谷”理论建立起来的社会主义国家，在政治制度和意识形态上是优越于资本主义的，但是就其社会生产力发展水平和社会文化水平而言，则还远远落后于发达资本主义国家。这就决定了这些经济文化比较落后的社会主义国家在实现政治跨越之后，必须在社会主义条件下经历一个相当长的初级阶段，即跨越后的国家必须大力发展生产力。从实践上讲，按照马克思的设想，通过社会革命的方式，无产阶级夺取政权后，跨越资本主义“卡夫丁峡谷”，直接过渡到社会主义，这是完全符合历史发展规律的。然而，由于这一“跨越”的胜利，人们夸大了上层建筑和生产关系在社会发展进程中的作用，忽视了生产力等方面的不可跨越性，没有及时地吸取资本主义的一切积极成果，错误地把不断变革生产关系当作社会主义社会发展的唯一动力，追求高标准的社会主义，采取一些脱离实际和超越阶段的做法，结果使社会主义国家经济建设不断遭受挫折，使国际共产主义运动被迫走入低谷。

第二，“跨越”虽然绕过了资本主义，但是并非指直接进入马克思所称的社会主义，这其中还有一个相当长的过渡时期。回顾 20 世纪社会主义运动的风雨历程，能否辩证透视“卡夫丁峡谷”的发展变化，能否正确看待社会主义取代资本主义是历史的必然，能否正确对待资本主义的文明成果，已成为能否把握社会主义历史命运的关键。社会生产力的发展和资本积累的增长，必然引起资本主义基本矛盾的发展和日益尖锐化，社会主义取代资本主义成为历史发展的一种趋势，但是资本主义在短期内不会消亡。资本主义从自由竞争发展到垄断阶段以后并不像人们以前所认为的那样，已进入即将灭亡的最后阶段，而是在进行生产关系的局部调整后，却获得了相对稳定的发展。分析原因发现，资本主义在长期的发展过程中，积累了比较丰富的统治经验，同时又充分利用新技术革命的兴起，借鉴社会主义发展经验，对生产关系和上层建设进行了调整和改革，不仅在较大限度内适应了生产力的发展，而且在一定程度上缓和了国内阶级矛盾，使整个世界资本主义体系进入了一种经济发展较快、人民生活普遍改善和各种关系比较协调的状态。虽然出现了暂时的繁荣，但是资本主义的基本矛盾即生产社会化同生产资料私有制的矛盾并没有解决，这就注定了社会主义要取代资本主义，但是还需要相当长的时间。

第三，“跨越”并非指取消资本主义阶段，而是在一定程度上是资本主义的自我否定、自我扬弃。历史辩证法认为，否定就是扬弃，它包含着肯定，在克服先前社会消极因素的同时，保留其沉淀下来的一切积极有益的东西，并加以改造、吸收，使之成为现实历史进一步发展的条件。要辩证地对待资本主义，不能简单地认为“资本主义是祸害，社会主义是幸福”，因为“同社会主义比较，资本主义是祸害。但同中世纪制度，同小生产、同小生产者涣散性引起的官僚主义比较，资本主义则是幸福”。

马克思所谓的资本主义“卡夫丁峡谷”并非指资本主义的一切东西，而是指资本主义的消极方面。资本主义制度的一切积极成果，特别是在科学技术和生产力高度发达基础上的生产社会化过程是不可以跨越的，也是不可能跨越的。因此，我们必须不断吸取资本主义发展的劳动成果，不断发展壮大自己，为社会主义开辟道路。

2. 恩格斯对跨越理论的发展

恩格斯为马克思主义理论的发展提供了巨大的帮助，但是我们大多数人只看到了马克思、恩格斯两人一致的观点，而忽略了恩格斯自身也有独到的思想理论。在马克思逝世后，恩格斯开始独立研究东方社会发展道路，对马克思跨越论进行了梳理和完善，并深化发展，在此基础之上提出了自己的观点。

总的来看，马克思对于俄国革命和发展方向研究的侧重点在于落后国家在特殊的历史条件下，通过对当时俄国所处的历史发展机遇的剖析从而走出一条适合本国发展的“跨越”道路，而恩格斯在马克思的基础上深入分析，主要研究落后民族国家在历史发展的条件下可能选取的具体途径。

第一，恩格斯认为跨越理论具有普遍性，并不仅仅局限于俄国，其他经济文化较为落后的东方国家同样可以通过“跨越‘卡夫丁峡谷’”这条道路进入社会主义。恩格斯指出："毫无疑问，公社，在某种程度上还有劳动组合，都包含了某些萌芽，它们在一定条件下可以发展起来，拯救俄国不必经受资本主义的苦难。"1894年，恩格斯在《论俄国的社会问题》跋中进一步对这个问题进行了分析说明："任何其他以生产资料公有制为特点的蒙昧时期或野蛮时期的社会形态，是完全适用的。""但比较起来，这在俄国将最容易做到，因为这个国家的一部分本地居民已经吸取了资本主义发展的文化成果，因而在革命时期这个国家可以几乎与西方同时完成社会的改造。"到了现代我们可以看到，恩格斯的理论是正确的，跨越理论具有其普遍性，不论俄国还是东方其他较为落后国家都适用，在充分掌握并利用资本主义积极成果这个前提下，即便是从未经历过资本主义阶段的国家，同样可以实现跨越"卡夫丁峡谷"这一目标。

第二，恩格斯认为实现生产力的跨越，是经济文化较为落后的东方国家跨越"卡夫丁峡谷"的根本。大量事实证明，经济文化较为落后的东方国家实现的是在制度上、生产关系上的跨越，生产力还停留在跨越之前的阶段。经济基础决定上层建筑，生产力落后的社会主义满足不了人民日益增长的经济文化需求。因此，我们不能认为实现了制度上的跨越后改革就已经完成了，实现生产力的跨越发展才是从根本上实现跨越"卡夫丁峡谷"，空谈社会主义的优越性而不去发展社会主义并不是真正的社会主义，我们必须吸取资本主义值得肯定的优秀成果来发展自己，最终实现真的跨越。

第三，社会主义不可能在落后的农村产生，它必须通过发展和改造，在此基础之上产生强大的动力，最终实现跨越。马克思的跨越理论从理论到现实有一个非常重要的条件，就是俄国农村公社的生命力非常顽强，但实际上俄国农村公社在当时的环境中，生产力低下，生产方式落后，在资本主义改革的冲击下几乎就要灭绝，在这个时期俄国农村公社在本质上与社会主义是不同的，它们仅仅是在形式上比较接近，因此根本不可能产生社会主义。

恩格斯认为社会主义公有制是"一种更新土地占有制的方法，以便使这种占有制不但能保证小农社员得到大规模经营和采用农业机器的全部好处，而且能向他们提供资金去经营（除农业以外），利用蒸汽和水力的大工业，不用资本家，而依靠公社本身的力量去经营大工业"。可见，恩格斯提出的社会主义公有制含义有以下两个方面：一是俄国的农村公社需要改变原有的生产模式，把过去个体劳动的小农经济逐步改造成现代化、大规模的集体劳动。二是无产阶级革命在西方的胜利为俄国农村公社在生产上提供技术支援，提高公社的劳动生产效率。恩格斯认为在这两方面实现的基础之上，俄国才会跨越"卡夫丁峡谷"，成功步入社会主义社会。

3. 原始积累在资本主义发展过程中的重要性

（1）原始积累是资本主义存在和发展的内在要求。

第一，资本主义生产方式的建立以原始积累为前提。劳动产品和劳动本身的分离，客观劳动条件和主观劳动力的分离，是资本主义生产过程事实上的基础或起点。资本主义生产方式的物质前提是有大量失去生产资料的自由劳动者即无产阶级和资本家占有大量财富，其中最核心的是自由劳动者。自由劳动者不是由奴隶和农奴直接转化而来，因而不是单纯的形式变换，它意味着直接生产者被剥夺，即以自己劳动为基础的私有制的解体，但劳动者不可能自愿被剥夺，只能通过强制和暴力的方式。通过暴力迫使劳动者与生产资料相分离，运用暴力促成货币财富的大量积累，通过血腥立法将新的雇佣关系、所有制关系固定下来，逐渐确立资本主义制度。从剥夺农民土地到强制流浪者进入工厂，从海外殖民侵略到现代财税制度，通过原始积累一步步建立起资本主义生产方式。

资本主义生产方式的建立意味着在社会经济中雇佣劳动关系的确立，意味着个人的小生产转化为社会化大生产。劳动者对他的生产资料的私有权是小生产者基础，这种方式以土地和其他生产资料的分散为前提。原始积累将劳动者与生产资料分离，个人的分散的生产资料转化为社会的积聚的生产资料，为资本主义的社会化大生产奠定了物质条件。因此，原始积累是资本主义生产链条不可或缺的初始一环，通过集中的、有组织的强制力和暴力，为资本主义发展准备了所需的物质基础，大大加快了封建生产方式向资本主义生产方式的转化过程。

第二，资本主义竞争法则迫使资本家采用一切手段进行资本积累。资本主义竞争从形式上表现为利润的竞争，利润关系着资本家的生死存亡。从资本主义总体来说，利润来源于剩余价值，来源于资本主义生产，但具体到个别的资本家，利润并不仅仅来源于生产过程，还可以有多种获得方式，如证券投机、诈骗、强制占有等，这意味着资本家会采用生产性和非生产性积累两种方式进行资本积累。

在资本主义社会中，资本家进行资本积累并不直接表现为剩余价值的再投入，而表现为利润的再投入，个别资本的利润可以分为两部分：生产过程中的剩余价值和对他人财富的占有，因此，资本主义积累也必然分为生产性积累和原始积累（非生产性积累）。单个资本要求利润回报，其获得的途径和方式可以是多种多样的。在资本主义竞争法则下，利润是资本的生死线，参与市场竞争的主体利润一旦为零或亏损，就无法继续存在，这就迫使其使用一切方式获得利润，无论是生产性还是强制占有的非生产性方式，都会成为资本的选择。

第三，资本无限积累的要求与资本过度积累之间的矛盾，在资本主义生产的框架内无法解决。马克思在《资本论》中论述的原始积累是资本主义的前史，是非资本主义向资本主义的过渡阶段，解决的主要问题是积累不足，需要通过非经济的方式加快积累速度，确立资本主义生产方式。然而，随着资本主义的迅猛发展，资本很快由积累不足变为过度积累，从第一次经济危机开始，资本过度积累就成为资本主义发展的重要问题。资本主义国家试图在资本主义生产的框架内解决过度积累问题，普遍采用福特主义政策和凯恩斯主义政策。这些政策的核心在于：认为经济危机的原因是有效需求不足，通过国家的社会福利政策、财政政策、货币政策等改善需求端，为过度积累的资本创造新的市场需求。这一政策的实行，在20世纪70年代造成了西方资本主义社会的滞胀，资本过度积累的问题并没有解决。

（2）原始积累在资本主义发展过程中持续发挥作用。

在资本主义发展过程中，掠夺、暴力、强制等非生产性（非经济）的原始积累，通过更加隐秘的方式依然在不同程度地使用。“原始积累在资本主义发展过程中，是一股关键的力量——不仅是在资本主义之前的过去，或甚至在某些幻想出来的封建社会突然变成资本主义的时刻。而是，原始积累作为资本主义发展的一部分，一直在扮演着角色。”

第一，资本主义扩张过程中原始积累发挥主要作用。资本主义生产方式不是同时在各地建立的，其确立全球的统治地位是一个漫长的过程。资本主义最早在西欧发展起来。在欧美等地建立资本主义时，世界上绝大多数地区仍然处于非资本主义生产方式统治之下。资本主义建立之初，扩大积累的内在要求促使其向全球扩张，将所有地区都纳入资本主义体系之中，国家权力支撑的暴力和掠夺是其首要选择。罗莎·卢森堡把资本主义积累看作两个方面：一个是资本主义经济过程中的剩余价值生产，另一个是国际上资本主义对非资本主义的殖民和掠夺。他非常清楚地指出了资本主义发展中原始积累的作用，不只是资本的历史性前提，而是同生产中的积累并存且贯穿于资本主义全过程的积累方式。

资本主义确立后，在资本主义的世界统治体系中，强制和掠夺的原始积累依然发挥着重要作用。世界形成了以发达资本主义为中心向外围扩散的格局。在这一格局下，中心国家依靠经济和军事实力，通过制定各种国际规则，来掠夺外围国家，在市场经济平等交换的背后，却是用政治和军事掌控的掠夺和欺诈。

第二，在资本主义发展的新阶段，原始积累进一步深化，变换出新的形式。国家垄断资本主义利用国家权力，实施有利于资本积累的政策和制度，不仅从剩余价值上剥削大众，还通过种种隐秘手段将财富从普通民众转移给资本家，以掠夺方式满足资本无限积累的需要，这实际上是一种深度原始积累。形式更加丰富的原始积累逐渐取代生产性积累，越来越成为资本主义的常态化积累模式。这些新的形式主要包括四个方面：私有化、金融化、操控危机、国家再分配。

新阶段的原始积累与马克思所论述的前资本主义时期的原始积累相比，其作用和功能又存在很大的不同。前资本主义的原始积累使用野蛮手段为资本主义创造了物质条件，确立了资本主义生产方式，开启了扩大再生产的道路，从而推动了整个社会生产力的巨大发展，虽然原始积累的过程极其残酷，但是却具有历史进步性。而新的历史阶段的原始积累则起到了一种破坏性作用，新时期的原始积累目的只是对现有财富的瓜分和强占，私有化、金融化、危机操控等都没有创造新的物质财富，甚至为了资本家的利润还会毁灭财富。这也是前资本主义的原始积累与新阶段的原始积累的根本性区别。

可以看到，原始积累并不仅仅存在于前资本主义向资本主义的过渡时期，而是随着资本主义的发展一直发挥着重要作用。不同时期的原始积累表现为不同的形式，并发挥不同的功能和作用，但其根本目标是一致的，那就是推动和促进资本主义的发展，维护资本主义的统治地位。

4. 马克思、恩格斯关于资本主义发展趋势的理论

（1）资本主义社会最终必然走向灭亡。

马克思、恩格斯从他们对资本主义的理解和批判视角出发，深刻揭露了资本主义私有制的罪恶，批判了资产阶级对无产阶级残酷的剥削和压迫，并在他们合写的《共产党宣言》中提出“两个不可避免”，即“资产阶级的灭亡和无产阶级的胜利是同样不可避免的”，这也是我们经常提到的“两个必然”。他们用资本主义发展趋势的“两个必然”来号召无产阶级同资产阶级进行政治斗争，从而实现共产主义。

马克思在1848年大革命失败后，及时总结革命失败的经验教训，进一步补充发展了他和恩格斯关于资本主义发展趋势的“两个必然”理论，这就是1859年马克思在《〈政治经济学批判〉序言》中提出的“两个决不会”思想。马克思说：“无论哪一个社会形态，在它所能容纳的全部生产力发挥出来以前，是决不会灭亡的；而新的更高的生产关系，在它的物质存在条件在旧社会的胎胞里成熟以前，是决不会出现的。”当然我们也不能用马克思的“两个决不会”理论来反对马克思、恩格斯“两个必然”理论的正确性与预见性，而是马克思、恩格斯既看到了共产主义实现的必然性，又看到了共产主义实现的长期性。

（2）恩格斯反对资本主义迅速崩溃的观点。

恩格斯敏锐地观察到19世纪末20世纪初资本主义发生的一系列变化，在《资本论》第三卷指出：“历来受人称赞的竞争自由已经日暮途穷，必然要自行宣告明显的可耻破产……竞争已经为垄断所代替。”1891年10月，德国社会民主党的著名领导人威廉·李卜克内西和奥古斯特·倍倍尔在爱尔福特制定了一个马克思主义纲领——《爱尔福特纲领》，纲领中也进一步明确了资本主义制度走

向崩溃的必然性。在爱尔福特代表大会上，李卜克内西表示，资本主义社会目前的发展将按照不可更改的趋势走向不可避免的“世界性毁灭”，即他所说的“铁的逻辑”趋向“大灾变”。倍倍尔也说：“灾变只是一个时间问题了。”

尽管资本主义社会必然会走向灭亡，但是随着卡特尔、托拉斯这些新的生产组织形式的出现，恩格斯意识到社会生产力的逐步提高导致资产阶级为了应对资本主义的新变化，开始对资本主义的生产关系进行一定的调整，给资本主义生产关系提供了一定的可变空间，因而恩格斯反对资本主义制度迅速崩溃的观点。恩格斯认识到资本主义虽然能有效防御爆发经济危机的一些可能性，但是又蕴含着新危机的萌芽。

第四章　列宁、斯大林对马克思主义政治经济学的发展

第一节　列宁对马克思主义政治经济学的发展

一、列宁的生平与著作

（一）列宁生平

列宁（1870~1924年），原名弗拉基米尔·伊里奇·乌里扬诺夫，俄国辛比尔斯克人，著名的马克思主义者，无产阶级革命家、政治家、理论家、思想家，是俄罗斯苏维埃联邦社会主义共和国和苏维埃社会主义共和国联盟的主要缔造者、布尔什维克党的创始人、十月革命的领导人，曾任苏联人民委员会主席、工农国防委员会主席等重要职务。列宁被全世界共产主义者普遍认同为“国际无产阶级革命的伟大导师和精神领袖”，是20世纪极具影响力的人物之一。他的主要著述收录在《列宁全集》中。

1. 求学之路

1879年，列宁一直在辛比尔斯克古典中学学习。在校时，他勤奋好学、成绩优异，每次升级都受到学校的奖励。1887年中学毕业，由于品学兼优，他获得了金质奖章。

19世纪下半叶，正是俄国历史上最黑暗的时期。列宁年少时目睹了辛比尔斯克城市贫民以及附近农民的困苦生活和悲惨遭遇，激起了他对劳动群众的深切同情和对社会现状的强烈不满。同时，他广泛阅读进步书籍，特别是俄国革命民主主义者别林斯基、车尔尼雪夫斯基等人的著作，深受革命民主主义思想的影响。在中学高年级的时候，他第一次看到了在彼得堡上大学的哥哥亚历山大带回

家的《资本论》，开始接触马克思主义。

1887 年 5 月，在列宁即将中学毕业之际，哥哥亚历山大因参与民意党组织的谋刺沙皇的行动被反动当局逮捕杀害。哥哥的英勇就义使 17 岁的列宁坚定了反对沙皇专制制度的决心，并思考未来要走的革命道路。7 月，列宁全家来到喀山定居。8 月，列宁进入喀山大学法律系学习，年底因参加进步学生运动被捕并遭放逐。翌年秋，列宁返回喀山，加入费多谢耶夫组织的马克思主义小组，开始系统研究马克思的《资本论》和普列汉诺夫的著作，成为马克思主义者。

1889 年，列宁通过顽强自修在一年半时间内学完了大学四年的课程，并于 1891 年以校外生资格通过彼得堡大学法律系考试，被授予优等生毕业文凭。他后来取得律师助理资格，经常在萨马拉地方法院出庭为贫苦农民辩护。

2. 早期活动

1893 年 8 月，列宁来到彼得堡，组织和领导马克思主义小组活动，积极传播马克思主义，同影响工人运动的错误思潮作斗争。

1894 年，列宁撰写《什么是"人民之友"以及他们如何攻击社会民主党人?》一文，批判了自由主义民粹派的理论观点和政治纲领，系统阐述了马克思、恩格斯创立的唯物史观的基本原理；阐明了人民群众是历史的创造者，阶级斗争是阶级社会发展的动力；论述了无产阶级的历史地位和伟大使命，提出了建立工人政党的任务。

1895 年春，列宁前往西欧，同在国外的俄国马克思主义团体劳动解放社领导人普列汉诺夫等人建立联系，并考察西欧工人运动。同年 10 月，列宁回国后将彼得堡的所有马克思主义小组联合起来，成立彼得堡工人阶级解放斗争协会，第一次在俄国实现了马克思主义和工人运动的结合。1895 年底，列宁因内奸告密而被捕入狱。

1897 年 2 月，经过 14 个月的狱中生活后，列宁被判流放三年。他从彼得堡启程前往西伯利亚东部的流放地，在西伯利亚的三年中，他开始使用"列宁"这个笔名。

1899 年，列宁在流放地完成《俄国资本主义的发展》一书，从而彻底清算了民粹派的错误理论。

1900 年 2 月，列宁在西伯利亚的流放结束，回到彼得堡后不久转赴西欧，赴瑞士日内瓦大学留学，然后又到斯图加特、慕尼黑、莱比锡、布拉格、维也纳、曼彻斯特和伦敦，从事反政府的职业政治活动。在德国慕尼黑时，他与马尔托夫合作创办了第一份俄国社会民主工党的报纸《火星报》，并先后在莱比锡、伦敦出版。这期间他使用过很多别名，最终以"列宁"作为正式名。

3. 建党斗争

1901~1902 年，列宁撰写了日后在俄国革命中极具影响力的《怎么办?》一书。该书明确表示反对伯恩施坦的修正主义，批评党内的“经济派”路线，认为落后群体应该接受先进群体的领导，要求把党建设成一个以“职业革命家”为先锋、有着严密组织纪律的机构。

1903 年 7 月 30 日，俄国社会民主工党在布鲁塞尔召开代表大会，会上形成了以列宁为核心的布尔什维克，其思想体系随之产生，这标志着列宁主义的形成。

1905 年初，俄国爆发资产阶级民主革命。4 月，列宁在伦敦主持召开了俄国社会民主工党第三次代表大会，制定了党在民主革命中的策略路线。7 月，列宁写成《社会民主党在民主革命中的两种策略》一书，批判了孟什维克的机会主义策略，全面阐述了布尔什维克的革命策略，对无产阶级在民主革命中的领导权、工农联盟、工农民主专政、民主革命转变为社会主义革命等重大问题做了深刻论述，丰富和发展了马克思主义关于无产阶级革命和无产阶级专政的理论。11 月列宁由国外回到彼得堡，直接领导布尔什维克的工作。

1907 年 5~6 月，俄国社会民主工党第五次代表大会在伦敦召开。列宁被选入大会主席团，并就对资产阶级政党的态度问题作了报告。6 月，俄国第一次资产阶级民主革命以失败告终，列宁于年底再度出国，流亡于西欧的巴黎等地，在相对贫困的条件下仍然坚持政治写作。

1908 年，列宁写了《唯物主义和经验批判主义》一书，他在书中驳斥了俄国马赫主义者对马克思主义的攻击，揭露了马赫主义的唯心主义实质，系统阐明了辩证唯物主义和历史唯物主义的基本原理，特别是辩证唯物主义认识论的基本原理。这一著作对于布尔什维克党坚持以马克思主义科学世界观作为指导起了重要作用。在这一期间，列宁还致力于总结俄国革命经验，领导布尔什维克党实行秘密工作和合法工作相结合的斗争策略，同召回派和孟什维克取消派进行斗争。1912 年，列宁在布拉格主持召开俄国社会民主工党第六次全国代表会议，把孟什维克取消派清除出党。在列宁的领导下，布尔什维克党在思想上和组织上得到巩固和发展，成为领导俄国革命的核心力量。

4. 奔走反战

列宁从 1905 年起代表俄国社会民主工党参加社会党国际局，从 1907 年起多次出席国际局会议、国际社会党代表大会和代表会议，团结各国左派同第二国际的机会主义作了坚决斗争。

1907 年和 1910 年，国际社会党代表大会先后在斯图加特和哥本哈根举行。这两次会议是在各帝国主义国家疯狂扩军备战、战争危机四伏的形势下召开的，反对军国主义、反对帝国主义战争成了会议的中心议题。列宁在会上批驳了战争问题上的机会主义观点，阐明了未来战争的帝国主义性质，强调无产阶级应当尽力反对和制止战争，如果帝国主义战争爆发，在战争中决不能保卫资产阶级的祖国，应当利用战争来加速资产阶级统治的崩溃。在列宁和蔡特金、卢森堡等左派领导人的共同努力下，大会制定了各国社会主义政党反对帝国主义战争的正确策略。

1914 年 7 月，第一次世界大战爆发，各交战国社会党和第二国际多数领袖背弃国际社会党代表大会反对帝国主义战争的决议，纷纷支持本国政府参与战争，成为社会沙文主义者。8 月，列宁被诬为间谍而遭到奥地利当局逮捕，并被关入新塔尔格县监狱。列宁入狱 11 天后获释，随后携家人前往瑞士。9 月 5 日，列宁抵达中立国瑞士的伯尔尼，即日召集在伯尔尼的布尔什维克开会，会议通过了列宁起草的《革命的社会民主党在欧洲大战中的任务》决议，严厉谴责第二国际领袖对马克思主义的背叛，阐明了布尔什维克对这场战争的态度。同时，列宁还提出了“变帝国主义战争为国内战争”的口号。

1915 年 9 月，列宁出席了在瑞士齐美尔瓦尔德举行的国际社会党第一次代表会议即齐美尔瓦尔德会议，会上形成了齐美尔瓦尔德左派，建立了以列宁为首的齐美尔瓦尔德左派常务局。作为齐美尔瓦尔德左派的领导人，列宁主张应把帝国主义战争转化为阶级战争，呼吁工人阶级借机发动内战夺取政权。而会议中的多数派否决了他的主张，认为应把会议纲领限制在和平主义的范围之内。在第二次于瑞士召开的反战会议中，他率领齐美尔瓦尔德左派重申主张，但最后只得到了一个妥协的宣言。

1916 年 2 月，列宁由伯尔尼迁居苏黎世。这一时期，列宁为批判修正主义和机会主义、捍卫和发展马克思主义，开展了广泛的、创造性的理论研究工作。

第一次世界大战爆发后，列宁集中精力研究帝国主义问题。1915 年 8 月，列宁在《论欧洲联邦口号》一文中，根据帝国主义经济政治发展不平衡的规律，第一次提出了“社会主义可能首先在少数甚至在单独一个资本主义国家内获得胜利”的思想。这是列宁对社会主义革命理论的划时代的新贡献。

1916 年，列宁撰写了《帝国主义是资本主义的最高阶段》一书，全面分析了帝国主义的本质、特征和基本矛盾，揭示了它产生、发展和灭亡的客观规律，指出帝国主义是无产阶级社会主义革命的前夜。

1917 年，俄国爆发了二月革命，俄罗斯帝国沙皇尼古拉二世逊位，罗曼诺夫王朝的统治被彻底推翻，成立了以社会革命党和立宪民主党为主的各党派联盟的俄国临时政府。同时，彼得格勒也成立了一个苏维埃。此时尚在中立国瑞士的列宁深知自己需要马上返回俄国，但由于邻国陷入了第一次世界大战而无法直接

通行。列宁在瑞典社会民主党人格日姆伦、尼曼等人的帮助下顺利归国，并迅速成为革命运动的领袖。他发表了著名的《四月提纲》，指出俄国革命必须由资产阶级民主革命向无产阶级社会主义革命过渡，反对所谓的“资产阶级临时政府”，抗议其故意拖延立宪会议选举，并提出“一切权力归苏维埃”的口号。

1917 年 7 月，彼得格勒发生了七月流血事件，俄国临时政府镇压了布尔什维克所支持的示威游行的工人和士兵，并宣布通缉列宁等布尔什维克领导人。列宁认为时机尚不成熟，暂时放弃了武力夺权的想法，于 8 月 9 日离开俄国到达芬兰，在此完成了《国家与革命》的写作。9 月 7 日，俄军总司令科尔尼洛夫发动旨在推翻临时政府的政变，后者不得不向布尔什维克的赤卫队求援。政变最终被粉碎，而布尔什维克也借机壮大了自己的力量。列宁分析了新的形势后，9 月 12~14 日给布尔什维克中央委员会、彼得格勒委员会和莫斯科委员会写的两封指示信里，明确提出了通过起义夺权的方案，并于同年 10 月 7 日从芬兰秘密返回彼得格勒。

列宁起草了由党中央全会通过的武装起义的决议，于 1917 年 10 月 24 日夜间到达斯莫尔尼宫亲自指挥起义。11 月 7 日，十月革命大爆发，拥护布尔什维克的工人、士兵和水兵于次日凌晨 2 点占领临时政府所在地冬宫，宣告推翻俄国临时政府，成立人民委员会，表示立即举行立宪会议选举，并要求排除立宪民主党，建立清一色的社会主义民主政府，即“一切权力归苏维埃”。同月 8 日，列宁当选为人民委员会主席，颁布了《和平法令》和《土地法令》。12 月 20 日，列宁提议组建了一个全俄肃清反革命及怠工非常委员会。

5. 建设苏俄

1918 年 1 月 15 日，人民委员会通过了建立红军的法令，任命托洛茨基为军事人民委员和最高军事委员会主席。2 月，中央委员会发表了《人民委员会告俄国劳动人民书》。3 月，列宁领导召开俄国社会民主工党（布尔什维克）第七次代表大会，布尔什维克党正式更名为俄国共产党（布尔什维克），简称“俄共（布）”。同年颁布宪法，将国家的正式名称定为俄罗斯苏维埃联邦社会主义共和国，简称苏维埃俄国。11 月 30 日，全俄中央执行委员会决定成立工农国防委员会，任命列宁为主席。

1919 年 8 月，俄共（布）第八次代表大会通过以列宁为首的委员会起草的新党纲。

1920 年秋，俄国人民反对外国武装干涉和平定反革命武装叛乱的斗争基本结束。在经济文化落后的俄国如何建设社会主义，是苏维埃政权面临的最根本的任务。列宁为解决这个任务进行了艰苦探索，在 12 月召开的全俄苏维埃第八次代表大会上，提出了“共产主义就是苏维埃政权加全国电气化”这个著名公式，强调只有建立现代化大工业，社会主义才能取得最后胜利。

1921 年 3 月 8~16 日，俄共（布）第十次代表大会在莫斯科举行。列宁领导了代表大会的工作，并就大会议程上所列的重要问题作了报告。根据报告，大会通过了关于以粮食税代替余粮收集制等一系列重要决议。同年 5 月 26~28 日召开的俄共（布）第十次全国代表会议，重点讨论了新经济政策的贯彻执行问题。1921 年秋，在十月革命四周年前夕，列宁发表了一系列文章，回顾了苏维埃政权四年来领导经济建设的艰辛历程。

为了打破帝国主义的政治和经济封锁，争取苏维埃国家的平等国际地位，列宁亲自为苏维埃政权制定了和平外交政策。1922 年 4 月，苏俄首次参加重要的国际财政经济会议——热那亚会议。列宁认为，这次会议对于巩固和平和发展各国相互关系会起重大作用。他为这次复杂的外交斗争做了细致准备，为苏俄代表团周密地制定了工作要点和斗争策略。

1922 年 3 月 27 日至 4 月 2 日，列宁主持召开了俄共（布）第十一次代表大会。他向大会作了中央委员会政治报告，对执行新经济政策一年来的工作进行了总结。这是列宁亲自领导的最后一次党的代表大会。

6. 晚年生活

1922 年 4 月 24 日，由于紧张的革命与战争，列宁的健康已经受到严重损害。5 月，列宁第一次中风，右侧部分瘫痪，开始减少政务。5 月下旬至 10 月初，列宁健康状况恶化，在莫斯科近郊哥尔克疗养，此时列宁仍然关心和指导党和国家的工作。10 月 2 日，列宁从哥尔克返回莫斯科，随之投入紧张的工作，主持各种会议，批阅和起草文件。11 月 20 日，列宁出席莫斯科苏维埃全会，作了他一生中最后一次对公众的讲话。12 月，第二次发生中风后，他停止了政治活动。1924 年 1 月 21 日，列宁在戈尔基村逝世，终年 53 岁。

（二）著作

1894 年，列宁写的《什么是“人民之友”以及他们如何攻击社会民主主义者?》批判民粹派，阐述了历史唯物主义基本原理。

1900 年 12 月，列宁在德国莱比锡创办了《火星报》，从思想上和组织上为建党做准备。

1904 年，列宁写成了《进一步，退两步》一书，提出无产阶级政党是按民主集中制原则建立起来的统一组织。

1905 年俄国第一次资产阶级民主革命爆发后，列宁于 7 月写成《社会民主党在民主革命中的两种策略》，指出了将资产阶级民主革命进行到底并把它转变为社会主义革命的道路。

1908 年，列宁写成《唯物主义和经验批判主义》，批判了唯心主义，发展了

辩证唯物主义的认识论，捍卫了哲学的党性原则。

1915 年 8 月，列宁写的《论欧洲联邦口号》，第一次得出社会主义可能首先在少数甚至单独一个资本主义国家取得胜利的结论。

1916 年，列宁写成《帝国主义是资本主义的最高阶段》，他根据《资本论》出版后资本主义发展的新情况，分析了帝国主义的本质、特征和矛盾，指出帝国主义是无产阶级社会革命的前夜。

1917 年俄国二月革命后列宁回国，在《四月提纲》中明确提出俄国从资产阶级革命过渡到社会主义革命的方针。同年列宁写成《国家与革命》，系统论证了无产阶级革命必须打碎资产阶级国家机器、建立无产阶级专政的基本原理。

1918 年 11 月，列宁写成《无产阶级革命和叛徒考茨基》，揭露和批判了以考茨基为代表的第二国际机会主义者的谬论和背叛，论述了过渡时期的阶级斗争和无产阶级专政。

1920 年，列宁写了《共产主义运动中的“左派”幼稚病》，批评西欧一些共产党内存在的“左”倾思潮，科学地阐明了无产阶级政党的战略和策略。

1921 年，列宁在党的第十次代表大会上提出用新经济政策代替战时共产主义政策。

1922 年底，列宁健康状况恶化，在病中口授了《日记摘录》《论合作制》《怎样改组工农检查院》《宁肯少些，但要好些》等重要论文，对自苏维埃政权建立以来的工作进行了总结，回答了不发达国家能够建成社会主义和怎样建设社会主义的问题。

二、列宁对马克思主义政治经济学的发展

19 世纪末和 20 世纪初，列宁以无产阶级革命家和理论家的非凡气魄和卓越才能，深刻把握时代变化的本质，深入分析资本主义时代的新变化和国际工人运动的新情况，批判了各种反马克思主义思潮和机会主义的理论观点，在把马克思主义基本原理同时代变化和俄国具体实际的结合中，对马克思主义政治经济学作出了多方面的、创造性的理论贡献，丰富和创新了马克思主义政治经济学。

（一）商品生产理论

第一，商品生产是历史的具体的生产关系体系，这一生产关系体系从历史和逻辑两个方面都有其起点和终点。由此不仅可以得出在未来的社会主义社会中商品生产必然消亡的结论，而且还会得出一系列其他重要推论。

列宁认为，资本主义经济体系的真正历史发展源于小商品生产。商品不仅是发达资本主义生产关系体系普遍的和最简单的形式，而且是资本历史的源头。马克思和恩格斯也有这样的论述，而列宁则将这些论述变成了建立在丰富素材基础

上的雄辩结论。这个结论揭示出商品生产无时无刻不在大批地产生着资本主义，而在其内部孕育资本主义的那种社会状况可能与资本主义的产生相对立，一旦这种对立减弱，商品生产就会在一端创造出资本，另一端则内生出雇佣劳动。

这个结论从根本上来说是在继续研究马克思所提出的问题，并且这个结论主要是从《资本论》中得到的。然而，列宁提出了另一个侧重点，即资本起源的逻辑从根本上反映了资本真实的历史。因此，商品生产关系就是一种生产关系体系，资本主义的产生即源于此，这种生产关系体系过去存在、现在存在，今后还将继续存在于现实之中。

第二，作为资本主义起点的商品生产是商品生产的社会经济关系系统。商品生产理论的两方面内容都强调商品经济是社会关系，而不是社会中立的协调和核算费用的经济机制，同时也都强调商品生产，而不是其交换形式，列宁通过对丰富的实际材料的分析使之得到进一步展开和充分揭示。

在得出关于商品关系和小商品生产主体的社会性质的基本结论后，列宁才能对小资产阶级的性质进行分析，才能弄清楚小资产阶级并不是抽象的社会中立的“中产阶级”，并不能保障制度稳定，它本质上具有双重性。双重性的特点源于其内部矛盾：一方面，小资产阶级本身既是劳动者，又是潜在的雇佣工人，因此在阶级斗争中可能成为无产阶级的盟友；另一方面，小资产阶级是生产资料的所有者，他们在客观上努力追求财富，并转变为资产阶级，因此可能成为资本的盟友。同时，列宁对这一理论的贡献还在于他指出了商品生产的深层原理，商品生产各个方面相互作用的历史和逻辑辩证法，以及由此产生的大量的问题和后果。生产者的独立性是劳动的私人性质的基础，而劳动的社会分工是劳动的社会性质的基础，这几乎是最主要的内容，也是最基本的理论。然而，在未来的社会主义社会中，这个理论基础必将消失，对它的否定是必然的，只有这样，我们才能探讨对资本主义制度界限的超越。

列宁认为，商品生产关系系统就是资本主义制度最初的起点。在这一分析的基础上，列宁在一个非常重要的理论问题的论述上比马克思更深入一步，那就是关于资本自我否定的问题。这不仅包括生产的发展、资本积聚和集中程度的提高，而且还包括生产社会化程度的提高，这两者都是资本的产物，是对资本自身前提性基础的否定。

列宁在关于资本主义发展的辩证法以及关于帝国主义和社会主义前提条件的相关著作中，全面地分析了社会化范畴。列宁指出，社会化不应归结为生产的集中化和专业化，而应包括深化社会劳动分工和消除生产者独立性的各方面内容的总和。社会化不仅使相互依赖性增强，而且促进由于技术和经济条件因素而必然要进行的合作等；社会化不仅影响生产过程本身，而且影响生产过程的参与者及其相互关系。在一定阶段，生产社会化在量上的增长产生了质的飞跃，即对商品生产的前提基础和商品生产独立性的颠覆。列宁正是以这种方式在理论上定义资本主义新阶段的起点，即帝国主义的起点。正是这一起点标志着帝国主义是资本主义制度“衰落”阶段的本质特征。而正是资本主义推动的社会化进程导致了这个结果。

“市场”只是历史上特定商品生产关系系统的一种形式，其客观基础是各个生产者的独立性和劳动的社会分工。因此，当这种生产关系形式在一定条件下属于进步的时候，就能够也应该在那种条件下存在并得到发展。而当这种生产关系形式在特定的时间和地点已经阻碍进步的时候，在这样的条件下，它就可以也必须消亡。

（二）资本主义的发展进程：历史和逻辑的辩证法

历史和逻辑的辩证法问题本身，在 1960～1970 年曾是苏联马克思主义激烈争辩的中心议题之一，争论的出发点实质上是回答马克思在《资本论》中究竟研究的是什么，是已经存在的资本主义经典结构，还是资本主义历史发展进程，还是两者兼而有之，换言之，即一套已经存在的完整的逻辑，特别是相应地体现古典资本主义关系结构的马克思《资本论》范畴体系，在多大程度上反映了资本主义生产方式的历史发展进程。

然而，在这些抽象的理论性问题背后隐藏着一个根本性的问题，即资本主义生产关系系统的产生和发展与生产力发展的辩证关系中的规律性问题。对这一问题的回答再现了列宁关于资本主义发展观的基本原理——《资本论》的逻辑不仅反映了发达的完整的资本主义结构，还反映了资本主义产生和发展的必经阶段。这些阶段包括：一是一切商品关系的起源即为从产品交换到商品货币关系体系；二是在此基础上，形成资本原始形式和资本原始积累；三是资本在与劳动的相互作用过程中不断扩张，从通过工作日时间的绝对延长以生产绝对剩余价值到生产力的进步以生产相对剩余价值，这表现为从手工劳动和简单协作到作坊和工厂，从劳动对资本的形式上的从属到实际上的从属；四是在相应物质基础上的资本再生产。

列宁用确凿的数据和事实证明了资本主义制度发展的这一历史逻辑。19 世纪末，他揭示了俄国资本主义兴起的道路。这是一条从产品交换到货币经济的道路，不仅农民，还有地主都越来越多地参与到货币经济中。商品货币关系内部规律导致生产者之间的分化日益加剧，形成了半无产阶级和原始资产阶级，同时使一部分贵族破产，另一部分被“资产阶级化”。欧洲资本主义道路走过的主要必经阶段在俄国重新上演了，俄国对家庭手工业农民的半封建半资本主义式的剥削转变为手工作坊式，再转变为工厂式，俄国资本主义就沿着这样一条道路进一步发展，这正是符合《资本论》逻辑的。

（三）垄断资本主义理论

列宁在资本主义政治经济学领域的一系列极其重要的发现都体现在他关于帝国主义的著作中，而且不只是在《帝国主义是资本主义的最高阶段》一书中，还在《关于帝国主义的笔记》以及1915~1917年的一系列其他著作中。

1. 20世纪的资本主义进入到帝国主义时代是资本主义制度自我否定和发展的特殊阶段

首先，列宁的基本结论是：他所处的那个时代的资本主义进入了一个新的阶段——垂死的阶段。特别要注意的是，列宁在他的关于资本主义政治经济学的著作中，明确地贯穿着关于资本主义发展中存在若干阶段的观点，即分别是产生阶段、“古典阶段”和“垂死阶段”这一思想。他虽然并未把这个结论作为方法论的规律性明确写出，也未专门去论证过，但是他为了证明这个结论，分析了以下内容：①俄国和苏联新经济政策时期，小商品生产的资本主义萌芽；②带有资本主义“胎记”的共产主义社会初级阶段；③帝国主义是资本主义的垂死阶段。

列宁在提出帝国主义普遍的特征即帝国主义是资本主义腐朽和垂死的阶段的同时，还总结出一个截然相反的特征——帝国主义的某些方面也具有相对进步性。这种进步具有双重意义：一方面，指生产力和具体制度等方面的进步；另一方面，指垄断资本本身的进步，体现为能够创造“部分计划性”因素。

其次，垂死阶段是制度的自我否定。列宁是这样描述帝国主义的：资本主义引入了社会主义新制度的因素，在一定程度上所利用的新因素是对原有体系的否定，但也正是通过这种否定，才使这一体系得到进一步巩固，因为如果不引入这种不属于原有体系而属于未来的因素，这个体系就无法进一步发展。然而，一旦超越一定的限度，这种自我否定也会引爆原有体系，为革命奠定基础。列宁就是这样描述帝国主义辩证关系的。由资本驱动的生产社会化要求在经济中引入计划性因素，这产生了垄断、金融资本、“工人贵族”等巩固资本主义的因素，但同时也为消除资本主义创造了更多的先决条件。

因此，这个垂死阶段在历史意义上就成为资本主义消亡、退化的阶段，但它也包含了无可争辩的进步因素，特别是列宁曾多次强调的生产社会化的增长，金融资本为国内统一会计、统一核算和统一监督创造先决条件，这些也都成为社会主义的起点。

2. 垄断资本主义的出发点是破坏商品生产

列宁在资本主义最新阶段特征的论述中所揭示的基本原理，是发现和解开后古典资本主义所有后续理论问题的最为重要的钥匙。这就是关于一旦生产社会化达到形成垄断资本的程度，就会使得商品生产也遭到破坏的原理。

第一，列宁提出了严格的逻辑历史标准，从而有可能证明，摆在我们面前的不单单是资本主义在某些方面发生变化而产生的一些新特征，而是整个资本主义体系的“遗传基因”的改变。这种改变表明资本主义体系的历史界限和衰落开始，也就是资本主义生产关系的原初关系被破坏。在列宁有关帝国主义的著作中，总结了几十年来西欧和美国经济体系的发展实践，指出生产社会化有巨大增长。同时，列宁与自己的大部分前辈和后来的马克思主义批评家不同，他绝不把生产社会化这个范畴归结为资本和生产集中的增长，也不归结于专业化的发展和经济单位合作的进步。对他来说，社会化首先是指社会劳动分工所达到的新的水平，是对各个生产者独立性的辩证的否定，这两者的表现主要在于生产与经济联系的集中化、专业化、合作化以及相互依赖和一体化的增加。

在此基础上，他总结出的最重要的观点是，资本主义制度的遗传基础及其“细胞”，也就是社会分工体系里生产者的独立性和作为商品基础的私人劳动和社会劳动的矛盾将随着资本主义商品体系的自我发展而被否定。列宁的结论是，商品生产仍然占统治地位，但已经受到破坏，这是商品生产的矛盾所具有的最严格的特征，它阐明了资本主义发展新阶段的遗传基础。从方法层面上看，这个阶段应该能够被严格定义为是资本主义体系开始自我否定但是尚未完成的社会经济时空。

第二，作为马克思主义者的列宁从实践分析和对重要统计资料的总结中得出了鲜活的政治经济内容，垄断资本的特征成为政治经济学的重要内容。垄断资本不是指股份公司、大型公司、高度集中的资本，而是能够调控局部或区域性的市场，通过有意识的自我调节来排斥竞争，从而破坏竞争。这是帝国主义时代新资本的真正“秘密”。

第三，在列宁的著作中，阐明了计划性生产组织的要素是取代资本主义的新社会制度的萌芽因素。不仅在大公司内部具有这种要素，而且市场上还存在大型资本与竞争对手的相互作用中体现出的计划性要素，这是突破独立性、自发性和竞争性的要素，是发挥主动调控和直接的、事先合作的发展要素，是垄断资本带来的新事物。

（四）帝国主义理论

19 世纪 70 年代后，伴随第二次工业革命的孕育和爆发，资本主义社会生产力获得空前发展，生产规模快速扩张，资本占有程度和资本社会化程度显著提高，垄断代替自由竞争日益成为资本主义经济的显著特征和突出的经济现象，垄断组织日益成为资本主义经济生活中的决定力量。面对资本主义经济生活中出现的大型化、集团化和由此引致的垄断现象，把资本主义制度永恒化的西方经济学认为这仅仅是市场结构发生了变化，进而把资本主义市场分为完全竞争、完全垄断、垄断竞争和寡头垄断四种市场结构。

列宁从捍卫和发展马克思主义经济学的高度，遵从马克思、恩格斯对竞争与垄断关系分析的基本理论和根本方法，深入分析了在竞争基础上形成的垄断所引致的资本所有制及其性质嬗变，从资本主义已经发展到帝国主义阶段的生产关系入手，揭示了资本主义由自由竞争资本主义发展到垄断资本主义的历史必然，创立了科学的帝国主义理论，指出帝国主义就是资本主义的垄断阶段，极大地丰富、扩展和完善了马克思主义政治经济学体系，把马克思主义政治经济学推进到一个全新的发展阶段。

其实，在列宁之前，霍布森、希法亭、考茨基、卢森堡等学者对自由资本主义向垄断资本主义的转变已经进行过一系列探讨和研究，形成了所谓古典帝国主义理论。列宁科学的帝国主义理论正是在坚持马克思唯物史观的基础上，在对古典帝国主义理论批判性继承和超越过程中形成的。

列宁的《帝国主义是资本主义的最高阶段》是对马克思《资本论》的直接继承和创新发展。在这一划时代的著作及其他相关著作中，列宁以“生产集中和垄断”“银行和银行的新作用”“金融资本和金融寡头”作为研究主线，第一次深刻阐述了自由竞争资本主义生产关系向垄断资本主义生产关系的转变，并科学论证了这一转变的历史过程。在分析帝国主义发展嬗变的过程时，列宁认为作为资本主义生产关系基础的资本所有制在其自身范围内发生过两次部分质变。

第一次部分质变表现为：生产集中发展到一定阶段，分散、自由竞争、彼此毫不了解的各个业主在情况不明的市场上转变为“卡特尔”“辛迪加”“托拉斯”等垄断组织。随着资本的集中和银行周转额的增加，分散的资本家合成了一个集体的资本家，为数众多的普通中介人成为极少数垄断者。最终工业垄断资本和银行垄断资本相互融合，生成了金融资本并使“工业的关系变成大银行的真正垄断”。这一质变过程实质为私人资本所有制发展到私人垄断资本所有制，体现了私人资本家个体占有生产资料所有制形式被私人资本家联合占有生产资料所有制形式所“扬弃”。这符合马克思阐述的“私人资本被社会资本所扬弃”的资本社会化的科学论断，即随着资本主义生产规模的惊人扩大，建立在社会化生产方式基础上并以生产资料和劳动力的社会集中为前提的资本取得了社会资本的形式，与私人资本相对立，并且它的企业也表现为社会企业，与私人企业相对立。

第二次部分质变表现为：集中在少数人手里并享有实际垄断权的金融资本同政府的“人事结合”所形成的金融寡头，它们在国民经济和政治中居于首要地位，支配着本国以及争夺着世界其他地区的生产资料和原料产地，给现代资产阶级社会中所有一切经济机构和政治机构罩上了一层依附关系的密网。私人垄断组织和国家垄断组织相互交织生成金融寡头统治的国家垄断资本主义，运用国家的

钱来振兴快要破产的私营工业，以及提高、保证某个工业部门快要破产的百万富翁的收入。这一质变过程的实质为私人垄断资本所有制发展为国家垄断资本所有制，体现了私人资本家集团占有生产资料所有制形式被国家占有生产资料所有制形式所“扬弃”。这符合马克思关于“生成国家的社会资本”的资本社会化的科学论断，即国家承担起对资本所有制的性质嬗变和资本主义发展阶段生产资料与交通手段的管理与经营。

从私人资本所有制到私人垄断资本所有制，再到国家垄断资本所有制的发展，资本主义生产关系发生了两次部分质变，进而引起资本主义垄断趋势也经历了两个历史转变。第一个转变为自由竞争到私人垄断。列宁明确指出，生产的集中产生垄断，导致银行和工业的日益融合。第二个转变为私人垄断到国家垄断。资本主义逐步过渡到金融寡头的统治，引致国家垄断代替私人垄断。因此，资本主义的发展演变应该分为三个历史阶段：

第一个阶段是从17世纪中期到19世纪70年代的自由竞争资本主义阶段，以垄断组织的产生作为时间截止标识，其所有制基础是私人资本所有制，基本特征为工业资本占统治地位、商品输出作为对外输出的主要形式、资本家开始寻求在世界范围内进行殖民掠夺。

第二个阶段是从19世纪70年代到20世纪初期的私人垄断资本主义阶段，以第一次世界大战期间帝国主义国家建立的战时经济管理举措为时间截止标识，其所有制基础是私人垄断资本所有制，基本特征为金融资本逐渐占统治地位、资本输出逐渐代替商品输出、私人垄断组织逐渐在经济生活中起决定性作用、资本家同盟和资本主义大国对世界瓜分完毕。

第三个阶段是从20世纪初期第一次世界大战之后的国家垄断资本主义阶段。列宁曾对第一次世界大战的影响作过客观评价，指出“以自由竞争为基础的旧资本主义已被这场战争彻底摧毁，它已经让位于国家垄断资本主义”，其所有制基础是国家垄断资本所有制，其基本特征主要表现在金融资本和国家政权相互结合形成金融寡头、金融资本完全占据统治地位、资本输出已经成为对外输出的主要形式。“帝国主义作为资本主义的最高阶段……这就是世界历史新时代的主要历史标志。”

因此，资本主义资本所有制经历了从私人资本所有制到私人垄断资本所有制再到国家垄断资本所有制，资本主义垄断趋势经历了从自由竞争到私人垄断再到国家垄断，资本主义发展阶段经历了从自由竞争资本主义阶段到私人垄断资本主义阶段再到国家垄断资本主义阶段。

总之，列宁科学阐述了帝国主义不是可以改变的“政策”，而是符合历史逻辑与客观规律的“特殊阶段”和“最高阶段”。他在《第二国际的破产》《帝国主义是资本主义的最高阶段》等一系列著作中论述了由自由竞争资本主义阶段到国家垄断资本主义阶段的帝国主义历史嬗变过程，这是具有创造活力和理论气质的“历史阶段论”。“列宁的功绩即列宁在这方面的新贡献，就在于他依据《资本论》的基本原理，对帝国主义做了一个有根据的马克思主义的分析，指出它是资本主义的最后阶段，揭露了它的溃疡以及它的必遭灭亡的条件。”

（五）资本主义如何向社会主义过渡的理论

列宁坚持了马克思、恩格斯关于资本主义必然向社会主义过渡的科学理论，同时提出并推进了资本主义如何向社会主义过渡的理论和实践。俄国十月革命后，由于特殊的历史条件和经济社会文化背景，俄国现实的社会主义同马克思主义经典作家所揭示的社会主义一般特征相比，出现了多方面的特殊表现形式。从俄国的具体国情出发，从现实的社会主义出发，而不是从“本本”出发，重新研究社会主义革命和建设的根本任务、内在矛盾、发展规律，成为列宁和俄国无产阶级政党面临的最重大的课题，也成为20世纪马克思主义政治经济学发展的最重要的课题。

列宁在社会主义过渡时期国家经济建设、政权建设、思想文化建设、民主法制建设以及执政党建设等方面的实践及理论探讨，开创了20世纪经济文化相对落后国家社会主义发展的新道路，极大地丰富和发展了马克思主义政治经济学理论。

1. 关于社会主义取代资本主义方式的问题

在社会主义如何取代资本主义的方式问题上，列宁设想过直接过渡和间接过渡两种方式，在实践中发生了由直接过渡向间接过渡认识的转变过程。

十月革命前，列宁认为：“在历史上必然会有一个从资本主义向共产主义过渡的特殊时期或特殊阶段。”而十月革命后，在向社会主义过渡的最初实践中，列宁清醒地认识到，俄国经历的是不同于西欧发达国家的过渡阶段，取得政权的俄国无产阶级“把对商品生产和资本主义的论述当作陈旧的废物抛弃，这不是从当前发生的事件的历史性质出发，因为我们还没有超出从资本主义向社会主义过渡的最初几个阶段，俄国的特点使这一过渡更加复杂，这些特点在大多数文明国家内是没有的”。对于俄国来说，在这一过渡时期，“无论改造的形式或具体改造的发展速度，我们都不可能知道”。十月革命后不久，间接过渡是列宁选择的俄国的社会主义过渡方式。

1918年夏至1920年底的国内战争时期，苏维埃政权为了击退国内外反革命武装的进攻，在经济上不得不实行“战时共产主义”政策。这一政策采取的直接过渡的方式，在战争的条件和环境下有其必要性，但其弊端也是明显的。1921年初，列宁审时度势，意识到用强攻办法即用最简单、迅速、直接的办法来实行社会主义的生产和分配原则的尝试已宣告失败，果断地提出新经济政策的间接过渡方式。

在社会主义如何取代资本主义的实际进程中，列宁提出，选择“过渡”方式的“关键”是要搞清楚“需要经过哪些中间的途径、方法、手段和辅助办法，才能使资本主义以前的各种关系过渡到社会主义”。只有这样，才能发现符合俄国经济社会发展实际的“迂回过渡”的正确方法、形式和途径。

2. 关于社会主义取代资本主义过程中经济制度基本特征的问题

列宁认为，社会主义在取代资本主义的过渡时期之初，首先必须完成生产资料所有制的社会主义改造，把小农引向合作制，实现个体的、单独的小商品经济向公共的大经济的过渡。

在俄国生产力水平低下且发展极不平衡的情况下，要实现这一最初的过渡，必须找到“中间环节”。这些“中间环节”也会由于各个国家经济社会发展程度不同而呈现出不同的阶段及其相应的经济特征。然而，它们又有一些共同的经济特征，其中最显著的就是多种经济成分的并存。处于过渡时期的俄国的经济制度，就是一种以社会主义为主导的，既有资本主义也有社会主义，还有资本主义和社会主义混合的成分和因素的特殊制度。

3. 关于社会主义取代资本主义经济模式的选择问题

列宁关于新经济政策理论与实践的探讨，是以社会主义取代资本主义的过渡时期为背景的，是以俄国间接过渡的具体的历史条件为依据的，并在现实中以渐进的方式加以实现。

关于新经济政策中利用商品货币关系和市场机制作用理论的形成，是列宁在不断总结俄国经济社会发展实践经验的基础上提出的。这一理论经历了由国家垄断的产品交换制到国家资本主义商品交换制，再到国家调节商业和货币流通的理论探索的过程，也是间接过渡中政策不断调整和完善的结果。新经济政策就是列宁在俄国的社会主义过渡时期，对社会主义如何取代资本主义过程的经济模式的设计和选择。

列宁之所以能对马克思主义作出这些历史性的贡献，同他对马克思主义采取的科学态度是分不开的。列宁注重一切从实际出发，立足于俄国革命和建设的实践，以科学的精神对待科学，不断研究新情况，着力解决新问题，致力于提出新理论，使马克思主义随着时代的变化和人民社会实践的发展而不断发展。对马克思主义的科学态度，是真正地继承和发展、真正地坚持和创新马克思主义的基本前提。列宁为后来的马克思主义者树立了光辉的榜样。

第二节　斯大林对马克思主义政治经济学的发展

一、斯大林的生平与著作

（一）生平

斯大林（1878~1953年），格鲁吉亚人，苏联政治家，苏联共产党中央委员会总书记、苏联部长会议主席、苏联大元帅，是在苏联执政时间最长（1924~1953年）的最高领导人，对20世纪的苏联和世界影响深远。

1. 早年生活

1878年12月，斯大林出生在格鲁吉亚古老的城镇哥里的一个寒微家庭里。16岁时，斯大林进入第比利斯一所东正教中学读书，成绩优秀并获得了奖学金。这期间他接触到一些革命书籍，并深受马克思主义影响。

1898年8月，斯大林加入了俄国社会民主工党。1899年，他因无法支付突涨的学费而不得不放弃最终的考试，被学校开除。随后他供职于第比利斯的气象观测台，亦同时积极参与革命活动。1901年，斯大林当选为俄国社会民主工党梯弗里斯委员会委员，先后在梯弗里斯、南高加索和彼得堡一带从事革命活动。1903年，俄国社会民主工党分裂，他选择加入以列宁为首的布尔什维克一边。1904年12月，他领导了巴库石油工人大罢工。1905年12月，斯大林在全俄布尔什维克第一次会议上与列宁第一次见面。

2. 参加革命

1902年4月至1913年3月，斯大林因积极从事阿塞拜疆和波斯地区的革命活动被逮捕7次、流放6次，从流放地逃出5次。

1912年1月，斯大林在党的第六次代表会议上缺席当选为党中央委员，并受党的委托，领导党中央俄罗斯局的工作。同年，斯大林来到圣彼得堡，并在列宁的指示下创办了《真理报》。

1913年3月，他发表了《马克思主义和民族问题》一文，首次使用了“斯大林”这一笔名。

1916年，沙俄政府将他强征入伍参加一战，却被医生检查出左臂有伤，于是他被免于参与动员，被流放到阿钦斯克。

1917年俄国二月革命爆发，罗曼诺夫王朝灭亡，斯大林被释放，并于3月25日重返圣彼得堡，与加米涅夫、莫洛托夫等人继续从事布尔什维克《真理报》

的编辑工作。他们曾一度对克伦斯基的俄国临时政府持支持态度，而在4月召开的党内会议中，列宁主张推翻临时政府，斯大林等人于是转变了立场支持列宁。会议上他被选为布尔什维克中央委员会成员。同年发生七月流血事件，列宁由于试图发动革命而被临时政府所通缉，斯大林协助他逃往芬兰。在8月召开的党的六大上，斯大林作了中央委员会的政治工作报告和关于政治形势的报告。10月，他被选进领导起义的党总部，参加十月社会主义革命的组织和领导工作。

列宁重返俄国后，在斯莫尔尼宫策划武装起事推翻临时政府，斯大林成为了领导团体人民委员会的一员，最终布尔什维克在十月革命中成功夺取了政权，他被任命为民族事务人民委员；在反对外国武装干涉和国内战争时期，斯大林任苏维埃共和国革命军事委员会委员；在保卫察里津的战斗和粉碎尤登尼奇、邓尼金和波兰贵族的战斗中，斯大林为保卫苏维埃政权建立了功绩，苏维埃中央执行委员会为此授予他红旗勋章。

1918年，苏俄内战爆发。斯大林和托洛茨基等人入选了由列宁组建的五人主席团。同年5月，他被派往察里津征粮，在伏罗希洛夫、布琼尼等人的支持下，他加强了其在军队中的影响力。其间，斯大林多次违抗苏联革命军事委员会主席托洛茨基的决议，处决了红军中很多在沙皇时代任过职的军官以及“反革命分子”。后任民族事务人民委员、国家监察部人民委员等职。

1918~1920年国内战争时期，斯大林担任工农国防委员会委员、共和国革命军事委员会委员以及南方战线、西方战线、西南战线军事委员等职，获红旗勋章。为了纪念他的功勋，察里津被改名为斯大林格勒。

1919年初，斯大林被调回莫斯科，3月24日与阿利卢耶娃结婚，5月他又被派往彼得格勒附近的西部前线。

1919年，波苏战争爆发。时任苏军西南方面军政委的斯大林希望夺取波兰城市利沃夫，然而此举却违背了列宁和托洛茨基主攻华沙的战略意图。他说服布琼尼和叶戈罗夫一起行动，拒绝援助图哈切夫斯基的西北军，最后苏军在利沃夫和华沙的两场战役均以失败告终。

3. 取得权力

1922年4月，斯大林在党的第十一次代表大会新选出的中央委员会第一次会议上当选为联共（布）中央总书记。12月，在第一次全苏苏维埃代表大会上，斯大林作了关于成立苏维埃社会主义共和国联盟的报告，提出了“在一个国家首先建立社会主义”的主张。

1922年12月中旬，列宁再次中风，俄共中央全会责成斯大林负责监督执行医生为列宁规定的制度。22日深夜，列宁健康状况进一步恶化，口授了一批给党的应届代表大会的信。关于斯大林，信中说：“斯大林同志当了总书记，掌握了无限权力，他能不能永远十分谨慎地使用这一权力，我没有把握。”同时，列宁通过口授信件讨论了改革中央委员会和中央监察委员会、工农检查院，赋予国家计划委员会以立法职能，以及民族问题等。

1924 年 1 月 21 日，列宁逝世，斯大林开始领导苏联社会主义建设。

4. 国内建设

1925 年 12 月，苏联联共（布）“十四大”召开，通过了社会主义工业化的总方针，要把苏联从农业国变为工业国，由输入机器和设备的国家变成生产机器和设备的国家，重点发展重工业。1928 年起，苏联进行计划经济建设。苏联卫国战争前，实施了三个五年计划，其中前两个五年计划期间形成了比较齐全的工业体系，实现了以重工业为中心的国家工业化。

1927 年 12 月，苏联联共（布）“十五大”确立农业集体化方针，要把个体小农经济联合并改造为大规模集体经济。此后，新经济政策逐渐被取消。农业集体化为工业化的实现提供了条件，但存在着严重的问题和错误，违背了农民自愿加入的原则，农民生产积极性受到极大损害，并且与当时农村生产力水平低下的状况不相适应，从而破坏了农业生产力，使农业生产长期停滞落后，严重阻碍了苏联经济的发展，但工业化和农业集体化的实现使生产资料公有制在国民经济中已经占绝对支配地位。

1936 年，苏维埃代表大会通过新宪法，规定苏联是共产党领导的工农社会主义国家。新宪法的颁布标志着社会主义基本制度在苏联的确立，也标志着斯大林创建的高度集中的政治经济体制的形成。

5. “二战”领袖

1941 年，斯大林兼任苏联人民委员会主席。1941 年 6 月，斯大林任苏联国防委员会主席，同年 8 月任苏联武装力量最高总司令。

1941 年 6 月 22 日，希特勒突然撕毁《苏德互不侵犯条约》，同匈牙利、罗马尼亚、芬兰等国军队发动了闪击苏联的巴巴罗萨计划。在德军的突然打击之下，苏军措手不及，损失惨重。

1941 年 8 月，由于斯大林拒绝采纳朱可夫的建议，下令红军死守基辅，结果导致苏联西南方面军在基辅战役中被德军围歼，纳粹德军宣布歼灭苏军 66 万人。

1941 年 11 月初，德国中央集团军逼近莫斯科城下，斯大林坚决留在城里组织反击。11 月 7 日，斯大林命令苏联红军在莫斯科红场举行了阅兵式，发表了重要讲话，受阅的苏军部队随即从红场直接开赴前线。在朱可夫、华西列夫斯基等将领的指挥下，12 月 6 日，苏军从莫斯科城郊开始反攻，到次年 4 月下旬击溃德军 50 多个师，击毙击伤德军 80 多万人，将敌军击退 150~400 千米，解除了其对莫斯科的威胁，夺回了 60 多座城市。苏军在莫斯科保卫战中的胜利宣告了希

特勒“闪击战”的彻底破产，极大地鼓舞了苏联及全世界人民战胜法西斯的信心。

1942 年，德军将战略重点放在南线。同年 7 月，德军向伏尔加河地区的重要城市斯大林格勒发起猛攻。法西斯集团损失官兵近 150 万人，约占其苏德战场总兵力的 1/4，此役被认为是二战的转折点。

1943 年 11 月，斯大林参加了德黑兰会议，同时任美国总统罗斯福、英国首相丘吉尔等人会谈，通过了在欧洲开辟第二战场的决定。之后，苏联在对德战争中逐渐转入反攻。

1945 年 2 月 4~11 日，斯大林参加了雅尔塔会议，三国领导人就对日作战条件达成协议并签了字。根据这个协定，苏联要在德国投降及欧战结束后 2 个月或 3 个月内参加对日作战。

1945 年春，苏军以 3 个方面军 250 万人的兵力进入德境。8 月 8 日晚，苏联政府向日本驻莫斯科大使声明，苏联根据雅尔塔会议精神，忠于同盟国义务，宣布从次日起与日本进入战争状态。8 月 15 日，昭和天皇宣布日本投降。第二次世界大战以同盟国的胜利告终。

6. 晚年逝世

1952 年 10 月，苏共第十九次代表大会将中央政治局改组为苏共中央主席团时，斯大林当选为苏共中央主席团委员和书记处书记。

1953 年 3 月 5 日，苏联共产党中央委员会书记、苏联部长会议主席斯大林逝世。

（二）著作

《马克思主义和语言学问题》是斯大林于 1950 年就《真理报》组织讨论语言学问题而写的著作，其中包括 2 篇论文和 3 封公开信，随后出版单行本。这部著作系统地阐述了斯大林关于经济基础和上层建筑问题的观点，在这些问题上宣传了马克思列宁主义的唯物史观的基本原理。

《苏联社会主义经济问题》是斯大林创作的经济学著作，首次出版于 1952 年，是苏联三十多年社会主义建设经验的结晶，是马列主义与社会主义具体实践相结合的产物。该书根据马克思主义哲学和政治经济学基本原理，总结和概括了苏联社会主义革命和建设的历史经验，批评了雅罗申柯等人的错误经济理论，系统阐述了社会主义制度下经济规律的客观性质、社会主义制度下的商品生产和价值规律、社会主义社会的基本经济规律和有计划按比例发展规律、世界资本主义体系危机加深和资本主义国家间战争不可避免以及消灭城市和乡村之间、脑力劳动和体力劳动之间的对立和差别等问题，不但对马克思主义的经济理论作出了贡献，而且深刻阐述和发展了马克思主义哲学的许多重大理论观点。

二、斯大林对马克思主义政治经济学的发展

斯大林对马克思主义政治经济学的贡献和发展，主要有以下三点：

第一，斯大林在苏联执政期间，把一个经济落后的俄国建成一个社会主义强国，在苏联实行社会主义制度，并帮助中国和东欧其他社会主义国家建成社会主义计划经济体制。

第二，在俄国历史上史无前例地进行社会主义制度创新，开展一系列的社会主义劳动竞赛活动，如开展斯达汉诺夫运动、义务交售制等，充分调动广大人民群众建设社会主义的积极性，促进了社会生产力的发展。同时，苏联是第一个实行“五年计划”和“五年计划”体制的社会主义计划经济国家，这是苏联的首创。

第三，大力加强和宣传马克思主义政治经济学教科书的编写工作，并把马克思主义政治经济学推向社会主义阵营的其他社会主义国家。斯大林专门在1952年写了一部著作——《苏联社会主义经济问题》，客观、全面地阐述马克思主义政治经济学的基本原理和苏联在社会主义建设中所遇到的种种问题，为其他社会主义国家学习和实践马克思主义政治经济学提供了很好的指导作用。

斯大林对马克思主义政治经济学的理论贡献主要体现在其《苏联社会主义经济问题》一书中，具体有五个方面。

（一）关于社会主义制度下经济规律的性质问题

斯大林坚持客观规律是不以人的主观意志为转移的，强调马克思主义把科学规律，无论自然科学规律还是政治经济学规律都看作是不以人的意志为转移的客观过程的反映。斯大林指出：“政治经济学的特点之一就在于：它的规律与自然科学的规律不同，不是长久存在的；政治经济学规律，至少是其中的大多数，是在一定的历史时期中发生作用的，以后，它们就让位给新的规律。”政治经济学规律是随着社会商品经济发展而发展的。斯大林指出：“在社会主义制度下，政治经济学的规律是客观规律，它们反映不以我们的意志为转移的经济生活过程的规律性。”斯大林强调社会主义制度下经济规律是有阶级性的，马克思主义政治经济学是无产阶级的政治经济学，它不同于自然科学的规律。

（二）关于社会主义制度下的商品生产问题

斯大林认为在无产阶级夺取政权以后，社会主义建设时期仍然要保留商品生产。斯大林引用了恩格斯《反杜林论》中“一旦社会占有了生产资料，商品生产就将被消除，而产品对生产者的统治也将随之消除”的论述。同时，他指出：“由此可见，恩格斯所指的是这样的国家，在那里，不仅在工业中，而且也在农业中，资本主义和生产集中都充分发达，以致可以剥夺全国的一切生产资料，并

把它们转归全民所有。”因此，恩格斯认为，在这样的国家中，在把一切生产资料公有化的同时，还应该消除商品生产。

一切生产资料公有化是消除商品生产的前提条件，斯大林认为苏联当时并不具备这样的条件和能力。斯大林从实际出发，实事求是地、客观地重申苏联当时既有全民所有制，也有集体或集体农庄所有制。因此，还存在着商品生产和商品交换，这是社会主义初级阶段必须具备的条件之一。此外，斯大林也谈到苏联商品生产是一种特种商品生产，是没有资本家参加的商品生产，是由联合起来的社会主义者（国家、集体农庄、合作社）所生产的商品，它的活动范围只限于个人消费品。

（三）关于社会主义制度下的价值规律问题

斯大林指出：“有时人们问，在我国，在我们的社会主义制度下，价值规律是不是存在，是不是发生作用呢？是的，是存在的，是发生作用的。在有商品和商品生产的地方，是不能没有价值规律的。”同时，他指出：“问题在于，抵偿生产过程中劳动力的耗费所需要的消费品，在我国是作为商品来生产和销售的，而商品是受价值规律作用的。也正是在这里可以看出价值规律对生产的影响。所以，我们的企业是不能不，而且不应该不考虑到价值的问题。”

斯大林不仅很重视在社会主义条件下价值规律的作用，同时也强调在社会主义条件下价值规律要受到一定程度的限制。他指出：“在我国价值规律发生作用的范围是被生产资料公有制的存在、被国民经济有计划发展按比例这一规律的作用限制着的，因而，也是被大致反映了这个规律的要求的年度计划和五年计划限制着的。”在社会主义条件下与资本主义条件下运行的价值规律是有一定区别的。

（四）关于资本主义国家之间战争不可避免的问题

斯大林从无产阶级战略家的观点出发，论述了一战和二战的历史。在谈论“战争是不可避免的客观情况时”，他列举了很多例子，如资本主义国家之间要争夺市场，德日要重新站起来成为世界强国，社会主义阵营同资本主义阵营的矛盾，以及英、法、美帝国主义国家之间的矛盾等必然会导致资本主义国家之间的战争不可避免。

（五）关于马克思主义政治经济学教科书的国际意义

斯大林指出：“同志们没有估计到马克思主义政治经济学教科书的全部意义。这本教科书不仅对于我们苏联的青年是需要的，它对于各国共产党人以及同情共产党人的人们都是特别需要的。我们的外国同志们都想知道，我们是怎样挣脱了资本主义的镣铐的，我们是怎样以社会主义精神改造了全国经济的，我们又是怎样达到了与农民建立了友好关系的。我们又是怎样使得我们这个不久以前还是贫弱的国家变成了富强的国家的，什么是集体农庄，为什么我们虽然生产资料已经公有化了，但还没有消灭商品生产、货币、商业，等等。他们想知道这一切以及其他许多东西并不单纯出于好奇，而是要向我们学习，并且为了自己的国家来利用我们的经验。因此，一本好的马克思主义政治经济学教科书的出版，不仅具有国内的政治意义，而且具有巨大的国际意义。”从这里可以看出，斯大林十分重视出版一本合格的马克思主义政治经济学教科书，因为它不仅教育苏联青年人，而且也影响到各国共产党人和同情及支持共产党人的国家和人民。

第三篇　马克思主义政治经济学的中国实践

第五章　马克思主义政治经济学中国百年实践

1921~2021 年，伟大的中国共产党已走过百年光辉历程。百年党史，是中国共产党人为中华民族谋复兴、为中国人民谋幸福的使命践行史，是中国人民实现从站起来、富起来到强起来的跨越发展史。百年征程中，中国共产党领导中国人民不断探索发展道路和发展方式，形成了中国特色社会主义经济建设、政治建设、文化建设、社会建设、生态文明建设的“五位一体”总体布局，其中，经济建设是根本，是解决一切问题的总钥匙。中国共产党百年经济思想与实践，是马克思主义中国化的鲜明写照，是马克思主义政治经济学在中国的生动实践。

第一节　马克思主义政治经济学中国百年实践的阶段

白永秀等（2011）以党对共同富裕的探索为主线，分阶段探讨了中国共产党百年经济实践。第一阶段是为共同富裕建立政权基础的阶段。党在这一阶段形成的新民主主义经济思想对于党在中华人民共和国成立之初快速恢复和发展国民经济、推动实现共同富裕提供了理论指导。第二阶段是为共同富裕建立制度基础的阶段。这一阶段，党带领人民在恢复和发展国民经济的基础上建立起社会主义基本制度，对符合中国国情的社会主义经济建设道路开展了初步探索，积累了正反两方面经验。总体而言，这一阶段党的经济实践探索始终未能脱离苏联模式的桎梏，受限于相对落后的生产力水平和缺乏活力的制度安排，人民生活水平未能得到显著改善。第三阶段是为共同富裕建立体制基础的阶段。这一阶段，党把马克思主义基本原理同中国具体实际相结合，探索建立和完善社会主义市场经济体制，走中国特色社会主义经济发展道路，在改革开放的伟大实践中形成了中国特色社会主义市场经济思想。在这一正确思想的引领下，妥善处理了公平与效率、先富与后富之间的关系，国民经济实现了持续快速增长，人民生活水平由温饱不足提升到总体小康。第四阶段是新时代实现共同富裕的阶段。新时代产生了以新发展理念为主要内容的习近平新时代中国特色社会主义经济思想，在这一思想的引领下，党带领人民全面建成小康社会，并在此基础上全面建设社会主义现代化强国。

陈健（2021）分阶段阐述了百年经济发展过程中党在经济治理上的创新。新民主主义革命时期，党在内向型经济治理的摸索过程中提出了新民主主义经济纲领。中华人民共和国成立后，党带领中国人民进入了内向型经济治理的艰难推进阶段，最终促进了我国门类齐全的工业体系的建立。改革开放后，在党的带领下，中国开启了外向型转向集约型的经济治理创新，这一经济治理方式的实施有力地促进了我国经济社会的发展。党的十八大以后，以习近平同志为核心的党中央实施了系列举措促进经济社会高质量发展，取得了经济建设的历史性成果，形成了以新发展理念为主要内容的习近平新时代中国特色社会主义经济思想。

综合文献，本书把马克思主义政治经济学中国百年实践划分为新民主主义革命时期、社会主义过渡时期、社会主义建设时期、改革开放和社会主义现代化建设时期、中国特色社会主义新时代五个阶段。

第二节　新民主主义革命时期马克思主义政治经济学的中国实践

一、新民主主义革命时期马克思主义政治经济学中国实践的历史任务

鸦片战争以后，中国逐步沦为半殖民地半封建社会，中华民族陷入深重灾难。第一次世界大战结束后，帝国主义国家加紧疯狂掠夺中国的资源和财富，倾销其商品，中国经济发展举步维艰，日本帝国主义的侵略则使中国缓慢推进的工业化进程被完全打断。

中国共产党在 1921 年成立伊始就积极投身于民族复兴的伟大事业之中，谋求民族独立、人民解放和国家富强，把实现共产主义远大理想作为自己的奋斗目标。从 1931 年 11 月 7 日中华苏维埃共和国临时中央政府成立开始，到 1934 年 10 月中旬红军长征在陕北建立稳固的抗日根据地，再到 1949 年中华人民共和国成立，是中国共产党在新民主主义革命时期探索中国发展道路的重要时期。这一时期，中国共产党经济工作的着眼点和主要方向是推动革命事业的发展，保障根

据地军需民用，为最终夺取政权提供物质基础。在这一时期的经济实践中，中国共产党根据形势的发展变化，开展土地革命，灵活机动地发展公有制经济，与多种所有制进行合作，逐步形成了新民主主义经济思想。

二、新民主主义革命时期马克思主义政治经济学中国实践的工作重心

中国共产党在新民主主义革命时期为了保证革命事业的顺利推进，在经济领域进行了艰辛的探索和实践，包括发展农村经济、建设根据地工业、完善财政金融体制及搞活商贸流通经济等。这些实践一方面有效保障了根据地内的军需和民用，另一方面也为中华人民共和国成立后的经济建设提供了卓有成效的历史经验。

（一）以土地革命为重要抓手大力发展农业经济

在新民主主义革命时期，传统的农业经济是我国经济的主要形式，封建地主经济是重要的经济基础，我国广大的农村分散着大量小农经济，农民占全国人口的绝大多数，农业生产力处于十分低下的水平。这种状况在根据地表现得更加明显。因此，为了保留革命的火种，中国共产党将土地革命作为解决生存权的关键。通过开展土地革命改变土地所有制关系，调动了农民的生产积极性，巩固了根据地的经济基础。在井冈山根据地建立的初始阶段，中国共产党的主要任务是发动农民打倒土豪劣绅、开展分田工作。至 20 世纪 30 年代初，各根据地基本上完成了土地革命。1931 年，毛泽东同志第一次完整地提出了土地革命的阶级路线——依靠雇农贫农、联合中农、限制富农，保护中小工商业者，消灭地主阶级，变封建半封建的土地所有制为农民的土地所有制。这一路线成为保证土地革命斗争胜利的关键，是苏维埃政权农村政策的基础。抗日战争时期，为了团结一切可以团结的力量共同抗日，中国共产党在根据地实行“减租减息”政策。1945 年解放战争爆发，随着局势向着有利的方向转变，1946 年中共中央发布了《关于土地问题的指示》，土地政策转变为“耕者有其田”，解放区迅速开展土地革命。中华人民共和国成立后，1950 年发布了《中华人民共和国土地改革法》，明确要废除地主阶级封建剥削的土地所有制，实行农民的土地所有制。

改变所有制关系只是发展农村经济的第一步。在井冈山斗争时期，毛泽东同志最早提出“边界的经济是农业经济”这一观点，认为边界政党应把农业生产建设作为统领经济建设的核心，“有足够给养的经济力”是实现工农武装割据的重要物质基础。为了恢复和增强农业生产力，苏维埃政府采取了一系列发展措施，包括兴修农田水利、开垦荒田和开展植树运动，尤其重视农业生产技术，从多方面推广、使用农业生产技术。一方面，在瑞金联合开办中央农业学校，专门培养农业技术人才；另一方面，在瑞金、兴国等县建立农事试验场，在博生等县

设立农产品展览所，推广农业技术。这些措施使中央苏区的农业有所发展，群众生活得到一定改善。抗日战争时期，根据地为发展农业生产，党中央制定了一系列具体政策，如实行减租减息、提高农业生产技术、减轻农民负担、实行农业贷款、奖励开荒、实行农业累进税等，极大地调动了农民的生产积极性。随着农业生产的恢复和发展，农民生活也得到一定改善。陕甘宁边区许多地方都达到“耕三余一”，农民收入增加、生活改善。即使是在敌后抗日根据地，农民收入也有所增加。从 1939 年春季开始，陕甘宁边区开展了大生产运动，并逐步扩散到其他敌后根据地。广大人民群众响应党中央开展大生产运动的号召，进行了生产竞赛运动，掀起了生产高潮，在 1938~1943 年的 5 年中，迁入陕甘宁边区的移民在 10 万人以上，大大增加了陕甘宁边区的劳动力。五年来陕甘宁边区共扩大了 240 多万亩耕地，其中有 200 万亩是靠移民开荒增加的。大生产运动中涌现的三五九旅最为突出，不仅经费物资全部自给，而且可以结余一年，南泥湾这个不毛之地也变成了“陕北的好江南”。经过努力，根据地的耕地面积和农作物产量都有大幅提高。陕甘宁边区的耕地面积由抗战前的 843 万余亩增加至 1945 年的 1521 万亩，增长了 80.4%。1944 年陕甘宁边区的粮食产量达 200 万千克，不仅不再需要吃购进粮，而且有余粮输出。陕甘宁边区植棉面积 1939 年为 3767 亩，1945 年快速增加到 30 万亩，已能满足陕甘宁边区一多半的需求。

根据地的经济建设是以农业为主体，而农业建设的直接劳动者是分散的农民，这种个体生产阻碍了农村生产力的发展。对此，中国共产党以互助合作的生产方式发展生产力。早在土地革命时期，就在根据地组织了劳动合作社，对劳动力和农具、肥料等生产资料进行统一调配和使用，并且把合作社发展到其他领域。组织耕田队、劳动互助社，同时组织妇女参加农业生产。在抗日战争时期，结合抗日民主根据地的社会经济环境，大力号召农民成立和加入各种形式、各种层次的互助组织。1942 年，毛泽东同志在《抗日时期的经济问题与财政问题》中指出：“各县应以大力组织劳动互助，大大地发展农民的集体劳动。”根据地互助合作的形式有很多，如变工队、扎工队、互助组、合作社等。除农业生产合作社外，还有三种形式的合作社，即综合性合作社（包括生产合作、消费合作、运输合作、信用合作）、运输合作社和手工业合作社。到 1945 年 7 月，陕甘宁边区有各种工业、手工业生产合作社 253 个。1945 年，晋察冀边区有合作社 7410 个，社员 1128819 人。据 1945 年初步统计，晋绥边区共有大型合作社（综合性合作社）285 个，社员 63275 人，共有资本 6.3 亿元。这些合作组织极大地推动了生产力发展，促进了根据地经济繁荣，为抗战胜利奠定了物质基础。

（二）积极发展工业，逐步建立工业基础

军民给养问题是根据地政权需要解决的主要问题，没有一定的工业生产能力，革命便无法成功。1931 年 11 月，中央苏区政府《关于经济政策的决议案》明确提出，“竭力促进工业的发展，苏维埃特别保障供给红军的一切企业的发展（工厂、作坊、手工业、家庭工业等）”，“国家自己应尽量开办关于制造军用品和群众特别必需的产业”。中央苏区政府从 1932 年春起先后创办了中华钨矿公司等公营企业，还开办中华商业公司造纸厂、瑞金纺织厂、于都通讯材料厂等小型工厂，这些企业主要是军需工业和矿产品开采业，其经营收入对于解决日常军政供给发挥了重要作用。中央苏区政府还积极发展民用工业，创办了造纸、印刷、织布、制药、制糖、制盐、煤炭、钨矿、造船、农具、种子、肥料（石灰）等公营工厂。据统计，到 1934 年 3 月中央苏区的国营工厂发展到 32 家，产业工人达万余人，中央钨砂公司年出口创汇 400 多万元。中央苏区政府把一些失业工人、有一定生产技能的小手工业者组织起来，通过自己筹集资金，积极发展小手工业生产、小作坊生产，包括织布、炼铁、农具、铸锅、造纸、石灰、砖瓦、铁器等几十个品种。抗日根据地初创时期几乎没有工业基础，抗战前的陕甘宁边区几乎没有私营工业，民间仅有一些小手工作坊和盐池、炭窑，中共中央到陕北后才办起几个小规模的印刷、被服、军需等工厂，职工总共才几百人。1939 年，面对根据地的困难，党中央提出“自己动手，丰衣足食”的口号，各抗日根据地开始重视工业建设。1941 年，党中央又号召“由半自给过渡到全自给”，各根据地更加注重发展工业，加大了对工业的投资和贷款。同时，兼顾公营工业和私营工业的利益，稳定发展公营工业，鼓励和保护发展私营工业，使抗日根据地工业建设蓬勃发展。

在边区政府的领导下，延安先后建立了难民纺织厂、造纸厂、被服厂、农具厂、制革厂、制鞋厂、石油厂及八路军制药厂，这些工厂后来大多起到了指导和骨干作用。1943 年，在“发展经济，保障供给”的总方针指导下，边区公营工业有了新发展，公营工厂总计达 82 家，这一年重工业与化学工业取得显著成绩。机器制造业为印刷、造纸、皮革、玻璃、肥皂及部分纺织业等改进了工厂装备，石油生产增加三倍。边区第一铁厂和基本化学工业的创立、玻璃与陶瓷业的初步成就，为边区工业的发展奠定了自给的初步基础。轻工业也取得新的发展，布产量增长近 50%，造纸增长 14%。在公营工业发展的同时，私营工业和合作社工业也得到较快发展，这是边区自给工业发展的一个重要特征。

为提高公营工业企业的经营效益，边区政府提出工厂要在实行统一管理的基础上建立厂长负责制，实行统一领导与群众路线相结合；工业企业要实行经济核算，工业管理机构要企业化，改变工厂机关化与纪律松懈状态；精简机构，建立切实可行的规章制度；工业企业要贯彻公私兼顾的原则，不断改革工资制度、克服平均主义等。

1949 年 3 月，毛泽东同志在党的七届二中全会的报告中指出，使中国稳步地由农业国转变为工业国，是新民主主义社会发展到将来的社会主义社会的经济基础。据统计，1949 年全国国营工业固定资产占全部工业企业固定资产的 80.7%。在全国大型工业的总产值中，社会主义性质的国家工业所占比重为 41.3%；在全国生产资料生产（包括手工业）中，工业约占 48%；国营工业占全国全部发电设备容量的 62.3%、全国电力产量的 58%、原煤产量的 68%、生铁产量的 82%、钢产量的 97%、机器及机器零件生产的 48%、水泥产量的 68%、棉纱产量的 49%。这些为建立社会主义经济制度准备了重要的物质基础。

（三）逐步构建财政金融体系

财政金融是对社会财富进行再分配和管理控制的重要手段，是国家政权的重要支柱和国家政权阶级本质的集中体现。在中央苏区、其他根据地及随后建立的抗日根据地中，中国共产党都十分重视财政金融体系的建立和完善，为根据地军民生产保障、社会治理提供切实可行的政策工具。

1931 年 11 月，党中央决定成立中央财政部，省、县和区相应设财政部门；红军中央军委设总经理部，军和军团设经理部，师设军需处，地方和军队都建立了完整的财政职能机构。接着相继颁布暂行税则、暂行财政条例和统一财政训令，在有关统一赋税征管和财政收支，建立预算、决算和会计、簿计、审计制度等方面，都做了明确规定。在税制方面，宣布废除国民党政府和地方军阀的田赋丁粮、苛捐杂税、厘金等，实行统一的累进税制，确定了商业税、农业税和工业税三个基本税种。1932 年 2 月，在瑞金成立了中华苏维埃共和国国家银行；7 月，苏维埃国家银行纸币正式开始在中央革命根据地流通，各种杂币逐渐退出流通市场，中央革命根据地的货币得到统一；8 月，颁布《财政部暂行组织纲要》，规定中央财政部国产管理局的职责是“掌管关于国有山林，矿山，店铺，房屋，工厂，企业之经营，管理出租和各种租金之征收等事项”；10 月，为了统一财政收支管理，苏维埃临时中央政府人民委员会颁布《国库暂行条例》。

中央财政部是苏区财政金融、公有资产的领导和管理机构。时任财政部部长邓子恢领导财政部和国家银行，从建立国库制度和统一预决算制度入手，采用统一的记账制度和会计制度，统一税收、统一收支、统一审计，逐步规范了苏区的财政管理和金融秩序。

抗战时期根据地财政税收政策的重要着力点是动员人民出粮出钱，保证抗日军队及党政工作人员的供给需要。1943 年 6 月之前，财粮负担是边区政府财政收入的一大部分。它包括根据地政府征收的救国公粮、公草、田赋、资产米、农业统一累进税、村款粮、屠宰税、契税、公盐代金，农民自动的捐献、捐助，政府的突击借粮和发行公债。1943 年 6 月发布《陕甘宁边区土地登记条例（草

案）》，1943年9月11日颁布《陕甘宁边区统一累进税暂行办法》及《陕甘宁边区农业统一累进税暂行办法施行细则》。与原来的税制相比，此次税制改革的主要内容包括增征土地财产税、改变计税标准、调整累进税率。农业统一累进税率采取分计合累的方式，就是把收益税与土地财产税分别算出税本之后，合并累进征收。这一系列行之有效的措施，有力促进了农业、工业和其他经济事业的发展，激发了机关、部队、学校生产自给运动的开展，同时也增加了财政收入。

根据地经济的健康发展离不开金融政策的支持。在极其艰苦的条件下，根据地制定了灵活有效的金融政策，取得了对国统区金融斗争的胜利，支持了根据地工业、农业和商业的正常运行。1937~1945年，陕甘宁边区政府在不同的发展阶段先后发行了光华代价券、陕甘宁边区银行币及商业流通券三种具有货币性质的券钞，逐渐建立起独立的货币金融体系。

平衡贸易、稳定金融、发展经济、保障供给是边区银行基本的任务。应该说，陕甘宁边区银行围绕扶持边区生产、巩固边币和保障边区财政供应，做了大量卓有成效的工作。其他抗日根据地也和陕甘宁边区一样，在财政金融体系构建方面效果明显。根据地银行都有一个从财政出纳机关转变为边区政府的银行、金融管理机构的发展过程，这一过程使边区政府能够摆脱国民政府的金融控制，建立了独立自主、以边币为中心的货币体系和金融体系，也能够采取多种措施推动社会经济结构的转型，不仅对抗日战争的胜利作出重要贡献，还为以后解放战争及中华人民共和国成立后的金融工作积累了宝贵的经验，奠定了中华人民共和国金融体系的发展基础。

（四）发挥商贸流通活动的重要作用

井冈山革命根据地、中央苏区和抗日根据地的贸易体制包括对内的工商业贸易和对外贸易，其中对外贸易特指当时根据地与国统区、日占区之间的贸易活动。商贸流通活动有力保障了根据地的军需民用。中国共产党通过设立专门的管理机构，逐渐形成一套完备的商业活动体系和对外贸易体系。

革命根据地建立初期，由于国民党的军事围剿和经济封锁，一些根据地一度出现商品流通阻塞、工业品短缺、工农业产品价格“剪刀差”扩大的趋势。为解决“剪刀差”问题，苏维埃政府实行保护商人合法营业的政策。各根据地政权建立伊始即对原有的农村集市进行改造、整顿，使之恢复正常贸易。1932年，临时中央苏区政府颁令允许私人资本投资经营工商业；设立关税处，实行统一的累进营业税政策；建立公营商店和公卖处，稳定市场物价，发展对外贸易。1933年，中央苏区设立国民经济部，下辖对外贸易总局，专门管理苏区的赤白贸易，并支持商业合作社的发展。这些贸易活动打破了敌人的封锁，促进了苏区工农业生产，提高了税收，从而保证了从中央到地方各级苏维埃政府的正常运转。

抗日战争时期，为了解决根据地严重的经济困难，中国共产党采取的措施包括五个方面：第一，制定了“发展经济，保障供给”的财经总方针和“对外管理，对内自由”的贸易政策，与敌伪政权进行了针锋相对的斗争，巩固了根据地的经济基础；第二，积极扶助与依靠中小商人，繁荣市场，稳定物价；第三，使国家资本与私人资本共同发展，但国家资本占主导地位；第四，发展公私合营商店，这是繁荣经济的另一个重要途径；第五，在发展国营商业和合作商业的同时，与边区内外商人、运销户建立经济统一战线，反击敌人和顽固派的封锁。

抗战胜利后，为了打退国民党的进攻、争取全国解放，中国共产党制定了三大经济政策，其中之一就是保护民族工商业的发展。在解放区，除某些事业必须由政府专营外，其余事业在首先发展国营经济的前提下，积极鼓励私人经营发展，并在价格、税收政策方面适当地照顾私营厂商的利益。对于经营有困难的私人企业，政府还多方扶助。

中国共产党采取了一系列商业贸易措施，极大改善了根据地军民的生活，巩固和发展了根据地政权，也为我国现代化流通体系的建立打下了良好的基础。

第三节　社会主义过渡时期马克思主义政治经济学的中国实践

一、社会主义过渡时期马克思主义政治经济学中国实践的历史任务

社会主义过渡时期是指从 1949 年中华人民共和国成立到 1956 年社会主义改造完成，是新民主主义社会向社会主义社会过渡的时期，具有新旧社会交替时期的特征。这一时期的历史任务主要是集中力量发展社会生产力，实现国家工业化，逐步满足人们日益增长的物质和文化需要。中华人民共和国成立之后，我国不仅面临着恢复国民经济的任务，还面临着逐步消除非社会主义经济成分的任务，而我国当时落后的生产力发展水平同苏联初期的情形相类似。列宁的新经济政策帮助俄国渡过了难关，它大胆突破了传统社会主义的经济观念，使一度高度集中的苏联经济焕发了活力，它反映的是生产关系必须适应生产力的经济规律。邓小平曾评价新经济政策是一种思路比较好的经济政策。新经济政策实行之后，取得了良好的效果，因为它适应了苏联社会经济发展的实际情况。新经济政策突破了固有观念的限制，既坚持了根本的原则性，又不失灵活性。我国经历的新民主主义社会这一过渡时期，允许多种经济成分存在，是对列宁经济政策的一种借

鉴。在社会主义过渡时期，我国政治上反动残余势力被彻底消灭，新生的人民政权日益巩固；经济上由国营经济领导的多种经济成分并存，经济成分向社会主义经济逐步过渡，资本主义成分在中国慢慢消失，社会主义成分不断取得胜利，三大改造完成后，我国的社会主义制度得以确立，建立了国家工业化的初步基础。

1949~1956 年，虽然只有七年时间，但是这七年是中国社会发展非常重要的阶段，在这七年中，中国社会经历了从半殖民地半封建社会的终结到社会主义社会的开始这样一个历史过程。在从新民主主义社会过渡到社会主义社会的过程中，以毛泽东为代表的中国共产党人，坚持把马克思主义理论和中国实际相结合，创造了一系列的新鲜理论和经验，完成了 20 世纪中国社会一次巨大的历史性变革。

二、社会主义过渡时期马克思主义政治经济学中国实践的工作重心

中华人民共和国成立后，中国共产党坚持独立自主、自力更生原则，迅速恢复和发展国民经济，提出过渡时期总路线，完成“一化三改造”任务，实现新民主主义向社会主义的转变，基本建成独立的比较完整的工业体系和国民经济体系。

（一）恢复和发展国民经济

中华人民共和国成立初期，中国共产党一方面要消灭封建主义和国民党残余势力，解决人民大众同封建主义、官僚资本主义和国民党反动派之间的主要矛盾；另一方面，要收拾破败不堪的经济状况，解决人民的物质文化需求同落后的社会生产之间的矛盾。

1. 由新民主主义向社会主义转变

1940 年初，毛泽东发表《新民主主义论》，提出中国革命要分两步走：“第一步，改变这个殖民地、半殖民地、半封建的社会形态，使之变成一个独立的民主主义的社会：第二步，使革命向前发展，建立一个社会主义的社会。”1949 年 3 月，党的七届二中全会作出初步规划，提出中华人民共和国成立后，党的总任务是要实现从落后农业国向先进工业国转变、由新民主主义社会向社会主义社会转变，这一规划为制定过渡时期总路线指明了方向。

2. 有步骤地推进土地改革

中华人民共和国成立后，中国共产党在总结解放区土地改革经验的基础上，领导全国农民有步骤地开展土地改革。1949 年 9 月通过的《中国人民政治协商会议共同纲领》规定：“凡已实行土地改革的地区，必须保护农民已得土地的所有权。凡尚未实行土地改革的地区，必须发动农民群众，建立农民团体，经过清除土匪恶霸、减租减息和分配土地等项步骤，实现耕者有其田。”1950 年 6 月，毛泽东在党的七届三中全会上将完成土地改革作为实现财政经济状况根本好转的

三个条件之一。同年6月30日正式颁布《中华人民共和国土地改革法》，部署“废除地主阶级封建剥削的土地所有制，实行农民的土地所有制，借以解放农村生产力，发展农业生产，为新中国的工业化开辟道路”。此后，政务院相继制定了相关配套法规。从1950年冬至1952年底，党领导新解放区分期分批地完成把封建剥削的土地所有制转变为农民的土地所有制。

3. 建立和巩固新经济秩序

中华人民共和国成立后，党和政府按照“公私兼顾、劳资两利、城乡互助、内外交流”的基本方针恢复经济秩序、发展国民经济。1950年6月，毛泽东在提交给党的七届三中全会的书面报告中指出：“在统筹兼顾的方针下，逐步地消灭经济中的盲目性和无政府状态，合理地调整现有工商业，在具有社会主义性质的国营经济领导之下，分工合作，各得其所，以促进整个社会经济的恢复和发展。”陈云强调，不同的经济成分只有在国营经济领导下“统筹兼顾、各得其所”，“才可以大家夹着走，搞新民主主义，将来进到社会主义”。毛泽东、陈云等领导人的这些思想为建立和巩固新经济秩序、恢复和发展国民经济提供了基本遵循。

（二）过渡时期总路线及“一化三改造”

土地改革结束之后，中国社会的内部主要矛盾已经由人民大众同封建主义、官僚资本主义和国民党反动派之间的斗争转变为资产阶级与无产阶级的矛盾、资本主义道路和无产阶级道路的矛盾，同时，由于中国十分落后的社会经济状况和人民迫切需要发展经济的愿望，人民日益增长的物质文化需要同落后的社会生产之间的这个主要矛盾依旧存在。

土地改革和恢复国民经济的任务完成之后，中共中央在1952年下半年开始酝酿和提出过渡时期总路线，以便逐步实现向社会主义的转变，从1953年起，我国实行发展国民经济的第一个五年计划，开始了由新民主主义向社会主义过渡、实现过渡时期总路线和总任务的重大步骤。

1. 提出过渡时期总路线

在三年恢复期内，社会主义因素快速增长，为此，党中央提出要立即开始向社会主义过渡。1952年9月24日，毛泽东在中央书记处会议上提出了向社会主义过渡的命题：“十年到十五年基本上完成社会主义。”1953年6月15日，他主持召开中央政治局会议，首次对过渡时期党的总路线作出比较完整的表述，即“从中华人民共和国成立，到社会主义改造基本完成，这是一个过渡时期。党在过渡时期的总路线和总任务，是要在十年到十五年或者更多一些时间内，基本上完成国家工业化和对农业、手工业和资本主义工商业的社会主义改造”。1954年2月，这一总路线在党的七届四中全会上正式获得批准。过渡时期党的总路线的酝酿和提出，从根本上解决了新民主主义社会向社会主义社会过渡的方式和方法

问题，为中华人民共和国建设指明了前进的方向。

2. 制定第一个“五年计划”

早在1945年发表《论联合政府》时，毛泽东就提出关于国家工业化的思想。他指出：“没有独立、自由、民主和统一，不可能建设真正大规模的工业。没有工业，便没有巩固的国防，便没有人民的福利，便没有国家的富强。”“在新民主主义的政治条件获得之后，中国人民及其政府必须采取切实的步骤，在若干年内逐步地建立重工业和轻工业，使中国由农业国变为工业国。”1951年，党中央着手编制国民经济发展第一个五年计划；1952年12月，党中央发出《关于编制1953年计划及长期计划纲要若干问题的指示》。经过三年多的讨论修改，1955年7月，党中央拟定的《中华人民共和国发展国民经济的第一个五年计划（1953—1957）》在第一届全国人民代表大会第二次会议上获得通过。第一个五年计划提出了把工业化作为经济建设的主要任务，强调经济建设的规模和速度必须根据实际情况决定等许多重要的指导思想，这个五年计划的执行为中华人民共和国的经济建设特别是工业化发展奠定了坚实的基础。

3. 全面实行对生产资料私有制的社会主义改造

随着过渡时期总路线的公布和第一个五年计划的实施，中国共产党领导全国人民开始有计划地对农业、手工业和资本主义工商业开展社会主义改造。对农业的社会主义改造，采取的是自愿互利原则，通过典型示范和逐步推广，开展农业合作化运动。对手工业的社会主义改造，主要是依次完成从手工业生产合作小组到手工业供销生产合作社，再到手工业生产合作社的转变。对资本主义工商业的社会主义改造，则是采取国家资本主义途径来完成的。到1956年底，“三大改造”的任务基本完成。这一伟大创举实现了马克思主义经典作家关于对资产阶级实施“和平赎买”政策而实行国有化的设想，大大丰富和发展了科学社会主义理论。

第四节　社会主义建设时期马克思主义政治经济学的中国实践

一、社会主义建设时期马克思主义政治经济学中国实践的历史任务

1956年社会主义改造完成到1978年是社会主义建设时期。我国在基本完成对农业、手工业、资本主义工商业的生产资料私有制的社会主义改造任务后，开始跨入全面建设社会主义的历史新时期。中华人民共和国成立后，我国在社会主

义建设伊始，采取了“以苏为师”的指导思想，走苏式的社会主义建设道路。然而，在进入全面建设社会主义新时期后，以毛泽东同志为核心的党的第一代中央领导集体提出了“以苏为鉴”的社会主义建设思想，开始注重在理论和实践上探索一条有中国特点的社会主义建设道路。同年9月，党的八大正确分析了国内形势和国内主要矛盾的变化，明确指出“国内的主要矛盾，已经是人民对于建立先进的工业国的要求同落后的农业国的现实之间的矛盾，已经是人民对于经济文化迅速发展的需要同当前经济文化不能满足人民需要的状况之间的矛盾”，提出党和全国人民的主要任务是“要把我国尽快地从落后的农业国变为先进的工业国”。

苏共二十大后，国际社会主义运动出现巨大波折和思想混乱，如何认识和解决社会主义社会出现的各种新矛盾，成为摆在中国共产党人面前深刻而重大的课题。1957年2月，毛泽东发表《如何正确处理人民内部的矛盾》讲话，第一次科学揭示了社会主义社会发展的动力，丰富和发展了科学社会主义理论，对党和社会主义建设事业具有长远的指导意义。针对“大跃进”和三年严重困难，1961年1月，党的八届九中全会提出“调整、巩固、充实、提高”八字方针，压缩基本建设规模，缩短工业战线，精减职工和减少城镇人口，逐步恢复和发展农业生产。在国民经济调整工作取得巨大成就的背景下，1964年底，周恩来在第三届全国人大第一次会议上郑重提出实现农业、工业、国防、科学技术“四个现代化”的历史任务，并明确提出分“两步走”实现现代化的战略构想。“文化大革命”期间，国务院在乱局中抢抓时机，采取有力措施对国民经济进行调整。1973年下半年，“四五”计划主要指标超额完成。1975年初，在毛泽东、周恩来的支持下，邓小平以整顿铁路部门为突破口，对工业、农业、商业等领域进行大刀阔斧的整顿，推动全国经济形势日益好转，社会秩序趋于稳定，国民经济发展逐步变好。

二、社会主义建设时期马克思主义政治经济学中国实践的工作重心

（一）20世纪50年代的调整与改革

1. 正确处理经济建设中的各种关系

毛泽东针对所有制改造过快过急，形式过于单一，中央对计划、财政、干部、物资、劳动工资等包揽过多，统得太死，以及过分强调条条管理，割断了地区内不同部门、企业之间的联系等问题，综合中央34个部门的工作汇报，毛泽东在《论十大关系》中提出了经济建设中要正确处理的十大关系，其中重点包括农轻重的关系，国家、集体和个人三者的利益关系，中央和地方的关系。

2. 保证经济建设速度应在综合平衡中稳步前进

1955 年底到 1956 年初，在国际环境趋于缓和的形势下，我国加快了经济建设发展速度，1956 年的经济建设出现了高发展速度，工业总产值增长 28.1%。然而，这种高速度是以高代价换来的：这一年基本建设拨款比上年多用了 51 亿元；职工人数猛增了 230 万，工资福利支出多花了 37 亿元。这些开销，对于当时我国薄弱的物质基础来说，确实是太大了。

周恩来、陈云等领导同志意识到了急躁冒进的倾向，开始反冒进。周恩来在 1956 年 1 月 20 日召开的知识分子会议上呼吁，要“使我们的计划成为切实可行的、实事求是的计划，而不是盲目冒进的计划”。不久以后，周恩来又指出：“现在有点急躁的苗头，这需要注意。社会主义积极性不可损害，但超过现实可能和没有根据的事，不要乱提，不要加快，否则就很危险。”陈云也多次提醒经济建设要稳步进行，要注意综合平衡。在周恩来、陈云等同志的主张下，1956 年 5 月党中央正式确定了我国经济建设要既反保守又反冒进、在综合平衡中稳步前进的方针。9 月召开的党的第八次代表大会对此做了肯定。

3. 对经济体制的继续探索和改革

第一，对农村高级社进行了调整改革，建设“小而灵活”的高级社。党的八大一次会议就曾指出，一部分合作社成立比较仓促，有很多遗留问题需要处理，比如应纠正过分强调集体利益和集体经营而忽视社员个人利益、个人自由和家庭副业的偏向。1957 年 9 月，中共中央召开了第四次全国农村工作会议，制定并发布了《关于整顿农业生产合作社的指示》等文件，对高级社的经营管理体制做了一些调整和改革，主要包括：①调整社和队的组织规模；②推行农业生产责任制；③贯彻互利政策，克服分配上的平均主义。

第二，对手工业生产合作社和公私合营企业的整顿，强调经营的灵活性。一方面，对手工业生产合作社的整顿，要使大社、小社、小组同时并存，集中生产和分散生产同时并存，统一核算盈亏和分别核算盈亏同时并存，同时在保证社员收入不断提高的前提下，适当增加公共积累；另一方面，对公私合营企业的整顿，主要是进行企业改革和经济改组。在企业改革方面，主要是改变原来不合理的经营管理制度，重订各种规章制度，以使之适应新的生产关系；在经济改组方面，主要是进行工业的生产改组和商业网点的调整。整顿没有完全消灭私营经济，允许个体经济的存在，同时也调动了社员的积极性，提高了劳动生产率。

第三，改革工业、商业、财政管理体制，把一部分权限下放到地方。1957 年 9 月 20 日至 10 月 9 日，中共中央召开八届三中全会，议题之一就是进一步讨论落实关于改进体制的决策。全会经过认真讨论，基本上通过了陈云根据毛泽东的建议，代国务院起草的《关于改进工业管理体制的规定（草案）》《关于改进商业管理体制的规定（草案）》和《关于改进财政管理体制的规定（草案）》。这三个改革经济体制的规定（草案）总的精神是把部分工业管理、商业管理和财政管理的权限下放到地方和企业，以便因地制宜。这次的体制改革开始涉及以前建立起来的高度集中的经济管理体制的通病，提出了方向性的解决措施。然而，这次改革的着眼点主要在中央和地方的关系上，对于国家和企业的关系涉及不多；虽然对地方的权限做了适当的限制，但是没有明确规定下放的“度”，以至于后来造成微观经济管理失调，从“统而死”走向了“放而乱”；只关注制度方面，即生产关系方面的改革，而对生产力的发展只字未提；只是提出了方向性的解决措施，没有找到改革经济体制的根本办法。

（二）20世纪60年代的调整与改革

1. 调整国民经济发展比例，改变“以钢为纲”的体制，搞好综合平衡

“以钢为纲”的“大跃进”片面强调发展重工业，比例严重失调。1957～1960年，重工业增长2.33倍，轻工业只增长47%，农业却下降了22.8%，其中粮食产量下降了26.4%。1957～1960年，在工农业总产值中，农业所占比重由43.3%猛降到21.8%，轻工业从31.2%下降为26.1%，而重工业则从25.5%猛增至52.1%。其中，农牧业产品的产值大多退到1951年的水平。农业减产又直接影响主要以农产品为原料的轻工业生产。经济的严重困难促使党开始调整国民经济发展比例，强调经济建设应搞好综合平衡。

2. 调整农村生产关系，改变“大锅饭”现象，恢复和发展农业生产

一是调整人民公社的所有制关系，改革基本核算单位，把全民所有制改成集体所有制。1962年2月，中共中央发出《关于改变农村人民公社基本核算单位问题的指示》，正式决定农村人民公社一般以生产队为基本核算单位。9月，党的八届十中全会通过的《农村人民公社工作条例（修正草案）》又明确规定，生产队所有的大牲畜、农具，公社和大队都不能抽调，而且生产队对生产的经营管理和收益分配有自主权。这就彻底划分了全民所有制和集体所有制的界限。二是规定发展灵活多样的经营方式，破除供给制和“大锅饭”。通过划分各种作业小组，建立严格的生产责任制，采取评工记分的办法，实行按劳分配。有的地方还搞起了包产到户，包干到户。

3. 搞活市场，改变“共产经济”，发展社会主义商品经济

人民公社“一平二调三收款”的“共产经济”取消了商品、货币和商业，否定了价值规律的作用。这种没有生产力基础的“共产”严重挫伤了劳动人民的积极性，经济发展几乎停滞。我国从1960年冬开始恢复经济杠杆的调节作用，稳定市场，消灭赤字。具体措施包括：一是开放市场。开放农村集市贸易，城乡恢复合作社商业，在大中城市相继出现一些农贸市场。二是解决粮食不足问题。

从1961年1月起，将粮食收购价格提高了25%，其他农产品收购价格也有不同程度的提高；9月，决定减少粮食征购量，适当压缩城市粮食销量，同时进口部分粮食以弥补国内供应的不足。农村急需的生产资料和生活资料，优先供应农村。三是解决通货膨胀问题。首先，逐步敞开供应高价糕点和高价糖果；其次，1962年3月，又增加针织品、自行车、手表、闹钟、茶、酒和高级副食品7种新的高价商品。通过高价收购，回笼了大量货币。

4. 进一步改革经济管理体制，改变混乱局面

第一，国民经济调整时期，针对经济管理体制中出现的“半无政府主义”和中央财政锐减的状况，1961年1月15日，中共中央转批财政部党组《关于改进财政体制，加强财政管理的报告》时强调：财政大权要集中到中央和省、自治区、市三级，认真实行“全国一盘棋”，坚决纠正财政过于分散的现象。1月20日又发出《关于调整管理体制的若干暂行规定》，特别强调：经济管理的大权要集中到中央、中央局和省、自治区、市三级，最近二三年内更多地集中到中央和中央局；1958年以来，各省、自治区、市和中央各部下放给专、县、公社和企业的人权、财权、商权和工权，放得不适当的，一律收回；凡属全国平衡的重要物资，均由中央统管统配：财权要集中，不许搞赤字预算；货币发行归中央；国家规定的劳动计划，各地不许突破；所有生产、基建、收购、财务等项工作，要执行“全国一盘棋、上下一本账”的方针，不得层层加码。

第二，整顿和改革企业管理体制。1961年9月16日，中共中央颁发了《国营工业企业工作条例（草案）》（即“工业七十条”）。企业的各个方面、各个环节都要实行严格的责任制，生产工人要实行岗位责任制；企业职工的劳动报酬，要贯彻按劳分配的原则，反对平均主义；实行企业职工代表大会制度。

第三，改变用行政办法、管理企业的做法，试办托拉斯。中央于1963年3月决定办托拉斯，成立了烟草公司统管全国卷烟原料收购和产品销售。从1964年第三季度起，中央各部试办了12个（包括原有的1个）工业、交通托拉斯，其中全国性的9个、地方性的3个。1965年又增加了3个。试办托拉斯，实际上是按照专业化协作原则来实行工业改组，其实质是社会主义全民所有制下集中统一管理的经济组织，是在国家统一计划下的独立的经济核算单位。试办的结果在一定程度上改善了企业的经营管理，促进了生产的发展。

第五节 改革开放和社会主义现代化建设时期马克思主义政治经济学的中国实践

一、改革开放和社会主义现代化建设时期马克思主义政治经济学中国实践的历史任务

1978 年至 2012 年党的十八大召开之前是我国改革开放和社会主义现代化建设时期。中国共产党在不同的发展阶段分别提出并努力完成不同的阶段性任务。20 世纪 80 年代，党提出的历史任务就是解放和发展社会生产力，集中力量解决人民温饱问题；20 世纪 90 年代，党提出的具体任务是实现全国人民的总体小康；2002 年，党的十六大提出用 20 年时间，全面建设惠及十几亿人口的更高水平的小康社会；2007 年，党的十七大提出夺取全面建成小康社会新胜利的奋斗目标。改革开放以来，在邓小平理论指导下，党的改革开放路线确立，将指导思想从以阶级斗争为纲转移到经济建设上来，由此开创了中国特色社会主义政治经济发展的新局面，坚决把国家工作重心转移到经济建设上来，把实现四个现代化作为宏伟目标。

二、改革开放和社会主义现代化建设时期马克思主义政治经济学中国经济实践的工作重心

我国的经济体制改革是从计划经济体制最为薄弱、对新体制需求最为迫切的农村改革开始的，经历了从农村改革到城市改革，从局部到全面，从商品经济要素的引入探索建立和逐步完善社会主义市场经济体制的历史进程。以 1978 年 12 月党的十一届三中全会召开为标志，我国拉开了改革开放的帷幕。这一时期，中国共产党领导全国人民恢复了“解放思想、实事求是”的思想路线，把工作重心转移到经济建设上来，使中国走上了改革开放的强国之路。以经济建设为中心的历史性决策，是改革开放后最为关键的一次宏观性的、方向性的决策，直接为此后中国经济的高速发展奠定了坚实的基调。

（一）坚持走中国特色新型工业化道路

在确定“三步走”战略目标后，以什么样的发展方式实现这个战略是无法回避的问题。党的十一届三中全会以前我国的经济建设采取了“大跃进”式的发展方式。这种发展方式的突出问题是资源浪费严重，经济效益低下，发展的效

果不好。继续按这种方式发展下去难以实现现代化。党的十一届三中全会后，中央适时提出“要从中国实际出发，认真研究经济规律和自然规律，努力走出一条适合我国情况和特点的实现现代化的道路”。转变发展方式，探索新的发展道路成为新时期社会主义现代化建设的重要课题。

20世纪80年代，中央先后作出“把全部经济工作转移到以提高经济效益为中心的轨道上来”和“从粗放经营为主逐步转向集约经营为主的轨道”的重大决定。同时，在产业结构上，努力处理好农轻重之间的比例关系，采取了一系列有利于农业、轻工业发展的重要措施，建设了一批投资少、见效快、效益高的项目，在较短的时间内大幅度增加了农产品和纺织工业产品的产量，基本解决了人民群众的温饱问题。这个时期转变增长方式、探索新的发展道路的特点是，经济工作开始以提高经济效益为中心。

20世纪90年代，人民群众基本解决温饱问题后，国内需求结构的变化带动了以家用电器为代表的电子、轻纺工业快速发展，也产生了非常突出的产业结构问题。“冷战”结束后的国际环境为我们提供了难得的发展机遇，也带来严峻挑战。在这种形势下，党的十四大一方面提出要“抓住有利时机加快发展”，另一方面强调“走出一条既有较高速度又有较好效益的国民经济发展路子”。这期间党中央、国务院通过改革财政管理体制、发行长期建设国债等措施，集中财力加强能源、原材料、交通运输等基础设施和基础产业建设。通过改革金融、税收、外汇、外贸等制度，深化国有企业改革，培育高新技术产业，加强农业的基础地位，提高制造业生产水平和国际竞争力。到20世纪末，我国工业和基础产业的面貌发生了巨大变化，人民生活总体上达到小康，为进一步发展奠定了较好的基础。这个时期探索新的发展道路的突出特点是，追求较快的增长速度和较高的经济效益之间的协调。

从20世纪末开始，我们提前完成第一步和第二步战略目标后，针对进入以重化工业为主的新发展阶段遇到的新情况、新矛盾，在深刻分析国内国际竞争态势的基础上，党的十五大提出要“真正走出一条速度较快、效益较好、整体素质不断提高的经济协调发展的路子”。我国实现现代化最主要的是实现工业化。因此，党的十六大把新的发展道路进一步概括为“科技含量高、经济效益好、资源消耗低、环境污染少、人力资源优势得到充分发挥的新型工业化路子”，是一条“生产发展、生活富裕、生态良好的文明发展道路”。这时对适合我国国情发展道路的认识开始升华。

党的十六大以后，在继承和发展党的三代中央领导集体关于发展的重要思想，立足社会主义初级阶段基本国情，借鉴国外发展经验的基础上，适应新的历史条件下的发展要求，提出了科学发展观。在科学发展观的指导下，党的十七大明确提出“坚持走中国特色新型工业化道路，坚持扩大国内需求特别是消费需求的方针，促进经济增长由主要依靠投资、出口拉动向依靠消费、投资、出口协调拉动转变，由主要依靠第二产业带动向依靠第一、第二、第三产业协同带动转变，由主要依靠增加物质资源消耗向主要依靠科技进步、劳动者素质提高、管理创新转变”，“更加自觉地走科学发展道路”。文明发展和科学发展成为中国特色工业化道路的鲜明特点。

（二）充分发挥市场机制在资源配置中的基础性作用

党的十一届三中全会以来，我国在实现发展方式、发展道路转变上取得显著进展。党的十二大提出“计划经济为主，市场调节为辅”；党的十三大提出“社会主义有计划商品经济的体制应该是计划与市场内在统一的体制”；党的十四大明确提出“我国经济体制改革的目标是建立社会主义市场经济体制”，“就是要使市场在社会主义国家宏观调控下对资源配置起基础性作用”。党的十四大以后，改革朝着建立社会主义市场经济体制的方向不断深化、不断取得新突破。从1978年以来，通过在农村实行联产承包责任制，坚持和完善公有经济为主体、多种所有制经济共同发展的基本经济制度，推进政企分开，改革国有企业，鼓励、支持和引导非公有制经济发展，建立现代企业制度等重要举措，培育市场竞争主体。

通过改革价格管理体制和形成机制，大力发展商品市场，积极培育要素市场，打破条块分割、地区封锁等重要举措，逐步建立起统一开放的市场体系和规范有序的竞争秩序。通过坚持按劳分配为主体、多种分配方式并存的分配制度，允许一部分人、一部分地区先富起来，加快建立覆盖城乡居民的社会保障体系等重要举措，建立有利于调动全体社会成员积极性和保障人民基本生活的分配制度。

通过改革计划、财政、税收、金融、投资体制，转变政府职能，深化行政管理体制改革等重要举措逐步建立起适应社会主义市场经济的宏观调控体系。通过制定和颁布利用外资、对外贸易、财政、税收、银行、土地、矿产资源等方面的法律和行政法规，初步建立起社会主义市场经济的法律体系。这些制度的建立初步形成了社会主义市场经济体制框架，市场机制在资源配置中的作用越来越强有力地推动增长方式和发展模式转变。

在加快改革和经济发展的过程中，由于一些地方和部门对邓小平南方谈话精神理解不够全面，认识上发生偏差，同时由于旧的调控机制逐渐失效，新的宏观调控机制尚未完善，致使一些新的问题出现，影响了国民经济的健康发展。这主要是房地产热、开发区热以及乱集资、乱拆借、乱设金融机构等，投资规模过度扩大，物价上涨和通货膨胀呈现加速之势。党中央及时发现这些问题，果断作出加强宏观调控的决策。

从1992年起，以江泽民同志为核心的党的第三代中央领导集体就一再提醒全党，要防止发生经济过热现象，把经济发展的好势头保持下去。1993年3月，党中央着手解决乱集资、乱拆借和经济过热问题。6月，中央决定加强宏观调控力度，突出抓金融工作，并颁布了一系列加强和改善宏观调控的措施。这主要包括实行适度从紧的财政政策和货币政策、整顿金融秩序和流通环节、控制投资规模、加强价格监督等。这次宏观调控，除采取必要的行政手段和组织措施外，主要着眼于从加快新旧体制转换中找出路，运用经济办法把改进和加强宏观调控、解决经济中的突出问题，变成加快改革、建立社会主义市场经济体制的动力。

（三）参与国际合作与竞争

党的十一届三中全会以来，我们转变发展方式的动力，不仅来自国内市场竞争机制的推动，还来自对外开放带来的国际竞争压力。对外开放是转变我国发展方式的重要动力之一。

党的十二大指出："实行对外开放，按照平等互利的原则扩大对外经济技术交流是我国坚定不移的战略方针。"党的十三大进一步指出："当今世界是开放的世界。我们已经在实行对外开放这个基本国策中取得了重大成就。今后我们必须以更加勇敢的姿态进入世界经济舞台。"党的十四大面对"冷战"结束后世界格局的变化，经济科技全球化的趋势，提出进一步扩大开放，形成"多层次、多渠道、全方位开放的格局"。党的十五大进一步强调"对外开放是一项长期的基本国策"，要"不断完善全方位、多层次、宽领域的对外开放格局，发展开放型经济，增强国际竞争力，促进经济结构和国民经济素质提高"。进入21世纪以后，根据我国加入世界贸易组织后的新形势，党的十六大提出，"坚持'引进来'和'走出去'相结合，全面提高对外开放水平"，"在更大范围、更广领域和更高层次上参与国际经济技术合作和竞争，充分利用国际国内两个市场，优化资源配置，拓展发展空间，以开放促改革促发展"。党的十七大进一步强调"坚持对外开放的基本国策"，"拓展对外开放广度和深度，提高开放型经济的水平"。

为了落实对外开放这一基本国策，在20世纪80年代通过实施一系列打破对外经济贸易垄断经营的改革措施，使国内企业直接走向国际市场参与国际竞争。从那时起，允许建立中外合资企业。在20世纪90年代通过关税、汇率、信贷、退税、补贴、所得税等方面的改革，逐步形成国内外市场统一、内外资企业公平竞争的环境。2001年，我国加入世界贸易组织后，允许外资进入的领域从最初的工业和建筑业扩大到除关系国家安全的行业外的所有领域，外商投资的形式从合资办企业、外商独资办企业到外资进入资本市场。

从1979年开始，通过兴办深圳、珠海、汕头、厦门4个特区，开放沿海14

个城市，在长江三角洲、珠江三角洲、闽东南地区、环渤海地区开辟经济开放区，批准海南建省并成为经济特区，开发上海浦东，开放沿江、沿边、内陆省会城市，最终实现全面开放。从 1979 年通过《中华人民共和国中外合资经营企业法》开始，经过不断地制定、修改和完善涉外法律和规定，特别是加入世界贸易组织后，我国初步建立起与国际法和国际惯例相衔接的涉外法律体制体系。在“引进来”的同时，“走出去”的步伐加快，不仅支持企业通过进出口贸易、承包工程走上国际市场，还支持企业到国外投资、办企业、开矿山、设立研发机构。上述措施的实施使得我国基本形成全方位、多层次、宽领域的对外开放格局。我国在积极参与国际经济和技术的合作与竞争中深化了我国经济与世界经济的联系，引进了国外的资金、先进技术和管理经验，扩展了发展空间，缓解了资源环境压力，推动了我国经济增长方式和发展模式的转变，提高了我国经济的发展水平和竞争实力。

（四）建设创新型国家

党的十一届三中全会以后，党中央、国务院对科技、教育越来越重视。从党的十二大到党的十七大，历次党代会报告中都把科技和教育事业放在国民经济和社会发展的重要位置。在这个基础上，党的十五大提出“实施科教兴国战略”，“要充分估量未来科学技术特别是高技术发展对综合国力、社会经济结构和人民生活的巨大影响，把加速科技进步放在经济社会发展的关键地位”。党的十五届五中全会通过的关于制定“十五”规划的建议中将科技进步与改革开放并列为发展的动力。

党的十七大进一步指出，“提高自主创新能力，建设创新型国家。这是国家发展战略的核心，是提高综合国力的关键”，要“优先发展教育，建设人力资源强国”。党的十一届三中全会以来，科技不断发展，科技对经济建设的推动作用不断加强，通过制定和实施“星火计划”、改革部属科研院所管理体制，积极推进以企业为主体、市场为导向、产学研相结合的创新体系，建设发展技术转让、技术咨询等中介服务，建立健全专利保护制度等措施，加快科技成果产业化的进程。

党的十一届三中全会以来，教育与经济建设的联系越来越密切。在改革开放初期，冲破“读书无用论”的束缚，恢复了各级各类教育。20 世纪 80 年代，通过推进《中共中央关于教育体制改革的决定》，颁布实施《中华人民共和国义务教育法》，重点进行了普及初等教育，并根据经济建设和社会发展的需要，调整中等教育，积极发展中等职业教育、成人教育，加快发展高等教育，加强国民经济急需学科的建设。20 世纪 90 年代，通过制定和实施《中国教育改革和发展纲要》《全国教育事业“九五”规划和 2010 年计划发展规划》，大力普及义务教育，调整中等教育结构，进一步加快职业教育、成人教育和在职教育改革，推进教育更加紧密地服务于经济社会发展。进入 21 世纪后，将巩固和提高普及九年义务教育作为教育工作的重中之重，全面推进素质教育。适应增长方式转变和产业结构、就业结构的变化，加快高中阶段教育和高等教育的发展，加大教育结构的调整力度。通过加大对西部教育、农村教育的支持力度，改善教育布局。

总而言之，1978~2012 年是中国实现“富起来”的发展时期。我国实现了从高度集中的计划经济体制到充满活力的社会主义市场经济体制、从封闭半封闭到全方位开放的历史性转变，实现了从生产力相对落后的状况到经济总量跃居世界第二的历史性突破，实现了人民生活从温饱不足到总体小康、奔向全面小康的历史性跨越。

第六节　中国特色社会主义新时代马克思主义政治经济学的中国实践

一、中国特色社会主义新时代马克思主义政治经济学中国实践的历史任务

2012 年，党的十八大的召开标志着中国特色社会主义进入新时代。社会主义最终战胜并取代资本主义，这是时代赋予共产党人的历史使命，要完成这一时代任务，摆在第一位的就是运用社会主义制度的优越性，创造比资本主义发展速度更快、质量更高的生产力，建设社会主义现代化强国。2017 年，党的十九大提出新时代的伟大任务是决胜全面建成小康社会，建设社会主义现代化强国。

建设社会主义现代化强国的任务、保障措施、前提条件等都和过去有明显的不同，有新的要求。首先，在发展方式上，一定要坚持全面发展。习近平总书记强调，社会主义现代化强国一定是富强、民主、文明、和谐、美丽的国家，而不仅仅是一个经济发展水平、人均收入、国民生产总值达到强国标准的国家。其次，仅从物质文明建设的角度来看，社会主义现代化强国的内涵也更加丰富，不只是 GDP 的增长，而是更加注重经济发展的质量和效益。现在我们所说的工匠精神等，实际上都表明中国经济发展的内涵不再简单看数量，而是更看重质量。我们现在强调要掌握走在世界前列的核心技术，摆脱核心技术受制于人的状况；强调要在教育、科学、国防实力等方面都成为强国，走在世界发达国家的前列。20 世纪 80 年代，我国集中有限财力搞经济建设，而现在我们强调要加强国防军队建设，要研制世界先进的武器，建造中国自己的航母，中国军队的强大是国家

强大的重要内容，是世界和平的重要保障。

党的十九大指出，新时代是决胜全面建成小康社会，进而全面建设社会主义现代化强国的时代。新时代是相对于社会主义建设新时期提出的。社会主义建设新时期主要解决人民日益增长的物质文化生活需要同落后的社会生产之间的矛盾，主要解决中国人民的富裕问题。中国特色社会主义新时代主要解决人民日益增长的美好生活需要与不平衡不充分的发展之间的矛盾，承接着我国全面建成小康社会、中国人民实现“富起来”的愿望，我国已进入建设社会主义现代化强国的新时期，开启走向“强起来”新时代。

二、中国特色社会主义新时代马克思主义政治经济学中国实践的工作重心

（一）以创新为发展动力

党的十九大提出，中国社会主要矛盾已经从人民日益增长的物质文化需要同落后的社会生产之间的矛盾转化为人民日益增长的美好生活需要和不平衡不充分的发展之间的矛盾。这意味着：一方面，中国经济在量的增长方面取得了显著成果，摆脱了落后的社会生产力状况，从“量的增长”为中心转化到了“质的增长”为中心的新发展阶段；另一方面，长期粗放式发展方式造成了经济发展的不平衡和不充分。因此，发展方式的转型升级成为急需解决的问题，要加快从要素驱动、投资规模驱动发展向以创新驱动发展为主转变。创新发展是包含制度创新、文化创新、管理创新、知识创新等在内的全面创新，其中，科技创新是核心。习近平总书记将科技称为“我国这个经济大个头的‘阿喀琉斯之踵’”。为此，他强调，加快科技创新是推动高质量发展、实现人民高品质生活和构建新发展格局的需要，推动质量变革、效率变革、动力变革都离不开科学技术的支撑。在构建社会主义现代化经济体系的过程中，要坚持以创新为引领发展的第一动力，我国要加快转变政府职能，推进产学研用一体化，完善创新投入机制和科技金融政策，给予科技发展有利的政策环境，将创新作为中国建设现代化经济体系、转变发展方式、转换增长动力的重要驱动力量。

（二）坚持协调的发展方式，保持经济发展的整体性和平衡性

一方面，调整产业结构，构建协调的现代化产业体系。现代化产业体系是现代化经济体系的物质基础。如前所述，在中华人民共和国成立初期，计划经济理论将现代化与工业化等同，片面强调工业化的发展。诚然，工业化为现代化提供了坚实的物质基础，但是也带来了产业结构失衡、环境污染等问题，违背了现代化的本质要求。因此，工业化不等于现代化，社会主义现代化是一个内涵丰富的整体。党的十八大明确提出工业化、信息化、城镇化、农业现代化“四化”同步发展，中国共产党对现代化的认识不断深化和全面，从单一的、局部的现代化

逐步走向统一的、全局的现代化。另一方面，调整改革路径，深化供给侧结构性改革。在改革开放初期，改革主要集中在需求侧，通过引入市场机制、强化竞争机制等方式，推行市场化改革，强调消费在“三驾马车”的突出作用，而供给侧的改革相对较少。当前，制约经济发展的既有需求因素，也有供给因素，但主要矛盾在供给侧的不平衡和不充分，建设现代化经济体系需要解决好供给相对不足和供给结构性失衡的问题。对此，党中央指出，建设现代化经济体系要将改革重点集中在供给侧，最终目的是满足需求，根本途径是深化改革：要以发展实体经济为着力点，提高全要素生产率；要以提高供给体系质量为主攻方向，增强中国经济的质量优势。

（三）坚持全面的发展布局，构建新发展格局

在中华人民共和国成立初期，中国共产党将发展重心集中在国内大循环，构建起以工业化为主体的资本原始积累。随着改革开放政策的深入，依靠劳动力、资源、市场等优势，我国逐渐建立起以出口为导向的外向型经济。当前，我国社会主要矛盾已经转化为人民日益增长的美好生活需要和不平衡不充分的发展之间的矛盾，国际经济中不确定性增强，摩擦增多，面对新时代国内外的新背景，现代化经济体系需要构建新的发展格局。党的十九届五中全会作出了加快构建以国内大循环为主体、国内国际双循环相互促进的新发展格局的战略抉择，将构建新发展格局作为应对新发展阶段机遇和挑战、建设现代化经济体系的战略选择。具体来说，新发展格局的主体是以国内统一大市场为基础的国内大循环，通过激发内需的潜力来拉动国际循环，利用好国内国际两个市场、两种资源，以国际循环提升国内大循环的效率和水平，使国内循环和国际循环统筹起来、联通起来，形成中国经济新的国际经济竞争优势，增强中国经济体系的内外联动性、稳定性和独立自主性。同时，要以“一带一路”建设为重点，推动形成全面开放新格局，通过加强政策沟通、道路联通、贸易畅通、货币流通等方式，与“一带一路”沿线国家共商、共建、共享，持续深化要素流动型开放，稳步拓展制度型开放。

（四）可持续的绿色发展

环境问题既是发展所导致的问题，又要在发展的过程中得以解决。党的十八大指出，建设中国特色社会主义，总体布局是经济建设、政治建设、文化建设、社会建设、生态文明建设“五位一体”，将生态文明建设与经济建设等其他建设方面统筹起来，实现可持续的绿色经济现代化。一方面，习近平总书记提出了“绿水青山就是金山银山”的发展理念，指出人与自然是“生命共同体”。习近平总书记强调，保护环境就是保护生产力，改善环境就是发展生产力，在生态环境保护上，一定要树立大局观、长远观、整体观。因此，在发展的同时要尊重自然、顺应自然、保护自然，与自然和谐共生，走生产发展、生活富裕、生态良好

的文明发展道路。另一方面，党中央坚持在发展中解决发展所带来的问题，通过转变经济发展方式推动可持续发展。在经济发展初期，中国存在以牺牲自然环境换取经济发展的现象，环境污染严重、生态系统退化。生态环境问题，归根到底是生产方式和生活方式的问题。绿色发展既是现代化经济体系的要求，又是建设现代化经济体系的途径。党的十八大以来，党中央提出通过能源革命，推动能源结构调整，提高新能源和可再生能源比重；通过提高生态环保标准，倒逼企业改造升级，淘汰落后企业；通过大力发展绿色金融，为绿色产业吸引和积累资金支持；通过"限塑令""光盘行动"等的引导，逐渐改变消费者消费习惯，构建国家、企业、人民一体的生态环境"治理共同体"；将制度约束与法律约束并行，将约束性政策与鼓励性政策并行，将供给侧管理与需求侧管理并行，加快建设绿色、可持续的现代化经济体系，共建美丽中国。

（五）要以人民为中心，坚持共享发展理念

让广大人民群众共享中国的发展成果，是社会主义的本质要求，是社会主义制度优越性的集中体现，也是中国共产党坚持全心全意为人民服务根本宗旨的重要体现。中国共产党坚持发展成果全民共享，强调全面建成小康社会的核心要义不仅是"小康"，更重要的是"全面"，没有覆盖全民的小康社会，不能被称为"全面小康"。为此，中国共产党坚持实施区域协调发展战略和乡村振兴战略，始终把解决绝对贫困问题作为国家治理的重点。党的十八届五中全会把农村贫困人口脱贫作为全面建成小康社会的基本标志，确保到 2020 年中国现行标准下农村贫困人口实现脱贫，贫困县全部摘帽，解决区域性整体贫困。同时，提出了精准扶贫，坚持实事求是的原则，对脱贫攻坚工作实施因地制宜、分类指导、精准扶贫，这标志着中国扶贫方式的重大转变。2021 年 2 月，习近平总书记庄严宣告中国脱贫攻坚战取得了全面胜利，现行标准下 9899 万农村贫困人口全部脱贫，832 个贫困县全部摘帽，12.8 万个贫困村全部出列，区域性整体贫困得到解决，绝对贫困得到了根本性解决。

总结中国共产党的百年经济实践，我们必须意识到：中国经济现代化历程的必要前提是中国共产党的领导、马克思主义的指导和社会主义道路的坚持；国家现代化是一个系统工程，必须坚持系统观念，统筹和协调推进各领域现代化；共同富裕是现代化的重要目标；现代化的终极旨趣是人的自由全面发展。

第六章　马克思主义政治经济学中国百年思想

第一节　马克思主义政治经济学中国百年思想的阶段划分

白永秀等（2011）按照历史的发展轨迹，把中国共产党的经济思想划分为四个历史发展阶段：第一阶段是战争时代的经济思想（1921～1949 年），第二阶段是建设时代的经济思想（1949～1978 年），第三阶段是前改革时代的经济思想（1978～2003 年），第四阶段是后改革时代的经济思想（2003 年至今）。需要说明的是，2003 年 10 月党的十六届三中全会通过了《中共中央关于完善社会主义市场经济体制若干问题的决定》，并逐步提出了科学发展观这一指导中国经济社会发展的重要思想，这标志着中国进入了完善社会主义市场经济体制和构建社会主义和谐社会的“后改革时代”。“后改革时代”是相对于“前改革时代”而言的一个历史阶段，它并非意味着改革的结束，而是标志着改革进入了一个新的时代。因此，我们把党的十一届三中全会之后到党的十六届三中全会之间党的经济思想称为前改革时代的经济思想，而把党的十六届三中全会之后党的经济思想称为后改革时代的经济思想。

崔友平等（2021）说，中国共产党经济思想创新的一百年，是马克思主义政治经济学中国化的一百年。在新民主主义革命时期，党自觉接受马克思主义指导，领导土地革命和土地改革，大力发展生产，创新分配方式，提出新民主主义经济纲领，形成新民主主义经济思想，为夺取新民主主义革命的全国性胜利奠定了思想基础。中华人民共和国成立后，党团结带领全国人民迅速恢复和发展国民经济，提出过渡时期总路线，推动新民主主义社会向社会主义社会过渡，形成中国社会主义政治经济学，为社会主义经济建设提供了基础性的制度框架。党的十一届三中全会后，党完成指导思想上的拨乱反正，提出我国处于并将长期处于社会主义初级阶段等一系列重要的经济思想，形成中国特色社会主义政治经济学，为改革开放和社会主义现代化建设事业提供了重要的理论支撑。党的十八大以来，以习近平同志为核心的党中央坚持以马克思主义政治经济学为指导，提出坚持加强党对经济工作的集中统一领导等一系列重要的经济思想，创立习近平新时代中国特色社会主义经济思想，推动经济社会发展取得历史性成就、发生历史性变革，在全面建成小康社会之后，顺利开启全面建设社会主义现代化国家新征程。

简新华（2021）把中国共产党创新和发展社会主义经济理论的百年历程划分为四个阶段：一是中华人民共和国成立前。在这个阶段，在社会主义经济理论方面，党还处于初步学习和运用的阶段。二是中华人民共和国成立后到改革开放前。在这个阶段，中国共产党以马克思主义为指导，在借鉴苏联社会主义发展经验的基础上，结合中国实际，对社会主义经济理论进行了初步创新和发展。三是改革开放和社会主义现代化建设时期。在这个阶段，实现了关于社会主义发展阶段、基本经济制度、经济管理体制、运行机制和发展理念及方式的一系列重大突破和理论创新。四是中国特色社会主义新时代。在这个阶段，中国共产党从基本经济制度、新发展理念到治国方略的各个方面全面深化、创新和发展了社会主义经济理论，完善了中国特色社会主义理论，形成了习近平新时代中国特色社会主义经济思想。

综合以上文献，本书把马克思主义政治经济学中国百年思想划分为新民主主义革命时期、社会主义过渡时期、社会主义建设时期、改革开放和社会主义现代化建设时期、中国特色社会主义新时代五个阶段。

第二节　新民主主义革命时期马克思主义政治经济学的中国思想

一、新民主主义革命时期马克思主义政治经济学中国思想的学术梳理

（一）关于经济建设思想的中心

戴向青等（1986）的《中央革命根据地史稿》一书阐述：“从根据地农村的实际出发，正确处理革命战争和经济建设的关系是开展经济建设的根本指导思

想。”萧功达的《毛泽东经济思想研究》一书则把整个新民主主义革命时期毛泽东的根据地经济建设思想集中概括为以下方面：必须围绕着革命战争这个中心开展经济建设；经济建设的目的是保证战争的供给和极力改良民众的生活；经济结构是由国营经济、合作社经济和私人经济三个方面组成的；经济建设的中心是发展工农业生产、对外贸易和发展合作化；根据地的经济建设是有计划进行的；解决财政经济问题的原则和方针是发展经济、保障供给，集中领导、分散经营，军民兼顾、公私兼顾，生产和节约并重，以自力更生为主，但也不放弃一切可能争取的外援。

（二）关于新民主主义革命时期经济思想的阶段划分

洪银兴（2021）指出，在新民主主义革命的各个时期，服从于各个时期中心任务的需要，我们党提出了一系列经济思想和相应的经济政策，其中的一条主线就是逐步形成清晰的新民主主义经济纲领和新民主主义社会经济形态的理论。在第一次国内革命战争时期，毛泽东的《中国社会各阶级的分析》一文明确了中国半殖民地半封建社会的特征和各个阶级对革命的态度。在土地革命时期，党明确提出土地革命是“中国革命的根本内容”，“是中国革命新阶段的主要的社会经济之内容”。开展土地革命，是团结农民和小资产阶级及广大群众夺取民主革命胜利的关键环节。在抗日战争时期，党初步提出了新民主主义三大经济纲领，大银行、大工业、大商业收归新民主主义的国家所有，允许和保护民族资本主义经济的存在和发展，没收地主的土地归农民所有。三大经济纲领的提出，确立了新民主主义经济体系的大致框架，标志着中国共产党新民主主义经济思想逐步形成。

刘佳（2021）将新民主主义革命时期的经济思想划分为大革命时期的新民主主义经济思想、土地革命时期的新民主主义经济思想、抗日战争时期的新民主主义经济思想、解放战争时期的新民主主义经济思想等阶段。

（三）关于工业化的思想

毛传清和毛传阳（2002）以及高伯文（2007）认为新民主主义革命时期中国共产党的工业化思想主要体现在毛泽东的《论联合政府》一书中，在书中毛泽东主要论述了工业化的特点和工业化与农业国改造之间的关系。

（四）关于金融服务实体经济思想

王玉和韩汉君（2021）认为在新民主主义革命时期，中国共产党吸收马克思列宁主义理论精髓及金融思想，同时与中国不同阶段具体实践相结合，领导了服务于政治、军事和经济斗争的金融事业，为解决革命根据地及解放区的经济问题提供了重要支撑。在此过程中，金融在经济建设中的作用逐渐明确，中国共产党金融服务实体经济思想得以生根发芽并初步发展，推动了根据地主要产业即农业的发展，同时促进了服务于战争和农业生产的工商业成长，使根据地社会经济和产业结构发生相应变化，奠定了实体经济发展的基础。更为重要的是，作为一项开创性的事业，这也为中华人民共和国成立后的金融工作提供了宝贵经验和理论准备。中国共产党在早期领导农民运动中，逐渐认识到创设农民金融事业对于发展农村经济的重要性，并围绕各类金融机构的开办进行了有益探索。长期以来，由于封建主义与官僚资本主义的双重压迫，中国农村经济极为萧条，农民生活亦十分困苦。中国共产党顺应现实之需，将政治斗争和经济斗争结合起来开展农民运动，农村经济建设的重要性由此凸显。

二、新民主主义革命时期马克思主义政治经济学中国思想的历史总结

（一）新民主主义经济思想是毛泽东经济思想的重要组成部分

新民主主义经济的理论是毛泽东思想的重要组成部分，它与毛泽东思想的其他组成部分一样，都是中国共产党集体智慧的结晶。在新民主主义经济思想逐渐形成及发展的过程中，毛泽东的贡献是不可取代的。

毛泽东对于新民主主义经济的理论贡献主要体现在以下方面：在运用马克思主义原理分析中国经济状况的基础上，创造性地提出了新民主主义经济的概念；总结了革命根据地生产建设的经验，提出了三大经济纲领；根据新民主主义革命纲领，论证了中国经济的发展前景，对中国的新民主主义经济模式进行了科学的设计；对新民主主义社会的经济形态做了科学的分析，进一步提出了发展新民主主义经济的方针、政策。

（二）新民主主义革命时期经济思想的形成和发展

中国新民主主义经济是半殖民地半封建经济的对立物，它最初产生于中国共产党领导的革命根据地中。经过多年的发展，新民主主义经济最终在全国取得胜利。毛泽东关于新民主主义经济理论的发展过程，大体上可以分为三个时期，即萌芽时期、发展时期及成熟时期。第一、第二个时期当以 1940 年 1 月《新民主主义论》一文的发表为界。在这篇论述中，毛泽东不仅对新民主主义革命理论作了系统的阐述，而且对未来新民主主义国家的经济也作了比较系统的论证，因而它也是新民主主义经济理论发展的里程碑。第二、第三时期以中华人民共和国的成立为界。中华人民共和国的成立，标志着新民主主义经济制度在全国的正式确立，以恢复国民经济为中心的新民主主义经济建设已成为各项工作的重心。这一时期毛泽东关于新民主主义经济的理论更加成熟，提出的政策也更加完善。新民主主义经济的继续发展，必然为向社会主义的过渡准备了条件。

第一时期是毛泽东新民主主义经济思想的萌芽时期。在此时期，毛泽东的经济思想的主要内容包括下列三个方面。

第一，对经济重要性的认识。在大革命时期，毛泽东等老一辈无产阶级革命家就深入到工农群众中，发展工农运动，因而对中国的经济，特别是广大农村的经济有了比较深刻的了解，对经济在中国革命中的重要作用也有了越来越深的认识。毛泽东在1928年10月的《中国的红色政权为什么能够存在》一文中说："边界党如不能对经济问题有一个适当的办法，在敌人势力稳定还有一个比较长的期间的条件下，割据将要遇到很大的困难。"在1939年12月的《中国革命和中国共产党》一文中，他认为："社会经济的性质，不仅规定了革命的对象和任务，又规定了革命的动力。"这些论述说明，毛泽东已经明确地认识到经济状况对于决定中国革命基本问题（如动力、对象等），确保红色政权的继续发展，保证新民主主义革命的胜利具有十分重要的作用。

第二，提出了经济政策的原则。井冈山革命根据地建立后，为了进一步扩大及发展革命根据地，党制定了一系列的经济政策。1927年11月，毛泽东提出要"保护商店"；1928年6月，毛泽东主持召开会议，提出要对红军进行保护中小工商业者的教育等。经过几年的发展，革命根据地的经济建设已经具备了相当的规模，这使得党有可能总结经验，有必要将零散的经济政策进行归纳，上升到政策原则的高度。在1934年1月的《我们的经济政策》一文中，毛泽东指出："现在我们的经济，是由国营事业、合作社事业和私人事业这三方面组成的。"他初步认识到革命根据地的经济是由多种成分构成的。在同一文章中，他还提出了党的经济政策的原则是进行一切可能的和必需的经济方面的建设，集中经济力量供给战争，同时极力改良民众的生活，巩固工农在经济方面的联合，保证无产阶级对于农民的领导，争取国营经济对于私营经济的领导，形成将来发展到社会主义的前提。以上这些都表明，从新民主主义经济在革命根据地中产生开始，毛泽东就十分注意研究它，而且他的认识是不断深化的。

第三，对中国社会经济特点进行了分析。在井冈山斗争时期，毛泽东即在《井冈山的斗争》和《中国的红色政权为什么能够存在》中初步指出了中国社会政治、经济发展不平衡的特点，并论证了这些特点是红色政权能够存在与发展的原因之一。随着中国革命的迅猛发展，革命根据地新民主主义经济不断壮大，而且顽强地显示出了它的生命力。这种情况与处于凋敝的半殖民地半封建经济形成鲜明对比。在1936年12月的《中国革命战争的战略问题》一文中，毛泽东再次分析了整个中国社会政治经济发展不平衡的特点："中国政治经济发展不平衡——微弱的资本主义经济和严重的半封建经济同时存在，近代式的若干工商业都市和停滞的广大农村同时存在，几百万产业工人和几万万旧制度统治下的农民和手工业工人同时存在。"在1939年12月的《中国革命和中国共产党》一文中，毛泽东进一步对这个特点进行了剖析："封建时代的自给自足的自然经济基础被破坏了；但封建剥削制度的根基——地主阶级对农民的剥削，不但依旧保持着，而且同买办资本和高利贷资本的剥削结合在一起，在中国的社会经济生活中，占着显然的优势。”“民族资本主义有了某些发展，并在中国政治的、文化的生活中起了颇大的作用；但是它没有成为中国社会经济的主要形式，它的力量是很软弱的，它的大部分是对于外国帝国主义和国内封建主义有或多或少的联系的。”这说明毛泽东已经认识到了中国经济不是先进的、统一的资本主义经济，而是相当落后的、分散的半封建经济。

在这一时期，虽然毛泽东只是从经济对中国革命的重要作用的角度出发，分析了中国社会政治经济的特点，尚未认识到中国经济发展的前景问题，但是由于革命根据地建设的实际需要，他已经开始思考经济政策的原则性、系统性等问题，这就为在《新民主主义论》一文中比较系统地提出经济理论打下了基础。

第二时期是毛泽东新民主主义经济理论的发展时期。在这个时期，毛泽东对新民主主义国家的经济前景进行了设计，提出了经济纲领，并对新民主主义的经济形态进行了概括。

第一，关于新民主主义经济的概括。1940 年 1 月的《新民主主义论》一文标志着毛泽东关于新民主主义经济理论进入了系统化的发展阶段。在这篇文章中，毛泽东论述了建立新民主主义国家和实行新民主主义经济的主张，首次提出了新民主主义经济的概念。它的含义主要是大银行、大工业、大商业归新民主主义的国家所有，但并不禁止“不能操纵国民生计”的资本主义的发展；没收地主的土地分给无地或少地的农民，富农经济也是容许存在的。毛泽东进一步说明，这些主张与孙中山先生所倡导的三民主义是基本一致的。毛泽东在此文中引用了中国国民党第一次全国代表大会宣言中关于“节制资本”与“平均地权”的一段论述，目的是说明中国共产党在大革命失败后仍然坚持这些经济政策，并强调“这就是新民主主义共和国经济构成的正确的方针”。“谁要是敢于违反这个方向，他就一定达不到目的，他就自己要碰破头的。”毛泽东在《新民主主义论》一文中不仅指出了新民主主义经济的基本政策，还描述了它的基本构成与一般发展关系。毛泽东在此提出的这些理论原则在中共七大上又再次阐述过。

第二，关于通过怎样的途径才能够使新民主主义经济制度建立起来的经济纲领的提出。根据中国经济的总特点和革命根据地建设所提供的经验，毛泽东在 1947 年 12 月中央政治局扩大会议上作了《目前形势和我们的任务》的报告，提出了新民主主义革命的三大经济纲领，即“没收封建地主阶级的土地归农民所有，没收蒋介石、宋子文、孔祥熙、陈立夫为首的垄断资本归新民主主义国家所有，保护民族工商业”。这个纲领明确了新民主主义的国家将实现耕者有其田、建立国营经济，彻底完成民主主义的革命任务。确立新民主主义经济制度的正确

手段，就是正确运用两个“没收”与一个“保护”。后来，三大经济纲领就被简单明了地概括为土地改革、没收官僚资本与保护民族工商业。

第三，关于新民主主义的经济形态与前景设计。1949年初，解放战争已胜利在望，中共中央顺应革命形势的发展，及时召开了具有深远意义的党的七届二中全会。在会议上，毛泽东对新中国的经济构成模式进行了比较明确的阐述：“国营经济是社会主义性质的，合作社经济是半社会主义性质的，加上私人资本主义，加上个体经济，加上国家和私人合作的国家资本主义经济，这些就是人民共和国的几种主要的经济成分，这些就构成新民主主义的经济形态。”在这里，毛泽东对新民主主义经济成分的分析，从以过去的主要是国营经济、合作社经济和私人经济三种成分发展为五种成分。这种分析，不仅包含了革命根据地中的经济发展经验，而且已经从整体上照顾到了未来的中国新经济的全部情况，提出了它的基本模式，甚至还考虑到了向社会主义经济制度过渡的因素，如建立国家资本主义经济的问题。因此，关于五种经济成分的分析，更加符合当时中国经济的实际状况，同时具有前瞻性。这为新民主主义经济制度的确立打下了坚实的基础。

（三）新民主主义经济思想的主要内容

1. 发展生产建设是巩固新民主主义政权的基础

没有革命根据地的经济发展，就没有革命根据地政权的巩固。毛泽东一贯重视新民主主义经济建设与政权建设之间的关系。经济建设与武装斗争一起成为新民主主义政权的两个支柱。在战争年代，毛泽东即已认识到发展生产是革命根据地赖以生存的条件。他曾经提出了人民军队既是战斗队又是生产队的观点，强调人民军队的重要任务之一就是与革命根据地的人民一起搞生产建设，从经济上巩固根据地的政权，同时也达到改善人民生活、保证供给的目的。在新民主主义革命时期，毛泽东曾提出过以生产建设为中心、发展社会生产力的观点。例如，1940年9月25日毛泽东在中央政治局会议上提议研究边区工作问题的时候曾提出，经济建设是各根据地党委和政府工作的中心。中华人民共和国即将成立之际，毛泽东及时地提出：“从我们接管城市的第一天起，我们的眼睛就要向着这个城市的生产事业的恢复和发展。”由于采取了一系列发展经济的政策，中国的经济迅速地得到恢复与初步发展，新民主主义政权也随之得以巩固。

2. 多种经济成分并存的思想

毛泽东认为，在现代工业经济只占很小比重的中国，多种经济成分共存是一种必然现象。为了加速经济发展，在实现中国从农业国向工业国的转化过程中，必须充分发挥各种经济成分的积极作用。为此，单靠国营经济是不够的，必须使各种经济成分与之共同发展。由于中国的民族资本发展很不充分，经济实力很差，因此从政策上而言，新民主主义国家要对其加以保护。早在根据地建设的初期，毛泽东就提出过有关政策，如在《我们的经济政策》一文中，他曾经提出："我们对于私人经济，只要不出于政府法律范围之外，不但不加阻止，而且加以提倡和奖励。因为目前私人经济的发展，是国家的利益和人民的利益所需要的。"在新民主主义革命时期，各根据地对于私人工商业都采取了不同形式的保护政策。正如毛泽东在《关于目前党的政策中的几个重要问题》一文中所总结的那样："必须避免对中小工商业者采取任何冒险政策。各解放区过去保护并奖励一切于国民经济有益的私人工商业发展的政策是正确的，今后仍应继续。"在中国共产党进入大城市后和全国解放初期的国民经济恢复中，多种经济成分共同发展的思想得到了完全的贯彻和执行。

3. 关于综合平衡、多方兼顾的观点

毛泽东系统地分析了新民主主义的经济特点、组成成分，指出既要重视工农业的发展又要重视商业的发展，既要保障国家、集体的利益又要保障个人的利益，既要尊重资产阶级的利益又要尊重工人阶级的利益。当中国革命将要发展到一个新的阶段时，毛泽东提出各解放区必须做长期打算，并且要正确地解决财经问题。这里第一个原则是发展生产，保障供给。因此，必须反对片面地看重财政和商业而忽视农业生产和工业生产的错误观点。第二个原则是军民兼顾，公私兼顾。因此，必须反对只顾一方面而忽视另一方面的错误观点。第三个原则是统一领导，分散经营。除依情况应当集中经营者外，必须反对不顾情况一切集中、不敢放手分散经营的错误观点。毛泽东还指出，新民主主义国民经济的指导方针，必须紧紧地追随着发展生产、繁荣经济、公私兼顾、劳资两利的总目标。

4. 计划经济思想的萌芽

毛泽东认为新民主主义经济建设应该是有计划的。分散的小农经济是革命根据地生产建设的基础，但是小农经济的分散性不利于新民主主义的政权建设。为了革命战争的需要，毛泽东提出"在小农经济的基础上面，对于某些重要农产作出相当的生产计划，动员农民为着这样的计划而努力，这是容许的，而且是必须的"。毛泽东更加重视国营工业的有计划的发展。在革命战争时期，国营经济成分在根据地经济中虽然只占较小的比例，但是一定要保证它的不断发展，因为这是社会主义的经济因素。他认为："但是关于某些重要的事业，首先是国家经营和合作社经营的事业，相当精密的生产计划，却是完全必要的。确切地计算原料的生产，计算到敌区和我区的市场，是我们每一种国营工业和合作社工业从开始进行的时候就必须注意的。"

5. 关于开放经济的思想

在抗日战争中，抗日根据地在日军封锁下，经济十分困难。加上当时的自然

灾害，根据地的经济更是不断恶化。为了发展经济，巩固政权，毛泽东在1940年论述抗日战争时期的经济政策时，创造性地提出“应该积极发展工业农业和商品的流通。应该吸引愿来的外地资本家到我抗日根据地开办实业”，借助资本家的力量来壮大根据地的新民主主义经济。他的这种思想，对于长期坚持抗战、改善人民生活，对于最终战胜日本帝国主义都有着极其重要的意义。毛泽东的这种思想，在当时条件下相对于被日军及顽固势力包围的抗日根据地来说，可视为一种开放思想。

第三节　社会主义过渡时期马克思主义政治经济学的中国思想

一、社会主义过渡时期马克思主义政治经济学中国思想的学术梳理

（一）关于中国社会主要矛盾问题

对于过渡时期中国社会性质与主要矛盾问题的研究，自中华人民共和国成立以来一直没有中断，但是真正开展深入的学术研究，还是在党的十一届六中全会通过《关于建国以来党的若干历史问题的研究》以后，研究这方面且比较有影响力的著作和文章有胡乔木的《中国在五十年代怎样选择了社会主义》、龚育之的《新民主主义·过渡时期·社会主义初级阶段》、石仲泉的《新民主主义社会论与过渡时期总路线》、郑德荣等的《试析新民主主义与中国特色社会主义的必然联系》等。

关于过渡时期社会主要矛盾的认识，学术界分歧比较多，主要有五种观点：第一种是中华人民共和国的成立标志着工人阶级和资产阶级的矛盾已上升为国内的主要矛盾；第二种是以曾景忠的《建国初期国内主要矛盾剖析》为代表的中华人民共和国成立后的头三年，社会主要矛盾是中国人民同国民党反动派残余和封建地主阶级之间的矛盾，而在全国土地改革完成后，工人阶级与资产阶级的矛盾成为社会主要矛盾的观点；第三种是以莫志斌的《我国过渡时期主要矛盾再议》为代表的整个过渡时期国内的主要矛盾都是人民日益增长的物质文化需要同落后的社会生产之间的矛盾的观点；第四种是以林蕴晖的《谈谈土地改革以后的主要矛盾和过渡时期总路线》为代表的1952年全国土地改革完成之后，国内的主要矛盾不是工人阶级和资产阶级之间的矛盾的观点；第五种是以龚育之为代表的主张我国过渡时期的主要矛盾具有双重性、交叉性和过渡性，即阶级斗争、社

会改造同经济建设一起处于主要矛盾和中心任务的位置上的观点。

（二）关于社会主义过渡的性质

20世纪40年代末，有相当多的中国学者在已有的过渡时期理论的基础上，提出了对过渡时期或过渡阶段的看法。张献珍援引季米特洛夫的观点指出，列宁所说的是过渡到或接近到无产阶级革命的形式，就是说过渡到或接近到推翻资产阶级专政的形式，而不是指资产阶级专政与无产阶级专政之间的过渡形式。侯外庐指出，旧民主主义与新民主主义的区别是“前者存在资本主义成分，后者则暂时恢复资本主义成分”，“前者作为国民经济正常发展的阶段看，后者则名之为过渡期经济”。沈志远认为，从资本主义发展到社会主义要经过两个阶段，其一是为向社会主义的过渡准备物质，其二是直接过渡到社会主义的阶段。前一阶段要发展生产、繁荣经济，奠定国家工业化的基础，而后一阶段则要对私人资本主义及其他的私有经济进行限制并实现国有化。由于经济的落后性，沈志远认为中国的新民主主义建设必须从前一个阶段开始做起，并且在由新民主主义向社会主义过渡的过程中，国有经济应该起主导作用。孟宪章认为，一个生产落后的国家想走上社会主义，不能不经过一个过渡的阶段，这是人类社会历史发展的内在的规律性所决定的。

（三）关于过渡时期的经济规律

20世纪50年代社会主义改造前后，理论界关注的问题有过渡时期的特点与经济规律、不同生产关系之间的经济规律等。滕维藻从革命性质、经济结构与阶级关系、政权构成等方面分析了过渡时期的特点，认为过渡时期有社会主义、资本主义、个体经济、合作经济等多种经济成分。狄超白认为，虽然每一种经济成分都有自身的基本规律，但是生产关系适应生产力性质的规律却是各种经济成分共同遵循的规律。

二、社会主义过渡时期马克思主义政治经济学中国思想的历史总结

从总体上讲，毛泽东过渡时期的社会主义经济模式观是坚持单一公有制和计划经济管理体制等都属于传统的社会主义经济模式观，尤其是没有从根本上突破斯大林模式，但这并不意味着毛泽东没有创新。正如邓小平所讲：“中国的社会主义道路与苏联不完全一样，一开始就有区别，中国建国以来就有自己的特点。”过渡时期社会主义改造的具体道路、方法、步骤，我国都做到了从自己的国情出发，创造性地开辟了一条不同于苏联的适合中国特点的社会主义改造道路。正如1956年毛泽东所讲：“我们的农业集体化经过几个步骤，跟苏联不同，我们对待资本家的政策跟他们不同。”

1956年2月，毛泽东接连听了34个政府工作部门的汇报，明确提出了“以

苏为戒”，他告诫全党，“最近苏联方面暴露了他们在建设社会主义过程中的一些缺点和错误，他们走过的弯路，你还想走?”1956年4月《论十大关系》的发表，标志着毛泽东为突破传统的社会主义经济模式观进行大胆创新和艰难求索过程的开始。这种创新和探索既符合以往革命的经验，也符合毛泽东本人的辩证思维方式。经过认真的调查研究、理论与实践的论证，他提出了多个方面的创新思路。

（一）在工业化道路方面

毛泽东提出了在优先发展重工业的同时，要注意保持工业、农业、轻工业适当比例的观点。毛泽东总结苏联片面追求重工业发展导致国民经济和人民生活严重受损的教训，从中国是一个农业大国的基本国情出发，重新构想重工业、轻工业、农业的发展次序及投资比例问题，并指出“重工业是我国建设的重点，必须优先发展生产资料的生产，这是已经定了的。但是决不可以因此忽视了生活资料尤其是粮食的生产”。

（二）在计划经济管理体制方面

1956年，鉴于这种体制弊端逐渐暴露，毛泽东表示了要予以改革的明确意向。在《论十大关系》中，他提出了改革计划经济体制的重要思想。首先，要扩大地方自主权，在经济管理上，要允许地方与企业搞一点“独立王国”，享有一定的经营自主权。其次，他还谈了地方与地方的关系，地方的上下级关系，其中都以改革高度集中的计划管理体制、适当下放权力为主旨。

（三）在社会主义利益关系方面

毛泽东提出要正确处理国家、生产单位与个人三者之间的关系，做到统筹兼顾。毛泽东坚持马克思主义物质利益理论，吸取了斯大林只承认劳动者整体利益一致性而忽视其整体利益与个体利益之间差别的经验教训，在《论十大关系》中，他特别强调了国家和企业的关系以及企业与生产者个人的关系，而在谈到统筹兼顾时，毛泽东则侧重强调了工厂的独立性、工人的劳动条件与福利待遇以及农民的利益等问题。

毛泽东的上述思路接触到了经济体制、工业化道路、利益分配机制等问题，在某种程度上显露了变革传统经济模式观的可贵思想。在当时除了苏联经验再没有别的经验可学习的情况下，毛泽东敢于提出“以苏为戒”，并在短期内提出了一些摆脱苏联模式、符合中国国情的创新思路和观点，这足以说明他敢于开拓创新。他提出的一些关于中国社会主义建设的正确理论观点，有些已被证明是正确地反映了社会主义经济发展的规律，对今天的建设仍有重大的指导意义。

（四）在资本主义工商业的社会主义改造方面

在资本主义工商业的社会主义改造中，“和平赎买”发生在社会主义性质的国营经济占主导地位的新民主主义经济基础之上；以工人阶级在资本主义工商业中为民族资产阶级生产的一部分利润为物质基础，以全行业公私合营为界，经历了从“四马分肥”到定期定息的发展，最终由资本主义私有制转变为社会主义公有制；赎买对象是中国民族资产阶级。

马克思认为，变革所有制可以采用暴力没收与和平赎买两种方式来进行。和平赎买是无产阶级夺取政权后，对资产阶级的生产资料通过和平方式并采取有偿办法实行国有化，在一定年限内让资本家从企业经营所得中获得一部分利润的政策。马克思、恩格斯、列宁都曾提出在一定条件下对资本家进行赎买的思想。

中国在巩固政权后，有计划、按步骤、及时地以国家资本主义的方式进行资本主义工商业的社会主义改造，使赎买理论成功应用于中国。这是赎买理论向实践转化的一大创新。1956 年底，《同民建和工商联负责人的谈话》中提及：“最好开私营工厂，还可以开夫妻店，请工也可以，这叫新经济政策。”这丰富和发展了马克思、恩格斯、列宁的赎买理论。

第一，创建强大的、稳定的人民民主专政国家政权。中华人民共和国成立后，中国共产党掌握新政权，民族资产阶级认识到必须依赖于国营经济，依附国家政权，只有跟共产党走才是唯一的出路，因此愿意被国家赎买。同时，在新民主主义革命时期民族资产阶级是无产阶级革命的同盟军，与中国共产党长期保持统一战线的关系，这就为工人阶级和民族资产阶级之间矛盾的解决奠定了基础，以实现顺利赎买。

第二，对资产阶级进行了科学分析，制定恰当的赎买政策。《中国革命和中国共产党》中将资产阶级科学地区分为官僚资产阶级和民族资产阶级，并依据阶级地位的不同采取不同的措施，对前者采取没收资本、收归国有策略，对后者采取逐步进行改造、利用、限制策略。从阶级分析的视角划分革命的敌人和朋友，尤其是对民族资产阶级进行科学分析，引导他们参与社会主义建设、接受社会主义改造，并制定符合中国实际的和平赎买理论政策，以实现科学理论向实践的转化。

第三，开辟了适合中国国情的社会主义改造道路。中华人民共和国成立后，基于生产关系的三个方面进行了调整：①在生产资料所有制上，没收官僚资本，赎买民族资本归国家所有，以统一调配企业的人、财、物；②从人与人在生产中的地位上看，人和人之间是平等的互助合作关系，对资本家实行团结、教育和改造的方针；③从产品分配形式上看，实行委托加工，计划订货，统购包销，按国家所得税、企业公积金、工人福利费、资方红利进行分配，即“四马分肥”。国家对合营企业进行清产核资，定股定息，限定七年，又延长三年。实现和平赎买的构想，避免了暴力剥夺，促使社会稳定，开辟了适合中国国情的社会主义改造

道路。

第四，城市经济的改造与农村经济的改造相结合。由于中国封建经济的长期存在，民族资本同封建社会的自然经济存在着密切联系，一些民族资本家城乡结合，即既存在剥削工人的关系，掌握企业的运作和经营，又存在剥削农民的关系，在农村占有大量土地。社会主义改造不仅是对资本主义工商业进行改造，还对农业、手工业进行改造。通过农业合作化的方式，将土地收归国有，切断资本主义经济同农村封建经济的联系，限制民族资本的原材料市场，并通过国家资本主义将其逐步纳入社会主义计划经济的轨道。

第四节　社会主义建设时期马克思主义政治经济学的中国思想

一、社会主义建设时期马克思主义政治经济学中国思想的学术梳理

（一）毛泽东社会主义经济建设思想的形成依据

臧平（2005）在《毛泽东社会主义经济建设思想评析》中认为毛泽东社会主义经济建设思想的形成，主要是基于毛泽东对当时中国百废待兴的现实状况的充分了解，参考马克思主义关于社会主义经济状况中工业化、商品经济等方面问题的科学阐述，以及结合第一个社会主义国家经济建设的经验与教训逐渐发展而来的。

习洁（2008）在《毛泽东对中国特色社会主义经济建设的探索》中总结了毛泽东根据马克思主义创立者对社会主义社会经济模式的种种论述，如马克思、恩格斯设想未来社会将有一个完全由计划调控的商品化经济模式，列宁实行的新经济政策，以及斯大林的高度计划经济体制等，提出了“可消灭了资本主义，又搞资本主义”的新思路，认为这些都为毛泽东社会主义经济建设思想的形成提供了依据，也为今天中国特色社会主义建设提供了借鉴。

颜斌（2010）在《建国后毛泽东经济建设中的统筹兼顾思想研究》中指出，统筹兼顾思想是毛泽东社会主义经济建设思想的重要组成部分，认为毛泽东在经济建设中的统筹兼顾思想是以对马克思、列宁关于事物间的内外联系进行整体考察的基础上总结出的协调发展思想为理论依据的，并在此基础上论述了中国传统文化中体现统筹兼顾思想的“和”的思想是其价值基础。

焦俊鹏（2012）在《全面建设社会主义时期毛泽东经济建设思想论析》中

认为毛泽东社会主义经济建设思想形成的主要依据是马克思、恩格斯对于社会主义经济关系必然产生的科学预测的相关理论，以及借鉴苏联等早期社会主义国家实践经验的同时根据中国当时的具体情况而逐渐发展形成的。

张洪杰（2012）在《毛泽东社会主义经济建设思想研究》中论述了毛泽东以列宁和斯大林关于社会主义国家经济建设的实践经验和理论为出发点，通过分析中华人民共和国成立后政治、经济、思想等方方面面的条件，总结了当时中国经济上一穷二白、政治上错综复杂的现实情况，在此基础上形成了毛泽东社会主义经济建设思想。

杜晶晶（2013）在《毛泽东社会主义经济思想形成的理论依据》中认为，毛泽东是在带领中国人民探索社会主义建设道路的过程中，以马克思主义基本原理中与社会主义相关的理论为基点，并将其与中国的社会主义建设实践结合在一起，在借鉴苏联经济建设经验的基础之上，逐步形成了毛泽东的社会主义经济建设思想。

（二）毛泽东社会主义经济建设思想的发展历程

冯林平（1999）在《八大前后毛泽东对我国社会主义经济建设道路的科学探索》中将党的八大前后毛泽东社会主义经济建设思想形成和发展主要经历的过程划分为两个时期进行论述：一是中华人民共和国成立至1956年社会主义改造基本完成，经济建设上主要是效法苏联，学习苏联经济建设思想；二是1956年以后探索适合我国社会主义的经济发展模式，在多方面提出了适合我国社会主义经济发展和经济体制模式的宝贵思想，如工业化道路、利用资本主义、改革经济体制等，为新时期中国特色社会主义经济建设道路理论孕育萌芽作出了巨大的贡献。

孙金华（2006）在《和谐社会的经济建设：毛泽东的初步探索——纪念〈论十大关系〉发表50周年》中从《论十大关系》中正确处理农业、轻工业和重工业的关系出发，将社会主义工业化道路的形成、发展脉络做了梳理。首先是确定优先发展重工业阶段；其次是在重点发展重工业的前提下，注意调整农业、轻工业的投资比例阶段；再次是形成优先发展重工业且工农同时并举的思想；最后提出了“农业为基础，工业是主导”的思想。这为后来走中国特色社会主义工业化道路思想的提出以及实施提供了借鉴与指导。

田居俭（2011）在《社会主义改造：毛泽东领导新中国经济建设的成功创举》中论述了毛泽东等共产党领导人坚持马克思主义与中国实际相结合，创立了通过国家资本主义对资本主义工商业进行社会主义改造的理论。要分两步引导资本主义工商业朝着有利于国计民生的社会主义方向发展：第一步，变革资本主义，使之成为国家资本主义；第二步，变革国家资本主义，使之成为社会主义。

消灭生产资料的资本主义私有制，确立起社会主义制度，为今后中国社会的发展提供前进的动力和物质基础。

焦俊鹏（2012）在《全面建设社会主义时期毛泽东经济建设思想论析》一文中将毛泽东的经济建设思想形成、发展的基本历程分为四个阶段：中华人民共和国成立前后毛泽东对社会主义经济建设的基本构想阶段，提出探索适合中国国情的经济建设道路思想阶段，社会主义经济建设思想中出现“左”的错误阶段，对“左”的错误的反思阶段。

杨雪芳（2012）在《发展经济、保障供给——毛泽东抗日根据地经济建设思想述略》中将毛泽东抗日根据地经济建设思想的发展历程依据不同革命历史时期大体划分为井冈山革命根据地时期对经济问题的思考阶段，中华苏维埃共和国成立后对根据地经济问题的深入思考阶段，进入抗战战略相持期对经济问题的专门研究阶段。

朱佳木（2013）在《毛泽东与中国工业化》中论述了以毛泽东同志为核心的党的第一代中央领导集体对于中国实现工业化进行了不懈的追寻和探索，大体可以划分为四个阶段，分别是中华人民共和国成立以前的初步构想阶段、社会主义改造时期的初步形成阶段、全面建设时期的发展阶段，以及“文革”时期的挫折与反思阶段。毛泽东在探求过程中取得过辉煌的成就，也经历过失败和挫折，但始终没有忘记要使中国的社会主义建立在实现工业化的基础之上。

（三）毛泽东社会主义经济建设思想的主要内容

黄峥（1994）在《毛泽东、刘少奇对新中国经济建设思路的比较》中论述了中华人民共和国成立后，毛泽东、刘少奇作为党和国家的主要领导人，非常重视新中国的经济建设，共同或分别提出了一系列经济建设的方针方法，如关于经济建设要从中国国情出发，关于经济建设的目标，关于经济建设的步骤，关于经济建设在国家生活中的地位，关于经济建设中几个方面的关系，关于计划与市场等。

张桂文（2007）在《毛泽东对社会主义经济建设的探索及其启示》中论述了毛泽东对我国社会主义经济建设进行的探索，其理论成果主要包括：社会主义发展的途径、方法、阶段和任务等，社会主义经济建设中实事求是的重要思想，经济建设以提高人民生活质量为根本目的，保障发展生产力，制度改革和创新等。

王家芬和赖经洪（2009）在《建国后毛泽东经济建设思想探析》中论述了中华人民共和国成立后毛泽东经济建设思想主要有国民经济要综合平衡发展，多种所有制形式可以并存，强调农业在国民经济中的基础地位，重视商品生产和价值规律的作用，发展经济必须统筹兼顾等。

沙健孙（2009）在《毛泽东关于正确处理经济建设中若于重要关系思想再认识》中论述了毛泽东关于处理经济建设中若干重要关系的思想，着重阐明了：中国工业化道路和重工业、农业、轻工业的关系，国民经济有计划、按比例发展，发展商品经济、利用价值规律的关系，统筹兼顾的方针，物质资料的生产与人自身的生产、积累与消费，经济建设与国防建设、沿海工业与内地工业等的关系，坚持自力更生方针与发展对外经济关系的关系等。

朱佳木（2009）在《新中国两个 30 年与中国特色社会主义道路》中论述了毛泽东有关经济建设的思想在改革开放前后两个 30 年中为中国特色社会主义道路的开辟提供了现实可能。

二、社会主义建设时期马克思主义政治经济学中国思想的历史总结

（一）坚持以经济建设为中心

早在新民主主义革命时期，毛泽东就指出："中国一切政党的政策及其实践在中国人民中所表现的作用的好坏、大小，归根到底，看它对于中国人民的生产力的发展是否有帮助及其帮助之大小，看它是束缚生产力的，还是解放生产力的。"中华人民共和国成立后，随着 1956 年社会主义改造基本完成以后国内主要矛盾的变化，毛泽东及时指出，"现在的情况是：革命时期的大规模的急风暴雨式的群众阶级斗争基本结束，但是阶级斗争还没有完全结束"，我们要"团结全国各族人民进行一场新的战争——向自然界开战，发展我们的经济，发展我们的文化，使全体人民比较顺利地走过目前的过渡时期，巩固我们的新制度，建设我们的新国家"，"我们的根本任务已经由解放生产力变为在新的生产关系下面保护和发展生产力"。他还说，20 世纪的上半个世纪搞革命，下半个世纪搞建设，现在的中心任务是建设。党的八届三中全会之后不久的 1958 年 1 月，毛泽东在《工作方法六十条（草案）》中针对我国科学技术落后和许多领导干部不懂科学技术的现状，强调"从今年起，要在继续完成政治战线上和思想战线上的社会主义革命的同时，把党的工作的着重点放到技术革命上去。这个问题必须引起全党注意"。毛泽东的这些思想成为邓小平提出社会主义初级阶段基本路线的理论先导。

（二）走出一条中国工业化的道路

进行经济建设，首先要使中国从农业国变成工业国，实现国家的工业化，为此就要解决中国工业化的道路问题。鉴于苏联和东欧社会主义国家工业化过程中的经验教训，毛泽东在《关于正确处理人民内部矛盾的问题》一文中明确指出："这里所讲的工业化道路的问题，主要是指重工业、轻工业和农业的发展关系问题。"中华人民共和国成立初期，由于中国社会生产力落后，经济基础薄弱，毛

泽东强调，“我国的经济建设是以重工业为中心”，“是投资的重点”，“这一点必须肯定”。他还把生产资料优先增长的规律具体化为：在优先发展重工业的条件下，“同时必须充分注意发展农业和轻工业。发展工业必须和发展农业同时并举”。这是因为，“农业是工业的基础，没有农业就没有基础”，我们要用“两只手，一手抓工业，一手抓农业”，“要说服工业部门面向农村，支援农业。要搞好工业化，就应当这样做”。同时，发展轻工业“可以更快地供给人民生活的需要”。因此，在社会主义经济建设的实践中，毛泽东更加重视农业、轻工业在国民经济中的地位和作用。1959 年 7 月，他提出了要按照农业、轻工业、重工业次序安排国民经济的思想。1959 年底至 1960 年初，毛泽东进一步明确提出了工业和农业同时并举以及“以农业为基础、以工业为主导”的思想。1962 年 9 月召开的党的八届十中全会上，正式将“以农业为基础、以工业为主导”的思想确定为发展国民经济的总方针。正确处理重工业和轻工业、农业的关系，是党探索我国社会主义建设道路的一个重要思想，符合中国人口多、工业基础薄弱的实际，对于加快我国经济建设具有重要意义。

（三）经济体制和所有制结构的初步调整

建立什么样的经济体制，这是党执政后面临的一个重大问题。随着国民经济的恢复、第一个五年计划的实施以及对生产资料私有制的社会主义改造全面展开，我国逐步形成了高度集中的计划经济体制。在《论十大关系》等著作中，毛泽东开始对高度集中的计划经济体制进行反思，强调要发挥中央和地方两方面的积极性，“这对我们建设强大的社会主义国家比较有利”。毛泽东还认为必须兼顾国家、生产单位和生产者，“鉴于苏联和我们自己的经验，今后务必更好地解决这个问题”。关于所有制结构的调整，毛泽东、刘少奇、周恩来提出了把资本主义经济作为社会主义经济的补充的思想，朱德提出要注意发展手工业和农业多种经营的思想，陈云提出了“三个主体、三个补充”的设想等。20 世纪五六十年代党的领导人这些创造性的思想观点，为社会主义市场经济理论的形成提供了十分有益的启示。

（四）重视社会主义商品生产和价值规律的作用

针对 1958 年“大跃进”运动中有人提出要消灭商业、货币的错误观点，毛泽东指出，“必须肯定社会主义的商品生产和商品交换还有积极作用”，必须生产适宜于交换的社会主义商品，必须发展社会主义商业。针对“一平二调”的“共产风”，毛泽东强调，只要存在着商品生产和商品交换，价值规律就必然存在并起作用。毛泽东提出的关于我们“需要有一个发展商品生产的阶段”、我们应当“有计划地大大发展社会主义的商品生产”的思想在当时是一种创新，具有重大意义。

总的来说，以毛泽东同志为核心的党的第一代中央领导集体，对适合中国国情的社会主义建设道路进行了艰辛探索，取得了重大成就，积累了宝贵经验。

第五节　改革开放和社会主义现代化建设时期马克思主义政治经济学的中国思想

一、改革开放和社会主义现代化建设时期马克思主义政治经济学中国思想的学术梳理

（一）改革开放初期马克思主义政治经济学中国思想的学术梳理

实行改革开放这一基本政策，是解决我国社会主义初级阶段主要矛盾的内在要求，是党和国家的工作重心转移到经济建设上来的必然选择，充分体现了社会主义解放生产力、发展生产力的本质。在改革开放初期，全党全社会即已逐渐形成了“发展才是硬道理”的共识。聚焦于这一共识，我国经济理论界开启了关于如何发展经济、怎样研究经济发展问题的讨论和尝试，并集中反映在了“生产资料优先增长规律”大讨论、吸收国外现当代经济发展理论、运用新的研究范式来研究和解决我国经济发展所面临的现实问题等活动之中。

1. “发展才是硬道理”

“发展才是硬道理”的思想，是以邓小平同志为核心的党的第二代中央领导集体和经济理论界面对陷入困顿状态的国民经济和人民生活反思的智慧结晶。党的领导集体和经济理论界开始着力重申生产力标准，明确指出要大力发展生产力，改变贫困落后的面貌，将党和国家的工作重心转移到经济建设上来。1978年9月13日至20日，邓小平同志在视察东北三省以及唐山和天津等地时明确提出，要“迅速地坚决地把工作重点转移到经济建设上来”，并首次比较系统地阐述了改革开放问题；1978年12月，党的十一届三中全会正式提出要“把全党工作的着重点和全国人民的注意力转移到社会主义现代化建设上来”，从而拉开了改革开放的历史序幕，此后，“一心一意谋发展，专心致志搞建设”逐渐取代了阶级斗争、世界革命等，成了全党全社会最大的共识。1987年10月，党的十三大确立了“一个中心、两个基本点”的社会主义初级阶段基本路线，进一步将发展问题由党和国家工作的“重心”位置提升到了“中心”位置，并基于系统的分析，提出了我国社会主义初级阶段的经济发展战略和经济体制改革的目标，初步回答了发展阶段、发展道路、发展目标、发展步骤、发展战略等一系列基本

问题，由此开启了中国特色社会主义经济建设理论的体系化进程。

在此过程中，作为改革开放总设计师的邓小平同志发挥了关键性的历史作用，他通过一系列精辟有力的分析和论断，构筑了中国特色社会主义经济建设的思想指南和理论基础，将全党全社会的精力最大限度地凝聚到了发展问题上。首先，邓小平同志通过总结、回顾社会主义现代化建设的经验、教训，紧紧抓住“什么是社会主义、怎样建设社会主义”这一根本问题，深刻揭示了社会主义“解放生产力，发展生产力”的本质。1985 年 4 月邓小平同志指出，“马克思主义的基本原则就是要发展生产力……从一九五八年到一九七八年这二十年的经验告诉我们：贫穷不是社会主义，社会主义要消灭贫穷。不发展生产力，不提高人民的生活水平，不能说是符合社会主义要求的”；1992 年邓小平同志指出，“社会主义的本质，是解放生产力，发展生产力，消灭剥削，消除两极分化，最终达到共同富裕”。其次，邓小平同志为进一步推动思想解放、破除旧的意识形态的束缚，鼓励各级干部和群众积极尝试和大胆运用能够有效促进经济发展的新事物、新方法、新举措，提出了“三个有利于”的标准，为推动我国各个领域的经济建设工作提供了判断准则和行动指南。例如，1992 年邓小平同志指出，“社会主义要赢得与资本主义相比较的优势，就必须大胆吸收和借鉴人类社会创造的一切文明成果，吸收和借鉴当今世界各国包括资本主义发达国家的一切反映现代社会化生产规律的先进经营方式，管理方法”；“改革开放迈不开步子，不敢闯，说来说去就是怕资本主义的东西多了，走了资本主义道路。要害是姓‘资’还是姓‘社’的问题。判断的标准，应该主要看是否有利于发展社会主义社会的生产力，是否有利于增强社会主义国家的综合国力，是否有利于提高人民的生活水平”。

在邓小平理论的指引下，全党全社会广泛深刻地认识到，要抓住社会主义的本质和判断标准这两个根本性、全局性的问题，关键是要抓住“发展”这个引领全局的主题，正如邓小平同志所强调的，“中国解决所有问题的关键要靠自己的发展”，“发展才是硬道理”。

围绕如何发展这一问题，邓小平同志作出了一系列科学的论述，集中体现在以下三个方面：一是邓小平同志强调发展经济不能只注重产出数量和规模，而要大力丰富产品种类，更加注重经济发展中质量和效益的提升。例如，1979 年 3 月邓小平同志出席中共中央政治局会议时指出，“过去提以粮为纲、以钢为纲……一个国家的工业水平，不光决定于钢。钢的水平也不光是由数量决定的，还要看质量、品种、规格。谈农业，只抓粮食不行，还是要因地制宜，农林牧副渔并举”；1983 年 1 月邓小平同志指出，“长期计划留的余地应该大一些，年度计划可以打得积极一点，当然也要留有余地，重视提高经济效益，不要片面追求产值、产量的增长”。二是邓小平同志围绕我国当时科技水平落后和对科学技术在经济发展中的关键作用重视不足等问题，提出了“科学技术是第一生产力”的著名论断，将科技进步摆在了经济发展工作中的突出位置。例如，早在1978年3月，邓小平同志便已指出，“四个现代化，关键是科学技术的现代化。没有现代科学技术，就不可能建设现代农业、现代工业、现代国防。没有科学技术的高速度发展，也就不可能有国民经济的高速度发展”；1988年邓小平同志指出，“马克思说过，科学技术是生产力，事实证明这话讲得很对。依我看，科学技术是第一生产力”。三是邓小平同志主张打破闭关自守、自我封闭的模式，强调利用外部资源来发展自身经济，积极倡导引进吸收包括知识、技术在内的国外先进的事物。例如，1977年9月邓小平同志指出，“中国人是聪明的，再加上不搞关门主义，不搞闭关自守，把世界上最先进的科研成果作为我们的起点，洋为中用，吸收外国好的东西，先学会它们，再在这个基础上创新，那么，我们就是有希望的”；1978年6月邓小平同志指出，“我国实现四个现代化的目标不是很容易的……需要我们扎扎实实地工作，也需要吸收国际上最先进的东西，而不应当关起门来建设”。

上述论述一方面推动了学术界对于经济发展问题的深入研究，另一方面其所反映的观点在相关研究中亦得到了进一步的支持与证明，这在改革开放初期掀起的第二次“生产资料优先增长规律”大讨论中得到了充分的体现。

2. “生产资料优先增长规律”大讨论与经济发展战略的转变

改革开放之初，我国经济理论界关于经济发展的研究延续了传统的苏联政治经济学范式，主要围绕扩大再生产理论而展开。然而，自1979年开始，对于此苏联政治经济学教科书所得出的“生产资料优先增长规律”，以及按照这一“规律”而形成的重工业优先发展战略，一些学者陆续公开提出了疑问，并掀起了中华人民共和国成立以来关于“生产资料优先增长规律”的学术大讨论。在“解放思想、实事求是”的思想路线逐步确立并深入人心的背景下，这次大讨论已经不是在认同“生产资料优先增长”为社会主义经济发展客观规律的前提下所展开的讨论，而是直指这一规律本身的存在性、实在性以及对传统的社会主义经济发展战略作出重大调整的必要性。虽然这次讨论围绕着“生产资料优先增长规律”形成了质疑、支持和有条件支持等不同的乃至针锋相对的学术观点，但是最终仍在关键问题上形成了实质性的共识，推动了全党全社会在经济发展思想和理论上的进一步解放，为国民经济发展战略的制定和道路的选择指明了科学的方向。

首先，学者们普遍认同社会主义生产发展的目的是满足人民日益增长的物质文化需要，而此前在片面强调重工业优先发展的战略指导下，我国人民生活水平在较长时期内都未能得到持续合理的改善。例如，欧阳胜提出，我国职工平均工资和城乡居民的消费水平在过去二十多年中的提高幅度十分有限，相当一部分职工的工资收入依然维持在第一个“五年”的水平上；市场上许多消费品供应不足，越来越多地靠发票证来限制购买力；职工住房不足成了十分严重的问题。刘国光和王向明提出，过去三十年中我国生产发展速度看起来不慢，但人民的生活水平只有在前八年是逐年提高的；1979 年职工平均工资为 705 元，扣除物价因素后，实际工资水平甚至比 1957 年还要低。对此，有的学者认为，在一定时期内集中力量优先发展生产资料部门，可以为日后消费资料部门更快地发展奠定必要的基础。从长远来看，这种迂回的策略性安排并不违背反而有助于更好地实现社会主义生产的目的。然而，从实践来看，资源向生产资料部门特别是重工业部门的过度倾斜，并没有带来预期的效果，不仅使人民的消费需求被压制，而且国民经济也没有如预期那般快速发展，最终我们得到的不是“双赢”而是“双输”的结果。例如，刘国光和王向明基于对国民经济发展统计数据的分析提出，在片面强调优先发展重工业的三十年里，我国国民经济发展呈现出暴起暴落、平均增速逐渐下降、生产与消费严重脱节等一系列弊病，比例失调最终“致使经济效果普遍下降，欲快反而慢”。从理论来看，即使作为一种迂回的发展策略，推行生产资料优先发展战略也是不能过度的。例如，刘恩钊和周验昭基于大量文献从逻辑和数理分析的层面阐明，生产资料的优先增长必须受两大部类平衡发展规律的制约。总体而言，在这次大讨论中，绝大多数学者认为，面对手段与目标的脱节，我国对传统的重工业优先发展战略作出重大调整是十分必要的，在今后经济政策制定的过程中，我们应在尊重经济发展客观规律的基础上，通过合理安排国民经济各部门间的比例，来推动国家经济发展与人民生活改善的同步实现。

其次，在争论中学者们越发认识到，技术进步是同时实现国家经济发展与人民生活改善的必由之路。众所周知，扩大再生产的实现方式包括外延扩大再生产和内涵扩大再生产两种类型。在讨论中，个别学者认为经济发展最终只能通过外延扩大再生产的形式来实现。对此，无论是规律消亡论者、规律变异论者还是规律存在论者，均予以了明确的反对。规律消亡论者认为，技术进步既可以促进生产资料部类的发展，也可以促进消费资料部类的发展，这使得经济的快速发展不一定要通过牺牲消费部门才得以实现，并且伴随着社会生产效率的全面提高，有机构成提高的趋势将会停止，两大部类的增长速度将逐渐接近，甚至消费资料部类的发展还会更快一些；规律变异论者认为，技术进步是“生产资料优先增长”的前提条件，只要存在技术进步，“生产资料优先增长规律”便不会改变，但在技术进步过程中，消费资料部类的增长将呈加速态势，愈加与生产资料部类的增长速度接近；规律存在论者虽然没有对“生产资料优先增长规律”设置条件，但是大多并不否认技术进步作为内涵扩大再生产的重要途径和人类社会发展的必然趋势所具有的积极意义，并且认为这一积极意义并不仅限于生产资料部类，而且也体现在消费资料部类的扩大再生产过程中。最终，经过这次大讨论，技术进步在经济发展过程中的作用被摆在了比要素积累更为突出的位置。作为我国经济理论界在改革开放之初所取得的重大成果之一，这不仅与“科学技术是第一生产力”的理念高度契合，而且与现代经济发展理论的政策取向不谋而合。

经过这次大讨论，国内关于经济发展理论的研究基本摆脱了以往传统理论观点和机械教条的束缚，更为科学、深刻地反映了经济发展的客观规律，为当时合理地调整和制定经济发展战略奠定了必要的理论基础，提供了科学、客观的依据，同时也为有选择地学习和吸收国外相关理论和研究方法，从而更好地解决我国经济发展中所面临的理论和现实问题开辟了道路。

3. 吸收国外理论与拓展研究方法

改革开放初期，我国关于经济发展问题的研究过于单薄，不仅表现在上文提到的传统经济发展理论的研究工作仍受到一系列机械的、教条的观点束缚，还突出地表现为未能对现代国外经济发展研究领域的主要成果进行及时的、有甄别的借鉴和吸收，这其中既包括西方经济理论界所取得的成果，也包括苏联和东欧社会主义国家经济理论界所取得的成果。为此，在改革开放初期，国内的经济研究工作者围绕国外经济发展理论开展了大量的译介工作，并在批判地借鉴、吸收的基础上，将其运用于研究和解决我国经济发展所面临的现实问题方面。需要指出的是，这一时期的译介工作，是在知识传播的技术手段落后、知识获取的渠道过于单一和知识积累被迫中断多年的背景下展开的，其对于推动我国经济发展理论的研究和后备人才的培养贡献甚大，相较于今日的译介工作而言，其启蒙意义要显得更为深远。

从翻译工作来看，自 1981 年开始，国外现代经济发展理论著作的中译本陆续出版，涵盖了罗伊・哈罗德、埃弗塞・多马、西蒙・库兹涅茨、沃尔特・罗斯托、阿瑟・刘易斯、米哈尔・卡莱斯基、罗伯特・索洛、戴尔・乔根森等多位现当代著名经济学家的代表性论著。从这一时期的译著中可以发现：随着时间的推移，著作翻译出版的数量呈快速递增态势，尤其是 20 世纪 80 年代末 90 年代初出版数量较之 20 世纪 80 年代前中期有了爆发式的增长；中外版本的出版时间间隔明显缩短，如 20 世纪 80 年代末 90 年代初出版的《工业化和经济增长的比较研究》《生产率与美国经济增长》《可供选择的经济发展战略》等著作，其国内外版本的出版间隔已缩短至两到三年。以上事实表明，我国关于现代经济发展理论的知识积累呈加速增长态势，知识启蒙工作愈加有效地缩小了国内外学术信息的差距。

就评介工作来看，大体始于 1982 年。该年宋承先和范家骧编写出版了《增长经济学》一书，较为全面系统地介绍了现代经济增长理论的一些主要成果。之后，余永定、胡乃武和金碚等也对现代经济增长理论进行了综合性的介绍。此外，还有一系列围绕特定模型、学说的专门评介文章，如李协和专门介绍了哈罗德-多马模型，符钢战等专门介绍了卡莱斯基的社会主义经济增长模型，郭庆旺专门介绍了新剑桥学派的卡尔多经济增长模型，郭庆旺和李子江专门介绍了索洛的新古典经济增长模型，杨宏儒专门介绍了当时新出现的内生增长理论，厉以宁等专门介绍了罗斯托经济成长阶段论，梁小民和金祥荣专门介绍了刘易斯的二元经济发展理论，等等。

在吸收、借鉴国外经济发展理论的基础上，国内学者开始尝试运用这些理论来研究我国经济发展的相关问题。总体来看，国外经济发展理论的本土化运用呈现出了两大趋势：一是大多运用哈罗德-多马模型、卡莱斯基模型、新古典模型等形式化的理论方法来研究具体的现实问题，更好地利用和发挥了现代经济学在数理和统计工具方面的优势；二是进入 20 世纪 90 年代后，我国经济研究中所运用的方式和方法逐渐并入了国际主流理论，哈罗德-多马模型、新剑桥学派经济增长模型、卡莱斯基经济增长模型等逐渐退出了应用视野。伴随着上述两种趋势的演进，我国的经济发展理论在“洋为中用”、融会贯通的基础上，实现了研究方法与方式的重大变革。这在很大程度上得益于改革开放以来的思想解放和研究解决发展中所面临现实问题的迫切需要。虽然彼时国内经济学研究者的知识结构还有待完善、专业训练还有待强化，但是对于现代经济发展理论的学习和运用已逐渐步入了良性发展的轨道，这为后来进一步拓展我国经济发展理论研究奠定了必要的基础。

（二）社会主义现代化建设新时期马克思主义政治经济学中国思想的学术梳理

党的十一届三中全会是中国社会主义现代化建设历程的一个重要转折点，中国由此进入了社会主义现代化建设的新时期。中国共产党对现代化的认识逐步深化，中国特色社会主义现代化理论经过二十多年的探索具备了完备的形态。

1. 中国式现代化战略的提出

1979 年 12 月 6 日，在会见日本首相大平正芳时，邓小平正式提出了中国式的四个现代化，即“小康”概念。邓小平指出：“我们要实现的四个现代化，是中国式的四个现代化。我们的四个现代化的概念，不是像你们那样的现代化的概念，而是‘小康之家’。到本世纪末，中国的四个现代化即使达到了某种目标，我们的国民生产总值人均水平也还是很低的。要达到第三世界比较富裕一点的国家的水平，比如国民生产总值人均一千美元，也还得付出很大的努力。就算达到那样的水平，同西方来比，也还是落后的。所以，我只能说，中国到那时还是一个小康的状态。”

2002年，党的十六大题为《全面建设小康社会，开创中国特色社会主义事业新局面》的报告中正式把“小康”战略发展为“全面小康”战略。“小康”战略的基本架构与主体内容作为“全面小康”战略的有机组成部分。“全面小康”战略的内涵包括可持续发展战略、科教兴国战略、人才强国战略、创新驱动发展战略、乡村振兴战略等一系列发展战略的集合。

2. 科学发展观的提出

21世纪头20年，是我国经济社会发展的重要战略机遇期，胡锦涛提出了科学发展的三大理念，即全面发展、协调发展、可持续发展，指出“发展绝不只是经济增长，而是要坚持以经济建设为中心，在经济发展的基础上实现社会全面发展；推动社会主义物质文明、政治文明和精神文明协调发展；在经济社会发展的基础上促进人的全面发展，促进人与自然的和谐。发展不仅要关注经济指标，而且要关注人文指标、资源指标和环境指标；不仅要增加促进经济增长的投入，而且要增加促进社会发展的投入，增加保护资源和环境的投入”。党的十六大以来，明确提出了深入贯彻科学发展观、构建社会主义和谐社会等重大战略任务，从而使中国特色社会主义事业总体布局由经济建设、政治建设、文化建设“三位一体”扩展为经济建设、政治建设、文化建设和社会建设“四位一体”。党的十八大提出了社会主义经济建设、政治建设、文化建设、社会建设以及生态文明建设“五位一体”的总体布局，吹响了全面建成小康社会、夺取中国特色社会主义新胜利的前进号角。

3. 以市场经济体制为导向的改革目标

1984年10月召开的党的十二届三中全会通过了《关于经济体制改革的决定》，决定加快以城市为重点的整个经济体制改革的步伐，以利于更好地开创社会主义现代化建设的新局面。该决定标志着我国经济体制改革进入了以城市为重点的全面展开阶段。邓小平1992年初南方谈话和党的十四大标志着我国现代化建设进入了一个新的发展阶段。党的十四大明确了建立社会主义市场经济体制是我国经济体制改革的目标，社会主义市场经济体制将充分发挥计划和市场两种资源配置方式的优势。

4. 新型工业化道路

科技发展迅猛是21世纪的一个鲜明特征，科技在相当程度上改变了人类的生产方式、生活方式乃至思维方式。1997年，江泽民在《国家科技领导小组第三次会议纪要》上所作出的批示中指出，“要面向二十一世纪，选准对我国经济和社会发展具有战略意义的一些高新技术项目”进行攻关。在党和国家领导人的

关怀下，经过广大科技工作者的努力，我国高科技事业实现了跨越发展，在生物技术、信息技术、海洋技术、航天航空技术等领域取得了重大的突破。要实现中国共产党建党100周年时基本实现工业化这个目标，依靠科技创新，走新型工业化道路是必经之途，是夺取胜利的保障。走新型工业化道路，是由当代经济、科技发展趋势和我国国情决定的，是加快实现现代化的必然选择。

二、改革开放和社会主义现代化建设时期马克思主义政治经济学中国思想的历史总结

1978年召开的党的十一届三中全会真正开始把党和国家的工作转向以经济建设为中心。我们党在新的历史条件下开辟了探索中国特色社会主义的历史进程，形成了以邓小平理论、三个代表重要思想和科学发展观为代表的中国特色社会主义理论。中国特色社会主义理论是马克思主义中国化的伟大成果，其中的中国特色社会主义经济思想，是马克思主义政治经济学在当代的新发展。中国特色社会主义经济思想，包括经济制度、经济体制、经济发展、经济管理等多方面的内容，是一个完整丰富的理论体系。

（一）实践中的中国社会主义

党从实际出发科学认识实践中的中国社会主义，主要涉及两个方面：一是正确认识社会主义的本质，二是正确认识社会主义所处的发展阶段。

党的十一届三中全会召开前有一场真理标准的讨论，邓小平高度评价和肯定了这场思想解放运动。认识实践中的社会主义涉及三个方面的思想解放：一是抛弃对社会主义理论的教条式理解；二是以实践检验过去对社会主义的认识；三是从中国实际出发，走中国自己的路，创建和发展中国特色社会主义。

关于社会主义本质，邓小平明确提出，贫穷不是社会主义，社会主义的本质就是解放和发展生产力，消灭剥削，消除两极分化，最终达到共同富裕。为了实现共同富裕，必须允许一部分地区、一部分人通过诚实劳动和合法经营先富起来。在邓小平理论中，坚持社会主义方向就是在生产关系上坚持两个重要方面：一是以公有制为主体，二是不搞两极分化。不搞两极分化，就是要逐步实现共同富裕。

就我国所处的社会主义发展阶段来说，依据现阶段的生产力水平确认我国还处于社会主义初级阶段是邓小平理论的一个重要贡献。社会主义初级阶段，不是泛指任何国家进入社会主义都会经历的起始阶段，而是特指我国在生产力落后、商品经济不发达条件下建设社会主义必然要经历的特定阶段。社会主义初级阶段的根本任务是发展生产力。邓小平强调不能只讲发展生产力，应该把解放生产力和发展生产力两个讲全了。邓小平的社会主义本质和发展阶段理论，既是对马克

思主义科学社会主义的回归，又是对科学社会主义理论的发展与创新。

确认我国还处在社会主义初级阶段有两方面含义：一方面，我国已进入了社会主义社会，需要坚持科学社会主义的基本原则；另一方面，社会主义制度尚未发展成熟，社会主义性质在社会生活的各个方面还不能充分显示出来。后者具体表现在两个方面：一是社会主义经济关系本身还处于初级阶段，没有达到完全的、成熟的社会主义的标准。依据社会主义经济关系处于初级阶段的特征，改革的一个重要方面是改革和调整经济体制，使其不是反映未来的高级阶段的社会主义生产关系，而是反映处于初级阶段的社会主义生产关系。二是社会主义初级阶段的社会生产关系结构还不是完全社会主义的，是包含了多种非公有制形式的多元结构。

社会主义初级阶段理论明确了这个阶段社会的主要矛盾是人民日益增长的物质文化需要同落后的社会生产之间的矛盾，主要任务就是发展生产力。按此要求，需要在坚持社会主义基本制度的前提下采取各种有利于生产力发展的生产方式，包括利用私有制、利用市场经济、利用要素报酬以及创新充满活力与富有效率的体制机制等。

（二）市场化推动的经济改革

明确了我国所处的阶段还是社会主义初级阶段，就意味着经济改革不可避免地要触及已经形成的社会主义经济制度。经济改革就是要对现行的社会主义经济制度中超越了社会主义发展阶段的部分进行改革，以适应社会主义初级阶段的特征，适应初级阶段的生产力水平。我国的改革是以市场化为导向的。这一阶段的改革思想主要涉及以下三个方面：

第一，建立以公有制为主体、多种所有制经济共同发展的所有制结构。在此所有制结构的制度框架中，公有制为主体是社会主义的制度特征，多种所有制形式的共同发展则是现阶段的中国特色，反映市场化要求。在农村家庭联产承包责任制改革的牵动下，党在两个方面推进所有制结构调整。一是在广度和深度上发展多种私有制经济。过去私有制经济是属于“制度外”的，现在成为社会主义基本经济制度的“制度内”部分。在广度上，连过去认为必须由国有制经济垄断的领域如零售业、外贸、金融、保险、通信业等也准许外资进入，只要是不影响国家安全的，不违反国家法律的领域都将允许非公有制经济进入。在深度上，明确了混合所有制可以成为公有制的实现形式，股份制、股份合作制、中外合资企业，各种所有制相互合资合营等都是混合所有制的具体形式。这意味着私人产权也可以进入公有制企业。因此，公有制与非公有制的共同发展不只是存在于企业的外部关系，在同一个企业内部也可以形成多种所有制经济共同发展的结构。二是公有制为主体含义的转变。在过去的理论中，公有制为主体被定义为公有企业在数量上为主体。改革的实践打破了这种教条。公有制经济不只是指公有制企业，而是指公有资产，包括国有资产和集体资产。这样公有制为主体也有了新的含义：公有资产在社会总资产中占优势；国有经济控制国民经济命脉，对经济发展起主导作用。公有资产不一定都在完全的公有企业中经营，公有制可以有多种实现形式，公有制可以在包含非公有资产的混合所有制企业中经营。公有制的主体地位体现在公有资产在企业中的控制力。国有经济将主要集中在国民经济命脉的领域。

第二，建立社会主义市场经济体制。1992 年邓小平南方讲话明确社会主义可以有市场，资本主义可以有计划，紧接着党的十四大明确社会主义市场经济体制是我国经济体制改革的目标。我国改革开放的一个重要进展是把计划经济和市场经济规定为资源配置方式即经济运行机制的范畴。这样一来，经济运行机制是计划经济还是市场经济，不反映经济制度的性质。为了提高资源配置效率，需要建立社会主义市场经济，使市场对资源配置起基础性的调节作用，国家则加强宏观调控。在这里，坚持国家的宏观调控反映社会主义制度特征，市场机制起基础性调节作用，这是中国处于社会主义初级阶段的特征。在市场经济前冠以社会主义，不改变市场经济的基本规定性，而是突出国家的宏观调控作用。国家的宏观调控不只是克服市场失灵，还要贯彻社会主义制度的要求，特别是公平正义的要求，防止两极分化。与此相应地，需要建立起与社会主义市场经济体制相适应的宏观调控机制，其中包括：推进预算管理体制改革、税收体制改革，建立公共财政体制；推进金融体制改革，建立强有力的、灵活自如的、分层次的金融宏观调控和调节体系；发展交易产品多样化的金融市场体系，增强金融服务实体经济的能力。

第三，建立按劳分配为主体、多种分配方式并存的收入分配制度。在社会主义初级阶段，各种生产要素在不同程度上属私人所有，由此提出多种分配方式问题。社会主义的基本原则是共同富裕，但在社会主义初级阶段不可避免地存在先富和后富的差别，要提高效率就要承认这种差别，允许一部分地区、一部分人先富起来。在这里，按劳分配和共同富裕是社会主义的制度特征，多种分配方式并存和允许一部分人先富则是现阶段的中国特色。这一规定同样有两方面效应。一方面，为了动员各种要素投入发展生产力的过程，使各种创造财富的活力得到充分迸发，就要允许资本、技术、管理等各种生产要素按贡献参与收入分配，就要允许人们除了获取劳动收入以外获取财产性和经营性收入，从而先富起来。另一方面，分配制度需要处理好效率与公平的关系。对分配领域中的效率与公平的关系，中央文件中的提法改变过多次。从党的十三大报告的“促进效率提高下体现社会公平”，到党的十四大报告的“兼顾效率与公平”，到党的十四届三中全会的“效率优先，兼顾公平”，到党的十六届六中全会提出在经济发展的基础上“更加注重社会公平”，再到党的十七大明确提出“初次分配和再分配都要处理好效率和公平的关系，再分配更加注重公平”，“把提高效率同促进社会公平结合起来”。从发展过程来看，收入差距过分扩大，正是初次分配不公的结果，在我国社会保障制度不健全、不完善的条件下更是如此。生产重效率，分配重公平，是社会主义的应有之义。公平分配制度有利于提高劳动生产效率。为了扭转收入差距扩大、贫富分化的趋势，需要提高低收入者的收入水平。保障收入分配中的公平权利，既要防止权钱交易和以权谋私，又要调节垄断收入。无论是初次分配还是再分配，都要处理好效率和社会公平的关系，再分配更加注重公平。鼓励和引导先富者带动和帮助后富者，逐步走向共同富裕。

中国特色社会主义的基本经济制度既坚持了科学社会主义的基本原则，又具有鲜明的中国特色，是马克思主义中国化的重要成果。

（三）经济发展的中国道路

1992 年邓小平同志在南方谈话中提出“发展才是硬道理”的科学论断，同时提出“三个有利于”的评价标准，即“是否有利于发展社会主义社会的生产力，是否有利于增强社会主义国家的综合国力，是否有利于提高人民的生活水平”。1995 年，党的十四届五中全会明确提出实行两个根本性转变的要求：一是经济体制从传统的计划经济体制向社会主义市场经济体制转变，二是经济增长方式从粗放型向集约型转变。这是第一次提出增长方式转变问题。2007 年，党的十七大对科学发展观做了明确的概括：“科学发展观，第一要义是发展，核心是以人为本，基本要求是全面协调可持续，根本方法是统筹兼顾。”基于这些认识，我们党从以下五个方面探索经济发展的中国道路：

第一，探索中国特色的现代化道路。党的十一届三中全会以后，经济建设成为工作重心，现代化成为经济发展的目标。邓小平从我国人口多、底子薄的国情出发，提出现代化建设具有阶段性的论断，这就是“三步走”发展战略。后来，他用“温饱”“小康”“富裕”作为经济发展的三步战略目标，使人民能够生动地、直观地认识和切身感受到这个目标的实现过程。党的十六大报告明确提出 21 世纪中叶基本实现现代化的目标，其中头 20 年致力于全面建设惠及十几亿人口的全面小康社会。全面小康社会作为现代化进程中的一个阶段，意义非常重大。发展中国家的现代化有必要遵循现代化的一般规律，既要遵循先行现代化国家所经过的基本路线，又必须结合本国的国情及新的国际国内经济社会政治环境，走出具有自身特色的现代化道路。将全面小康社会建设包含在现代化的进程中，作为现代化的具体阶段来推进，并将其作为中国特色的现代化道路的重要组成部分，这是中国的创造。

第二，探索中国特色的农业现代化道路和城镇化道路。城乡二元结构是发展中国家的典型特征。改变“三农”的落后状态是中国经济发展的重点。加强农业的基础地位是我们党的一贯方针。我国从1978年起，推进以家庭联产承包责任制为内容的农村改革，从家庭财产和经营制度上推动农民的生产和经营积极性。随着苏南农村乡镇企业的异军突起，全国开始了在农村推进工业化和以城镇化推进城市化的进程。这是中国特色的工业化、城市化道路，实践证明，这条道路符合中国国情，不但加快了工业化和城市化的进程，而且明显带动了农业和农村的发展。在此基础上，党的十七大提出了在新的历史起点上“统筹城乡发展，推进社会主义新农村建设”的要求，并提出中国特色的城乡统筹推进农业现代化道路。其主要路径是，建立以工促农、以城带乡的长效机制，形成城乡经济社会发展一体化新格局。2006年3月14日，十届人大四次会议通过决议，庄严宣布在全国范围内彻底取消除烟叶以外的农业特产税、全部免征牧业税，这意味着在中国延续了2600多年的“皇粮国税”走进了历史博物馆。

第三，探索“生产发展，生活富裕，生态良好”的文明发展道路。在改革开放的推动下，我国的经济发展速度明显加快，城市化、工业化取得明显进展，产业结构明显改善，人民收入水平明显提高。与此同时，新的矛盾和问题也产生了，如环境污染问题、资源耗竭问题，收入差距扩大问题等。这些问题有的原来就存在，但在快速发展时矛盾更加突出。在此背景下，我们党提出了科学发展观，以解决在新的历史阶段怎样发展得更好更快的问题。党的十六大提出新型工业化道路，即以信息化带动工业化，以工业化促进信息化，走出一条科技含量高、经济效益好、资源消耗低、环境污染少、人力资源优势得到充分发挥的新型工业化路子。党的十七大根据科学发展观提出“生产发展，生活富裕，生态良好”的发展道路，更为突出发展的质量和效益，突出又好又快，突出人民共享发展成果，突出可持续发展。

第四，探索转变经济发展方式的道路。1995年所制订的“九五”计划中，首次提出要从根本上转变经济增长方式。2005年，《中共中央关于制定国民经济和社会发展第十一个五年规划的建议》再次强调要转变经济增长方式。党的十七大报告将转变经济增长方式改为转变经济发展方式。这个提法的改变具有重要理论和实际意义。经济增长是经济发展的前提和基础，而经济发展涵盖更多的内容。根据转变发展方式和科学发展的要求，经济增长要由主要依靠投资、出口拉动向依靠消费、投资、出口协调拉动转变，由主要依靠第二产业带动向依靠第一、第二、第三产业协同带动转变，由主要依靠增加物质资源消耗向主要依靠科技进步、劳动者素质提高、管理创新转变。科学发展，是以人为本、统筹兼顾、全面协调可持续发展，发展的成果要惠及广大人民。保障和解决民生问题被提到更加突出的地位。

第五，探索建立内外联动、互利共赢、安全高效的开放型经济体系。改革开放以来，我们党把对外开放明确为一项长期的基本国策。1980 年党中央决定建设深圳等经济特区标志着中国开始实行全面开放，参与到经济全球化的进程中。1997 年，党的十五大进一步明确对外开放是要更好地利用国内国外两个市场、两种资源，鼓励经济特区、上海浦东新区在体制创新、产业升级、扩大开放等方面走在前面，发挥对全国的示范、辐射、带动作用。特别是强调正确处理对外开放同独立自主、自力更生的关系，在开放的同时做到维护国家经济安全。统筹对外开放和国内发展是党的十六大关于协调发展的五个统筹之一。党的十七大则明确提出了完善内外联动、互利共赢、安全高效的开放型经济体系，形成经济全球化条件下参与国际经济合作和竞争新优势的要求。这样，我国不仅能够利用国外资源和国际市场，而且也使我国经济在参与国际竞争中增强了国际竞争力。胡锦涛同志在党的十七大报告中，把坚持独立自主同参与经济全球化结合起来，作为我国巩固和发展社会主义的十大宝贵经验之一。

2010 年，我国作为发展中的大国一跃成为世界第二大经济体的奇迹，可归结为经济发展的中国道路和经济改革的中国模式的成功，表明不走西方国家的发展道路，不采用西方经济模式，走中国特色社会主义道路，同样能取得经济上的成功。

第六节　中国特色社会主义新时代马克思主义政治经济学的中国思想

一、中国特色社会主义新时代马克思主义政治经济学中国思想的学术梳理

2017 年 12 月，在党中央召开的中央经济工作会议上，以习近平同志为核心的党中央明确提出了习近平新时代中国特色社会主义经济思想。从 2018 年开始，我国学术界开始立足于新时代中国特色社会主义发展实际，从多个不同层面和不同角度对习近平新时代中国特色社会主义经济思想做了较为全面的研究和阐释，陆续发表了大量的学术研究成果。

（一）习近平新时代中国特色社会主义经济思想的提出

党的十八大以来，国内外经济形势在各种复杂因素的影响下发生了一系列深刻变化。面对严峻的国内外形势，以习近平同志为核心的党中央准确地判断了国

内外经济发展走势，提出了一系列具有理论价值和实践价值的新概念、新思想、新战略，引领着中国经济稳健前行。2017 年 12 月，中央召开的年度经济工作会议正式提出了习近平新时代中国特色社会主义经济思想，并且指出“以新发展理念为主要内容的习近平经济思想是十八大以来推动我国经济发展实践的理论结晶，是中国特色社会主义政治经济学的最新成果，必须长期坚持、不断丰富发展”。

对于习近平新时代中国特色社会主义经济思想的丰富内涵，此次中央经济工作会议将其集中概括为“七个坚持”：一是在经济建设实践中始终坚持党的领导；二是坚持以人民为中心的发展思想，这是我国经济发展的核心价值目标；三是要立足经济社会发展大局，坚持适应、把握、引领经济发展新常态；四是要从扫除经济发展的体制机制障碍入手，坚持使市场在资源配置中起决定性作用，同时更好发挥政府作用；五是以推进供给侧结构性改革为经济工作主线，坚持适应我国经济发展主要矛盾变化；六是坚持以问题为导向部署经济发展新战略；七是坚持正确的工作策略和方法，坚持稳中求进、底线思维，保持战略定力。“七个坚持”是一个科学、完整的理论体系，是认识论、方法论和实践论三大层面的有机统一，构成了习近平新时代中国特色社会主义经济思想的核心内容。

这是官方在正式场合首次提出习近平经济思想，并对其做出了具体阐释。以往学术界也有针对“习近平经济思想”的相关研究。而 2017 年末的中央经济工作会议通过正式提出“习近平经济思想”，并对其基本内涵及核心要义等作出了具体阐释，这就从根本上为学术界研究习近平的经济思想明确了研究对象。因此，2017 年末召开的中央经济工作会议通过对“习近平经济思想”的总体界定，在某种意义上是当前学术界开展这项研究工作的基础前提。

（二）习近平新时代中国特色社会主义经济思想形成的时代背景和实践基础

习近平新时代中国特色社会主义经济思想的提出，经历了一个长期形成和发展的阶段，它是习近平同志在灵活运用马克思主义，长期指导地方和国家经济发展过程中的经验理论总结。当前，国内学者主要从时代背景、实践基础等不同方面对习近平新时代中国特色社会主义经济思想的形成条件进行了较为全面的研究：

白暴力等（2018）指出，习近平新时代中国特色社会主义经济思想科学体系形成的客观基础是“新时代”，“新时代”的一个基本特征就是我国的社会主要矛盾发生了根本性转变，它意味着我国的社会生产力发展进入了一个全新的阶段，这是习近平中国特色社会主义经济思想形成的客观历史条件。“新时代”作为我国经济社会发展方位的全新规定，已经成为我们党和政府各项工作的立足点和出发点。在中国特色社会主义进入新时代的历史背景下，解决以社会主要矛盾所表征的各项发展矛盾已经成为新时代中国经济建设的核心遵循，而“习近平新时代中国特色社会主义经济思想”则是在这样的时代历史背景下孕育发展的结果。

洪银兴（2021）则从习近平新时代中国特色社会主义经济思想的三大时代特征间接论述了习近平经济思想形成的时代背景。他指出，第一点是社会主义本质所规定的新时代的历史任务已经由《共产党宣言》中的消灭私有制、邓小平的社会主义本质论，发展为消除贫困、全面建成小康社会和走向共同富裕；第二点是社会主要矛盾转化背景下的新时代特征，即今后发展的主要任务是解决发展不平衡不充分的问题，其具体体现就是当前我国经济发展过程正面临东西、南北、沿海及内地、城市与乡村发展不平衡，核心技术供给、有效生产供给不足和不充分等；第三点是发展战略转变的新时代特征，即从过去的“三步走”发展为“两步走”发展战略。

郭冠清从习近平 30 多年以来的实践经历论述了习近平新时代中国特色社会主义经济思想形成、发展的实践基础。在他看来，习近平新时代中国特色社会主义经济思想科学体系是习近平同志对其多年来丰富的治国理政实践的经验总结和理论升华。习近平青年时在梁家河插队，面对极其艰苦的生活环境，他扎根群众养成了“为人民办事”的为官理念。白天干活，晚上苦读《资本论》《毛泽东选集》等经典著作则为他形成科学的经济思想奠定了理论基础。“文革”之后，习近平开始进入清华大学专门学习马克思主义理论，随后工作足迹遍及全国多个地区。在河北正定，习近平率先实行“大包干”模式，并推动成立了全国范围内的第一个农村研究所。到了福建，习近平以“滴水穿石”“功成不必在我”的精神提出了“弱鸟先飞”“精准脱贫”等执政理念，率先开展生态建设，等等。上述地方的工作实践经历，是习近平经济思想形成的实践基础。

（三）习近平经济思想的理论来源

学者侯为民（2020）指出，习近平经济思想是在马列毛邓等现有思想材料的基础上，立足于中国经济发展实践，在解决新时代中国经济发展面临的重大问题过程中的科学产物。

杜黎明指出，习近平经济思想是对邓小平社会主义本质论的继承和发展，主要体现在以“以人民为中心”“共同富裕”“政府+市场”“合作共赢”这四大“公理”为核心提出的新发展理念上，丰富和发展了邓小平的生产力理论、生产关系理论和共同富裕理论。孙晓华指出，立足于中国经济发展现阶段形成的“习近平经济思想”，其作为马克思主义政治经济学的最新成果，与邓小平理论有着密不可分的联系。习近平以人民为中心的发展思想是对邓小平“为人民谋福利”的坚持与发展，新发展理念是对“发展才是硬道理”的继承与超越，“党—政府一市场”关系是对“社会主义与市场经济相结合”的发展与重构。从总体来看，习近平经济思想立足于我国经济发展的新的历史方位，形成了以新发展理念为主要内容的经济理论体系，在理论来源上离不开邓小平理论。

胡晓宇指出，习近平经济思想是对马克思经典政治经济学理论的现代化阐释与创新性运用。它至少在以下三条逻辑上与马克思的政治经济学相契合：一是在价值主体上提出“人民主体”和“共同富裕”；二是继承和发展了马克思的社会供需理论，以“供给侧结构性改革”为主线提出了经济结构改革方案；三是继承和发展了马克思政治经济学的生产要素理论，将生态环境纳入现代经济的生产要素，从而为可持续发展夯实了经济学基础。

张占斌指出，习近平经济思想深刻地体现了理论与实践的高度统一。首先，从理论母体来看，习近平经济思想来源于马克思主义政治经济学。习近平尤其重视研读马克思的《资本论》，认为政治经济学不仅没有过时，而且很多观点和理论依旧适用于当代社会。其次，习近平经济思想是对中国化马克思主义经济思想的继承与创新，尤其是对毛泽东、邓小平等主要领导人思想的创新发展。除此之外，习近平经济思想还借鉴了西方经济学理论中的先进成分和理论术语，如现代产权制度、全要素生产率等。

（四）习近平经济思想的理论内涵

我国学术界从多个方面对习近平新时代中国特色社会主义经济思想的理论内涵进行了较为具体的理论阐述。

周跃辉指出，习近平新时代中国特色社会主义经济思想始终强调的一个前提就是党对经济工作的全面领导，这是我们当前研究习近平新时代中国特色社会主义经济思想必须明确的首要问题。与此同时，杨承训指出，习近平新时代中国特色社会主义经济思想的根本要谛就是强调党领导经济。这既是中国特色社会主义的本质特征，也是其最大优势。因此，坚持党领导经济是中国特色社会主义经济建设的题中之义。只有一以贯之地坚持党对经济建设的领导，才能把握住中国经济建设的灵魂和保障中国经济的正确发展方向。

陆立军指出，习近平新时代中国特色社会主义经济思想是我们党在新的发展阶段对社会主义经济建设科学系统的理论总结，作为一个科学的经济思想体系，其基本的理论要素具体可以从以下三个方面进行研究：一是在研究对象方面，习近平新时代中国特色社会主义经济思想研究对象极其明确，即为新时代历史方位下中国经济发展所面临的一系列问题。以经济新常态为标志，中国经济发展已经步入了以高质量发展为目标的全新阶段。二是在时代主题方面，当前我们所面临的时代任务就是要实现从站起来、富起来再到强起来的伟大飞跃。要想实现这种飞跃，经济建设是基础。三是在科学内涵和逻辑主线方面，习近平新时代中国特色社会主义经济思想的核心内容是新发展理念，逻辑主线是供给侧结构性改革，根本目标是推动中国经济实现高质量发展。四是在风格特征方面，习近平新时代中国特色社会主义经济思想在鲜明的时代特征的基础上展现着全新的学术话语体系，闪烁着高大的个人情怀和人格魅力。

郭冠清指出，习近平经济思想具体来看包括以下三大组成部分：一是以新发展理念为表征的先进的经济发展理念；二是供给侧结构性改革这个主要抓手；三是让市场在资源配置中起决定性作用和更好地发挥政府作用，形成党—政府—市场“三位一体”的经济治理体系。与此同时，刘卫红在《习近平新时代中国特色社会主义经济思想的内涵及理论基石》一文中从以下三大层面对习近平经济思想的主要内涵进行了概括和阐释：一是在理论层面提出了“创新、协调、绿色、开放、共享”的五大发展理念；二是在思想层面明确提出了“七个坚持”，这是习近平新时代中国特色社会主义经济思想的总体框架和基本原则；三是在战略层面明确提出了“两步走”战略，以及建设现代化经济体系和推动经济实现高质量发展的重要举措，这可以说是我们当前建设中国特色社会主义的“时间表”和“路线图”。

（五）习近平新时代中国特色社会主义经济思想的体系构架

就习近平新时代中国特色社会主义经济思想的体系构架的研究而言，学术界较为广泛的阐释路径是以“七个坚持”来总体概括。也有部分学者认为习近平新时代中国特色社会主义经济思想的体系框架应概括为“一个主要内容+‘七个坚持’”，这里的主要内容指的就是“新发展理念”，不能笼统地将其模糊或者混淆。

孔祥利在《习近平新时代中国特色社会主义经济思想的实践基础与理论框架》一文中指出，习近平新时代中国特色社会主义经济思想的理论内容具体可以概括为“一个主要内容、一条主线、三个一以贯之和三个转变”。“一个主要内容”即为新发展理念，“一条主线”则是供给侧结构性改革，“三个一以贯之”即为社会主义初级阶段、党的领导和以人民为中心的发展思想，“三个转变”即为社会主要矛盾、经济发展状态及发展阶段的转变。

韩保江在《习近平新时代中国特色社会主义经济思想的源流和主线》一文中指出，习近平新时代中国特色社会主义经济思想的基本框架是“1+7”的逻辑结构。其中，新发展理念是核心灵魂。坚持党对经济的领导是最为显著的理论特色；坚持以人民为中心则是其价值旨归；坚持适应并把握经济新常态则是其重要内容；灵活处理政府和市场的关系回答的则是经济体制改革的首要问题；在社会主要矛盾变化的大背景下，坚持将供给侧结构性改革作为经济工作主线，处理的则是经济发展的具体思路问题；坚持以问题导向部署经济发展新战略，直接面对

的则是我国长远发展的一系列战略问题的基本遵循；坚持稳中求进，底线思维，回答的则是实践过程中的方法论问题。

（六）习近平经济思想的理论贡献及时代价值

习近平新时代中国特色社会主义经济思想植根于新时代中国经济建设的伟大实践，与马克思主义政治经济学一脉相承，其运用的基本立场、基本方法、价值态度符合马克思主义的核心价值和理论要义。习近平新时代中国特色社会主义经济思想发展了马克思主义政治经济学，开拓了中国特色社会主义政治经济学的新境界，为世界上其他不愿意走西式发展道路或者受制于西方霸权的国家提供了可供借鉴的经济发展方案。

王志芳等在《论习近平新时代中国特色社会主义思想对马克思主义的原创性贡献》一文中指出，习近平新时代中国特色社会主义经济思想立足于新时代的历史方位，将马克思主义和中国经济建设实践完美结合，提出了一系列原创性思想，从根本上发展了马克思主义。在他们看来，其理论贡献主要体现在以下三个方面：一是明确了政党在经济建设中的职能，丰富了马克思主义政党学说；二是结合国际国内发展大势，准确判断中国发展去向，在以往历届领导人的基础上走出了一条区别于西方资本主义国家的发展道路，从根本上发展了社会主义发展道路理论；三是以特有的中国风格和特征，坚持和发展了具有中国气派的中国特色社会主义政治经济学，极大地丰富和创新了马克思主义政治经济学。

刘卫红指出，习近平新时代中国特色社会主义经济思想是内涵丰富、体系完整的科学思想。从现实层面来看，它是引领中国经济走向高质量发展的根本遵循；从理论层面来看，它是马克思主义政治经济学的最新成果；从国际层面来看，它为解决人类社会经济发展面临的重大难题提供了中国智慧和中国方案。

二、中国特色社会主义新时代马克思主义政治经济学中国思想的历史总结

党的十八大以来，以习近平同志为核心的党中央立足“两个大局”，坚持以马克思主义政治经济学为指导，在新时代经济实践中科学认识和深刻把握经济发展规律，创立习近平新时代中国特色社会主义经济思想，把马克思主义政治经济学中国化推向了一个新的境界。

2012 年党的十八大召开，以习近平同志为核心的党中央领导全党和全国人民开启了新时代，这个新时代就是 2017 年 10 月党的十九大宣布的：“经过长期努力，中国特色社会主义进入了新时代，这是我国发展新的历史方位。中国特色社会主义进入新时代，意味着近代以来久经磨难的中华民族迎来了从站起来、富起来到强起来的伟大飞跃，迎来了实现中华民族伟大复兴的光明前景。”这个新时代，既是全面小康的决胜阶段，又开启了现代化建设的新进程。进入新时代，

中国共产党的经济思想可以概括为习近平新时代中国特色社会主义经济思想。

（一）坚持加强党对经济工作的集中统一领导

中国共产党的领导是中国特色社会主义最本质的特征，也是中国特色社会主义制度的最大优势。习近平指出："党是总揽全局、协调各方的，经济工作是中心工作，党的领导当然要在中心工作中得到充分体现。"他强调："经济工作是党治国理政的中心工作，党中央必须对经济工作负总责、实施全面领导。"党的十八大以来，以习近平同志为核心的党中央充分发挥党总揽全局、协调各方的领导核心作用，观大势、谋大局、干大事，不断完善党领导经济社会发展的体制机制，引领中国经济这艘巍巍巨轮始终沿着正确的方向前进。

（二）坚持以人民为中心的发展思想

人民立场是马克思主义政治经济学的根本立场。习近平指出："人民对美好生活的向往就是我们的奋斗目标，发挥人民主体作用是推动发展的强大动力。"他强调："要坚持以人民为中心的发展思想，把增进人民福祉、促进人的全面发展、朝着共同富裕方向稳步前进作为经济发展的出发点和落脚点。"党的十八大以来，以习近平同志为核心的党中央紧扣人民日益增长的美好生活需要，优先发展教育事业，着力提高就业质量和人民收入水平，不断加强社会保障体系建设，加快实施健康中国行动，接续实施精准扶贫战略、乡村振兴战略，人民生活水平得到极大提升。

（三）坚持创新、协调、绿色、开放、共享的新发展理念

进入新时代，支持30多年高速增长的要素已经得到充分释放，潜在经济增长率出现了下降的趋势，主要表现在：第一，由于城市化率已过60%，农业剩余劳动力转移支持的低成本劳动力供给明显减少；第二，实施计划生育政策导致人口红利加速消失，老龄化社会也随之到来，这意味着支持高投资的高储蓄不可持续；第三，能源、资源、环境的瓶颈约束正在成为增长的自然界限。在此背景下，转向中高速增长不可避免。这种状况被称为经济新常态。经济新常态表现在"经济发展方式正从规模速度型粗放增长转向质量效率型集约增长，经济结构正从增量扩能为主转向调整存量、做优增量并举的深度调整，经济发展的动力正从传统增长点转向新的增长点"。基于经济新常态的这些表现，习近平同志在2014年7月29日中央政治局会议上指出："发展必须是遵循经济规律的科学发展，必须是遵循自然规律的可持续发展，必须是遵循社会规律的包容性发展。"这一阐述是对经济发展规律性认识的理论升华，是对经济新常态下中国经济发展新特征、新趋势的科学把握。基于客观规律及进入新时代后的发展任务，习近平在党的十八届五中全会上提出了创新、协调、绿色、开放、共享的新发展理念。

创新是引领发展的第一动力。经济发展的阶段不同，驱动力也有所不同。最

初的发展阶段为要素驱动，主要依靠土地、资源、劳动力等生产要素的投入推动经济增长。第二阶段为投资驱动，靠持续的高投资（以低消费为条件）推动经济增长。进入中等收入阶段，支持物质资源高投入的要素供给已至极限，居民也不愿以低收入和低消费水平为代价支持高投资。为此，习近平提出，加快从要素驱动、投资规模驱动发展为主向以创新驱动发展为主的转变。作为经济发展第一动力的创新，其核心是科技创新。科技创新的着力点是国际前沿核心技术。习近平强调，关键核心技术是国之重器。这既需要以研发核心高新技术为导向的基础研究，也需要推动占领产业制高点的产业创新。将科技创新与产业创新融合，打通从科技强到产业强、经济强、国家强的通道，解决好从“科学”到“技术”的转化，建立有利于创新成果产业化的机制和通道。为此，“要充分发挥社会主义市场经济的独特作用，充分发挥我国社会主义的制度优势，充分发挥科学家和企业家的创新主体作用，形成关键核心技术攻坚体制”。

协调是经济持续健康发展的内在要求。进入新时代，针对多年不平衡发展带来的不协调问题，习近平指出，“协调既是发展手段又是发展目标，同时还是评价发展的标准和尺度”，“是发展两点论和重点论的统一”，“是发展平衡和不平衡的统一”，“是发展短板和潜力的统一”。协调成为发展目标意味着，经济发展的目的不再是经济增长在数量上的累积，而是追求经济、社会、人与自然等多个方面的平衡发展。协调成为发展手段意味着注重发展的平衡性、系统性与可持续性，协调能够促进国家实现更高层次的发展，提高发展的整体水平。协调成为评价发展的标准和尺度意味着协调是高质量发展的评价标准，涉及产业、城乡、区域等在结构上的平衡发展。

绿色是永续发展的必要条件和人民生活高质量发展的重要体现，绿色发展体现人与自然和谐共生，强调不能为谋求物质财富而牺牲生态财富。习近平指出：“纵观世界发展史，保护生态环境就是保护生产力，改善生态环境就是发展生产力。”工业文明时代，人类利用工业化的文明成果对大自然进行索取和掠夺，已造成自然界生态平衡的严重破坏和人与自然关系的恶化。中国特色社会主义所处的新时代，是工业文明向生态文明过渡的时代。绿色发展的理念包含财富观的创新，“绿水青山就是金山银山”。干净的水、清新的空气、多样性的生物、绿色的环境是宝贵的生态财富。经济发展不仅要谋求物质财富，还要谋求生态财富，体现了人民对美好生活的需要。

开放是国家繁荣发展的必由之路。与超级大国推行反全球化的政策相反，作为世界第二大经济体的中国扛起了继续推动全球化的大旗。遵循习近平关于打造人类命运共同体的思想，新时代的开放发展坚持引进来和走出去并重，利用自由贸易区等开放载体，形成陆海内外联动、东西双向互济的开放格局；服从于创新驱动发展战略，引进国外要素的着力点将转向创新要素，实行开放式创新；参与全球化分工，着力培育以技术、品牌、质量、服务为核心竞争力的新优势，重视我国产业在全球价值链上地位的提升，依托核心技术建立以我为主的全球价值链，形成面向全球的贸易、融资、生产、服务价值链，培育国际经济合作和竞争新优势；从过去偏重制造业对外开放，转向涵盖各个产业尤其是服务业的全方位开放；在提升向东开放的同时，推进与“一带一路”沿线国家的合作，加快向西开放步伐，推动内陆沿边地区成为开放前沿。与此同时，习近平警示，面对全球经济治理体系和规则的重大调整，“应对外部经济风险、维护国家经济安全的压力也是过去所不能比拟的”。

共享是中国特色社会主义的本质要求。进入新时代，习近平提出：“让广大人民群众共享改革发展成果，是社会主义的本质要求，是社会主义制度优越性的集中体现，是我们党坚持全心全意为人民服务根本宗旨的重要体现。这方面问题解决好了，全体人民推动发展的积极性、主动性、创造性就能充分调动起来，国家发展也才能具有最深厚的伟力。我国经济发展的‘蛋糕’不断做大，但分配不公问题比较突出、收入差距、城乡区域公共服务水平差距较大。为此，我们必须坚持发展为了人民、发展依靠人民、发展成果由人民共享，作出更有效的制度安排，使全体人民朝着共同富裕方向稳步前进，绝不能出现‘富者累巨万，而贫者食糟糠’的现象。”全民共享是目标，全面共享是内容，共建共享是基础，渐进共享是途径。

根据新发展理念，要创新着重解决发展动力问题，协调着重解决发展不平衡问题，绿色着重解决人与自然和谐问题，开放着重解决发展内外联动问题，共享着重解决社会公平正义问题。新发展理念是对我国经济发展实践经验的科学总结，是习近平新时代中国特色社会主义经济思想的主要内容，也是新时代中国社会主义经济建设的科学指南。新发展理念是指引中国走向富强的理论之魂，开辟了新时代中国特色社会主义思想的新境界。

（四）坚持社会主要矛盾转化是转向高质量发展的客观依据

马克思主义认为，矛盾是社会发展的动力。党的十九大报告指出：“中国特色社会主义进入新时代。”社会主要矛盾涉及生产力水平与社会需要之间的矛盾。我国在确定社会主义初级阶段时把社会主要矛盾明确为人民日益增长的物质文化需要同落后的社会生产之间的矛盾。依据这一主要矛盾，发展成为硬道理，经济建设成为中心，引领我国实现了30多年的高速增长。

基于改革开放的巨大成就，社会生产力水平明显提高，我国告别低收入阶段进入了中等收入阶段。习近平总书记在党的十九大报告中指出：“中国特色社会主义进入新时代，我国社会主要矛盾已经转化为人民日益增长的美好生活需要和不平衡不充分的发展之间的矛盾。其依据是，在人民需要方面，我国稳定解决了十几亿人的温饱问题，并将全面建成小康社会，人民美好生活需要日益广泛，不仅对物质文化生活提出了更高要求，而且在民主、法治、公平、正义、安全、环境等方面的要求日益增长。在社会生产力方面，我国社会生产力水平总体上显著提高，社会生产能力在很多方面进入世界前列。”

社会主要矛盾的转化表明：第一，发展目标是满足人民日益增长的美好生活需要，体现了以人民为中心的发展观。第二，矛盾的主要方面是发展的不平衡和不充分。所谓发展的不充分，最为突出的是由创新能力不足产生的核心技术供给不充分，由供给体系质量不高产生的有效供给不足。所谓发展的不平衡，涉及生态环境不堪重负的短板、农业现代化的短板、地区发展不平衡的短板等。改变这种状况是新时代发展的着力点。第三，我国社会主要矛盾的变化没有改变我们对我国社会主义所处历史阶段的判断。我国仍然处于并将长期处于社会主义初级阶段，我国是发展中大国的地位没有改变。由此提出经济发展由高速增长转向高质量发展的要求。

第一，转变经济发展方式，实现科学发展，其基本要求是经济发展由主要依靠物质资源投入转向创新驱动。当今世界，技术进步更多来源于科学的新发现，习近平总书记说，什么是核心技术？一是基础技术、通用技术，二是非对称技术、“撒手锏”技术，三是前沿技术、颠覆性技术。现在所关注的新科技和产业革命，是以智能化、信息化为核心，以大数据、云计算、人工智能等前沿技术为代表，所有这些产业革命都直接以科技革命为基础。因此，需要根据习近平总书记的要求，建立有利于出创新成果、有利于创新成果产业化的机制。

第二，补齐经济发展的短板。根据木桶原理，无论全面小康还是现代化，其进程都是由短板决定的。协调发展就是要补齐短板。找出短板，在补齐短板上用力，通过补齐短板挖掘发展潜力、增强发展后劲，是协调发展的题中之义。我国的社会主义现代化道路是同步推进新型工业化、信息化、城镇化和农业现代化。2013 年 12 月，习近平同志在中央农村工作会议上的讲话中指出，“农业还是‘四化同步’的短腿，农村还是全面建成小康社会的短板”。习近平说，即使将来城镇化达到 70%以上，还有四五亿人在农村。农村绝不能成为荒芜的农村、留守的农村、记忆中的故园。城镇化要发展，农业现代化和新农村建设也要发展，同步发展才能相得益彰，要推进城乡一体化发展。协调发展，要求着力补齐农业、农村短板，从根本上克服农业的弱势状态，改变农村的落后面貌。农业现代化关键在科技进步，走内涵式发展道路。

第三，走绿色发展之路。西方发达国家在推进现代化时处于工业文明时代，资源环境的供给相对宽松，它们无所顾忌、无障碍地高排放并掠夺国外资源来支持其粗放方式的现代化。由此产生的后果是，从工业文明开始到现在仅数百年，虽然人类社会巨大的生产力创造了少数发达国家的西方式现代化，但是其已威胁到人类的生存和地球生物的延续。在生态文明时代推进的社会主义现代化不能走西方发达国家当年在工业文明时代走的高投入、高排放道路，需要通过绿色发展推动生态文明建设。为了应对严峻的生态环境挑战，实现人与自然和谐发展、经济社会永续发展，习近平同志指出，“生态文明建设事关中华民族永续发展和两个一百年奋斗目标的实现”，新时代的绿色发展不仅不能产生新的环境和生态问题，还要治理过去的发展所遗留的环境生态问题。因此，中国的现代化道路是绿色发展的道路。我们所要推进的现代化如党的十九大要求的，是人与自然和谐共生的现代化，既要创造更多物质财富和精神财富以满足人民日益增长的美好生活需要，也要提供更多优质生态产品以满足人民日益增长的优美生态环境需要。

（五）坚持全面深化改革进一步完善社会主义市场经济体制

如果说党的十一届三中全会是拉开改革开放时代大幕的里程碑，2013 年党的十八届三中全会则是新时代改革再出发的新里程碑。党的十八届三中全会通过《中共中央关于全面深化改革若干重大问题的决定》，正式拉开全面深化改革的大幕。

党的十八届三中全会把“完善和发展中国特色社会主义制度，推进国家治理体系和治理能力现代化”作为全面深化改革的总目标，明确到 2020 年“形成系统完备、科学规范、运行有效的制度体系，使各方面制度更加成熟更加定型”，并明确新时代经济改革的方向是市场决定资源配置和政府充分发挥作用。由此出发，经济领域的全面深化改革就从政府和市场两个方面推进。自 2013 年至党的十九大，围绕全面深化改革总目标，改革全面发力、多点突破、纵深推进，着力增强改革系统性、整体性、协同性，拓展改革广度和深度，推出一千五百多项改革举措，重要领域和关键环节的改革取得突破性进展，主要领域改革的主体框架基本确立，从而为我国经济社会可持续发展提供了制度保障。

第一，确定社会主义基本经济制度。一定的社会基本经济制度的基础是该社会生产关系的总和。中国的经济体制改革是围绕改革和完善基本经济制度推进的，作为基本经济制度的制度是必须长期坚持和完善的。

党对社会主义基本经济制度的认识随着改革的深入而逐步深化。1997 年，党的十五大首次提出公有制为主体、多种所有制经济共同发展是我国社会主义初级阶段的一项基本经济制度。2016 年 11 月，习近平总书记在主持中央政治局学习时把按劳分配为主体、多种分配方式并存称为“社会主义基本分配制度”。党的十八届三中全会作出的《中共中央关于全面深化改革若干重大问题的决定》又提出，混合所有制经济是基本经济制度的重要实现形式。2019 年，党的十九

届四中全会明确把公有制为主体、多种所有制经济共同发展，按劳分配为主体、多种分配方式并存和社会主义市场经济体制这三个方面的制度一起称为社会主义基本经济制度。这三个方面经济制度在发展社会生产力和体现社会主义制度优越性方面具有制度优势。

公有制为主体、多种所有制经济共同发展对促进解放和发展社会生产力的制度优势主要表现在：一是以适合社会主义初级阶段的所有制形式动员了一切发展生产力的资源和活力，尤其是外资的进入，民资的迅猛发展。二是多种所有制经济之间的竞争，促使国有制经济改革自身的体制、有进有退，完善公有制的实现形式，从而增强公有制经济的竞争力、创新力、控制力和抗风险能力。三是混合所有制成为基本经济制度的基本实现形式，多种所有制经济在同一个企业内共同发展，为各类企业增强活力、做大做强做优提供资本动力和机制。公有资产在社会总资产中占优势，国有经济控制国民经济命脉，“这是保证我国各族人民共享发展成果的制度性保证，也是巩固党的执政地位，坚持我国社会主义制度的重要保证”。

多种分配方式表现在各种生产要素参与收入分配，其发展生产力的制度优势主要表现在：一是坚持多劳多得、少老少得、不劳动者不得食，提高了劳动效率。二是充分动员和激励属于不同要素所有者的要素投入，让一切创造社会财富的源泉充分涌流，使一切创造财富的劳动、知识、技术、管理、资本和数据的活力竞相迸发。坚持按劳分配为主体的制度优势不只是提高劳动效率，还在于要素报酬的分配结构中增加了一线劳动者劳动收入，鼓励勤劳致富，是逐步实现共同富裕的制度保证。

就社会主义市场经济体制来说，市场配置资源是依据市场规则、市场价格、市场竞争配置资源。市场机制所特有的优胜劣汰的选择机制和奖惩分明的激励功能，不仅能按效率目标决定资源流到哪里（部门、企业）去，还能决定各种要素（资源）的有效组合，使各种生产要素得到最有效的利用，从而提高全要素生产率。社会主义制度同市场经济有机结合的制度优势不只是克服两极分化、外部性和宏观失衡等方面的失灵，还体现了社会主义的制度要求：一是集中力量办大事，国家的重大基础设施项目、跨地区建设项目可以在制度上举全国之力完成；二是依靠社会主义的制度优势建设市场，市场体系的标准会更高；三是在推进创新、协调、绿色、开放、共享发展，建设现代化经济体系，推动高质量发展方面政府作用非常明显。

第二，明确经济体制改革的两大重点。党的十九大明确了加快完善社会主义市场经济体制的两个改革重点：一是完善产权制度，二是完善要素的市场化配置，在更高起点、更高层次、更高目标上推进经济体制改革，构建更加系统完备、更加成熟定型的高水平社会主义市场经济体制。

完善产权制度目标是健全归属清晰、权责明确、保护严格、流转顺畅的现代产权制度。完善社会主义市场经济体制关键是建立有效率的产权制度，即产权激励制度。产权的有效激励要求产权制度从以下三个方面完善：一是严格保护产权。保护产权要以公平为核心，全面保护，依法保护。二是产权顺畅流转。产权在规范的资本市场流转最为有效。三是产权确保安全。入股和交易的产权必须保证安全。产权激励是市场经济最强大的动力源，产权激励制度涉及产权的界定、配置和流转。把人们经济活动的努力和财产权利紧密地联系在一起，明晰企业产权的归属、控制、产权收益和风险，这是稳定持久的激励。

市场配置的要素必须是有一定产权归属的要素，既有增量又有存量。相比于增量要素，存量要素规模巨大。市场配置存量要素可以在优化资产质量中提高要素配置效率。以产权流转方式进行的要素市场化配置主要涉及两个方面：一是帮助被束缚在低效率、产能过剩的部门和企业的资源由“死”变“活”。在淘汰过剩产能、污染产能、落后产能的基础上，腾出发展的空间和资源用以发展新产业、新业态。二是企业在资产重组中得以做强做优做大。无论是国有企业还是民营企业，都由市场决定效率，谁的效率高，谁就是兼并重组的主体，由此使资产向高效率企业集中。

筑牢社会主义市场经济有效运行的体制基础是建设高标准市场体系的目标。市场体系是要素市场配置的载体和平台。2020 年 5 月，《中共中央国务院关于新时代加快完善社会主义市场经济体制的意见》明确提出，以要素市场化配置改革为重点，加快建设统一开放、竞争有序的市场体系，推进要素市场制度建设，实现要素价格市场决定、流动自主有序、配置高效公平。我国市场化改革以来，商品市场已完全放开，大部分要素市场也已经形成并开放，但市场体系还存在短板，需要按高标准要求补齐市场短板。一是完善并规范金融市场。金融是市场经济的核心。建设高标准的金融市场需要发展多层次的资本市场，优化企业融资结构，促进金融资源顺畅流动并规范运行。二是建设和规范土地市场。土地市场建设的重点在规范。土地一级市场要引入公平竞争的机制，而土地二级市场上不仅要充分竞争，还需要建立防止过度投机的监管机制。三是发展技术市场。充分利用互联网信息平台，克服新技术供求信息的不对称；活跃科技中介，强化技术市场上知识产权的保护和运营。四是充分开放劳动力市场，实现人尽其才。一方面，需要深化户籍制度改革，实现劳动力在城乡之间自由流动；另一方面，服从于创新驱动，建设和完善人才市场，其中包括科技人才市场和企业家市场。五是数据的市场分享。进入互联网、人工智能时代，数据成为除资本、技术、劳动、管理、土地以外的新的发展要素。为充分发挥数据要素的作用，需要尽快建设和完善数据市场，以市场方式来实现数据的有偿共享和互联互通。以数据集中和共享为途径，打通数据壁垒，形成覆盖全国、统筹利用、统一接入的数据共享大平台。

强化竞争政策的基础地位。公平而充分的竞争是市场经济的本质特征。优胜劣汰的市场竞争的结果是效率提高，供求平衡，竞争是市场经济的运行机制，本身属于微观经济。竞争政策则是政府为保护、促进和规范市场竞争而实施的经济政策，是国家宏观调控经济的重要方面。党的十九届四中全会明确提出要强化竞争政策的基础地位，这是实现要素市场化配置的重要制度安排。在国家调节经济的政策体系中，竞争政策起着基础作用，主要表现在四个方面：首先，资源配置以竞争为导向；其次，市场主体的培育以竞争为基础；再次，产业组织政策以竞争为基础；最后，市场秩序建设以竞争秩序为基础。

第三，创新和完善宏观调控。市场对资源配置起决定性作用下更好地发挥政府作用，主要体现在宏观调控有度方面，这是推进国家治理体系和治理能力现代化的重要方面。进入新时代，国家的宏观调控思想有四个特点：

首先，“总量+结构+防风险”的组合构成了宏观调控目标。2013 年的宏观调控目标为“稳增长、转方式、调结构”，2014 年的宏观调控目标为“稳增长、调结构、促改革”，2015 年的宏观调控目标为“稳增长、调结构、转方式”，2016 年扩充为“稳增长、调结构、惠民生、防风险”，2017～2019 年的宏观调控目标为“以供给侧结构性改革为主线，稳增长、促改革、调结构、惠民生、防风险”，2018 年以后我国经济既面临中美贸易摩擦，又面临经济下行的压力。在此背景下，中央宏观调控突出六个稳，即“稳就业、稳金融、稳外贸、稳外资、稳投资、稳预期”。

其次，明确宏观经济运行的合理区间。2015 年 10 月 21 日，习近平出席在伦敦金融城举行的中英工商峰会时指出：“当前，中国经济运行总体平稳，稳增长、促改革、调结构、惠民生、防风险都稳中有进，主要指标处于合理区间和预期目标之内”，并且强调“中国经济运行将始终保持在合理区间，不会硬着陆”。合理区间的上限即通货膨胀的下限。合理区间的下限由两个因素决定：一是失业率的上限，二是人口新增条件下居民收入不下降。这样，在上限和下限之间就有一个合理区间。根据宏观经济运行相关影响因素的综合判断，将合理区间作为政府进行科学宏观调控的目标取向和宏观调控政策运用的主要依据。合理区间是市场充分发挥作用的区间，在这一区间内国家就不需要刻意地调控，货币政策也可以是中性的。为了防止经济运行越出合理区间的上限和下限时出现大起大落所导致的经济破坏以及相应的强调节所带来的较大调节成本，在接近合理区间的上限和下限时国家需要及时进行微调，并在此基础上创新区间调控方式。区间调控需要把经济增长率、通货膨胀率和失业率三个重要的宏观经济指标组合起来，以防止单目标可能带来的风险。复合目标组成的区间目标代替单一目标，更易于稳定市场主体对政策的预期，提高宏观调控的精准度。

再次，明确定向调控方向。区间调控并不意味着在合理区间内国家不做任何调控，而是不搞“大水漫灌”式的调控，进行定向调控。定向调控以调结构为重点，根据实际情况灵活、差别化地制定调控政策。通过对不同部门、不同群体有针对性地降税、降费、降准、降息，着力解决小微企业、“三农”和新型行业的经营困难，增强他们的活力，做到有保有压、有扶有控，这是宏观调控的精准化、定向化。区间调控与定向调控各有侧重，区间调控侧重于稳总量，定向调控注重调结构，两者紧密结合，形成稳增长、调结构合力，丰富了宏观调控的目标内涵和方式，是中国宏观调控实践对宏观调控理论的重大贡献。

最后，创新宏观调控手段。党的十九大报告指出，“创新和完善宏观调控，发挥国家发展规划的战略导向作用，健全财政、货币、产业、区域等经济政策协调机制”，其中涉及投融资体制改革、现代财政制度建设、税收制度改革和金融体制改革。尤其是金融体制改革，需要增强金融服务实体经济能力，提高直接融资比重，促进多层次资本市场健康发展，深化利率和外汇市场化改革。所有这些改革，都必须守住不发生系统性金融风险即不发生金融危机的底线。为此，党的十九大提出了健全金融监管体系和健全货币政策与宏观审慎政策“双支柱”调控框架的要求。

基于以上改革，构建起了市场机制有效、微观主体有活力、宏观调控有度的社会主义经济体制。全面深化改革需要掌握科学的方法论。习近平总书记在庆祝改革开放40周年大会上总结的改革开放经验中，有一条就是必须坚持辩证唯物主义和历史唯物主义世界观和方法论，正确处理改革、发展、稳定的关系，并且要求在改革中增强战略思维、辩证思维、创新思维、法治思维、底线思维，加强宏观思考和顶层设计，坚持问题导向，聚焦我国发展面临的突出矛盾和问题。这是现阶段全面深化改革所需要掌握的科学方法论。根据这一方法论，在经济体制改革进程中，我们党坚持加强党的领导和尊重人民首创精神相结合，坚持“摸着石头过河”和顶层设计相结合，坚持问题导向和目标导向相统一，坚持试点先行和全面推进相促进，既鼓励大胆试、大胆闯，又坚持实事求是、积极稳妥，坚持方向不变、道路不偏、力度不减，确保改革开放行稳致远。

（六）坚持供给侧结构性改革和激发需求侧活力

习近平同志指出：“对我国这么大体量的经济体来讲，如果动力问题解决不好，要实现经济持续健康发展和‘两个翻番’是难以做到的。”根据供给和需求相互依存的经济学原理，经济增长需要供给侧和需求侧共同发力，因此改革需要在供给和需求两侧同时推进。正如习近平所说："供给和需求是市场经济内在关系的两个基本方面，是既对立又统一的辩证关系，二者你离不开我、我离不开你，相互依存、互为条件。"就调节方式来说，供给侧和需求侧是管理和调控宏观经济的两个基本手段。需求侧管理重在解决总量性问题，注重短期调控；供给侧调控重在解决结构性问题，注重长期发展，是实现高质量发展的有效调控方式。

改革开放初期的市场化改革实际上是需求侧改革，建立由市场决定资源配置的体制机制，强化市场竞争机制，突出市场需求导向，取消指令性计划等。与微观的需求侧改革相适应，在宏观上，一方面，从总需求入手建立宏观总量调控机制，明确消费、投资、出口"三驾马车"协同拉动经济增长，突出消费需求的拉动作用；另一方面，面向总需求的宏观调控转向财政和货币政策，相机采取紧缩性的、扩张性的或平衡性的财政和货币政策，宏观经济管理转向需求管理。在需求侧改革进行了三十多年后，需求侧的体制还有进一步改革的要求，但重点是完善总需求管理。

实践证明，只是在需求侧进行改革，只是完善需求管理，并不能有效解决经济运行的效率和供给质量问题，不能满足人民美好生活的需要。供给侧的问题归结为结构、效率和质量。在 2015 年底的中央经济工作会议上，习近平总书记发出了推进供给侧结构性改革的号令，即在适度扩大总需求的同时，着力加强供给侧结构性改革，着力提高供给体系质量和效率，增强经济持续增长动力，推动我国社会生产力水平实现整体跃升。在庆祝改革开放 40 周年大会上，习近平总书记再次明确"我们要坚持以供给侧结构性改革为主线"。供给侧结构性改革是我国进入新时代后推动经济发展的主线。"供给侧结构性改革，说到底最终目的是满足需求，主攻方向是提高供给质量，根本途径是深化改革。"与一般的调整生产关系的改革不同，供给侧结构性改革是要解决发展本身的问题。

第一，着力振兴实体经济。实体经济是一国经济的立身之本，财富之源。虚拟经济是经济的润滑剂，即使其有扩张资本的能力，也要反映在其所推动的实体经济的扩张上。在现实中存在"脱实向虚"的现象，除了虚拟经济领域中存在的"一夜暴富"的诱人投机现象外，最重要的原因是实体经济中的企业经营困难，因负担太重无利可图而投资不足。因此，供给侧结构性改革还是要在实体经济上发力，保障对实体经济的投资，在实体经济领域培育发展新动能，在高质量发展中增强实体经济企业的盈利能力。

第二，解决供给体系的质量和效率问题。其衡量标准就是习近平多次强调的全要素生产率。应该说，经过改革，市场配置资源效率，企业的效率，单个要素的生产率如资本生产率、劳动生产率、土地生产率，都有明显提高，但各个要素集合所产生的全要素生产率还不高。这与供给侧的要素配置结构相关。一是资源错配。相当多的资源被束缚在过剩的、污染的、落后的产能上，存量结构调整难度大，有效产能投资不足；在物质资本和人力资本的投资比例上，偏重物质资本，忽视人力资本，造成创新能力不足。二是过高的制度性交易成本。难以遏制的重复建设和重复投资、行政性垄断、烦琐的行政审批、地方保护等，都产生了高昂的要素配置成本，严重降低了全要素生产率。对此，改革目标是："优化现有生产要素配置和组合，提高生产要素利用水平，促进全要素生产率提高，不断增强经济内生增长动力。"质量变革、效率变革、动力变革成为提高全要素生产率的基本途径。

第三，解决有效供给不足和无效产能过剩并存的结构性问题。习近平总书记说："我国供给体系产能十分强大，但大多数只能满足中低端、低质量、低价格的需求。"产品的质量、技术档次、卫生、安全等不适合需求，表明我国有效供给短缺。与此同时，又存在无效和低端的产能过剩。无效产能包括过剩产能、落后产能和污染产能。这种结构性矛盾是发展中国家的通病，属于长期问题。这种结构性矛盾反映了现行经济发展方式的症结：进入中等收入阶段，温饱问题得以解决后居民的消费需求开始转型，更为关注健康、安全、卫生、档次等方面的需求，而生产和服务还停留在低收入阶段的供给，追求数量、不重视质量，不能适应进入中等收入阶段以后消费需求的新变化，满足中高端消费的中高端产品和服务供给不足，不能满足多样化、个性化、高端化需求，势必产生有效供给不足、无效产能过剩、中低端产品过剩问题。供给侧的这些结构性问题需要在供给侧结构性改革中得到解决。

第四，解决供给侧的动力不足问题。已有的市场化改革在需求侧产生了市场竞争和市场需求的压力。已有的改革解决了产权制度的动力问题，但供给侧仍动力不足。这与激励制度相关，突出表现是企业的高税负、高利息、高社会负担。还有不少企业因高杠杆而面临财务困难，陷入债务困境，其中有不少成为所谓的"僵尸企业"。企业分享不到发展的成果也就缺少发展的动力和活力。与需求侧突出的市场选择不同，供给侧则突出经济激励，提供发展的动力。供给侧突出对市场主体的激励：一是降低企业税负、利息和社会负担等，降低企业成本，使企业轻装上阵。二是保护企业家财产，激励企业家精神。

从2015年底开始的供给侧改革采取结构性改革方式，针对无效产能去产能、去库存，针对有效供给不足补短板，针对企业负担去杠杆、降成本。供给侧结构性改革就同"发展是硬道理"一样，是需要长期实行的发展政策，有着长远的目标。进入新的发展阶段，供给侧改革有新的任务。在去产能、去库存、去杠杆取得明显进展的基础上，需要进一步转向培育新动能。关于新动能，习近平指

出："既要紧盯经济发展新阶段、科技发展新前沿，毫不动摇把发展新动能作为打造竞争新优势的重要抓手，又要坚定不移地把破除旧动能作为增添发展新动能、厚植整体实力的重要内容。"党的十九大明确在现阶段所要培育的新动能主要涉及"中高端消费、创新引领、绿色低碳、共享经济、现代供应链和人力资本服务等领域"。实际上，这六大领域的新动能主要是在互联网、大数据、人工智能同实体经济深度融合基础上产生的。

供给侧结构性改革没有忽视需求侧动力的激发。在世界经济出现衰退的背景下，我国经济发展同样面临需求不足和经济下行的压力。党中央及时提出"六稳"（稳就业、稳金融、稳外贸、稳外资、稳投资、稳预期）和"六保"（保居民就业、保基本民生、保市场主体、保粮食能源安全、保产业链供应链稳定、保基层运转）的任务，刺激需求，在需求端激发活力。新发展格局要求以国民经济的内循环为主体，因此需要有足够的市场需求。党的十九届五中全会提出扩大内需战略同深化供给侧结构性改革有机结合的要求，并且提出了深化需求侧改革与供给侧改革相配合的思路。

（七）坚持国际国内双循环的新发展格局

开放带来进步，在经济全球化背景下，开放发展是中国发展的动力。现在中国经济进入了新时代，对外开放也进入了新时代。2013 年，习近平在博鳌亚洲论坛上指出："中国将在更大范围、更宽领域、更深层次上提高开放型经济水平。"根据习近平开放发展的理念，新时代的开放发展具有如下特点：

第一，建设人类命运共同体。与特朗普政府推行"美国优先"的逆全球化政策相反，我国扛起了继续推动全球化的大旗，习近平明确提出建设人类命运共同体的科学论断。它的内涵是：坚持对话协商，建设一个持久和平的世界；坚持共建共享，建设一个普遍安全的世界；坚持合作共赢，建设一个共同繁荣的世界；坚持交流互鉴，建设一个开放包容的世界；坚持绿色低碳，建设一个清洁美丽的世界。根据建立人类命运共同体的思想，建设"丝绸之路经济带"和"21 世纪海上丝绸之路"的战略构想以政策沟通、设施联通、贸易畅通、资金融通、民心相通为主要内容，全方位推进与沿线国家合作，构建利益共同体、命运共同体和责任共同体，深化与沿线国家多层次经贸合作，带动我国沿边、内陆地区发展。

第二，推动形成全面开放新格局。2018 年 4 月，习近平在博鳌亚洲论坛上提出："坚持引进来和走出去并重，推动形成陆海内外联动、东西双向互济的开放格局，实行高水平的贸易和投资自由化便利化政策，探索建设中国特色自由贸易港。"这个对外开放新格局体现了高质量的开放发展，具体表现在：一是在提升向东开放的同时，推进与"一带一路"沿线国家合作，加快向西开放步伐，推动内陆沿边地区成为开放前沿。二是进口与出口并重。三是扩大引进外资的领域和深度。进一步放开对外资进入的限制，尤其是金融领域进一步开放。四是建立对外开放的新载体。为推动资源和商品更为便利地进行国际流动，我国实行高水平的贸易和投资自由化便利化政策，设立自由贸易试验区、自由贸易港。

第三，形成以畅通国民经济循环为主的新发展格局。进入新时代，当今世界正经历百年未有之大变局，某些发达国家推行反全球化政策，保护主义盛行，特别是美国特朗普政府挑起中美贸易摩擦，企图使中国在科技、产业等领域脱钩。在全球肆虐的新冠病毒等因素导致世界经济衰退，一系列全球产业链断裂。在此背景下，中国不仅要扛起继续推动全球化的大旗，还要根据自身发展的需要，推动形成以国内大循环为主体、国内国际双循环相互促进的新发展格局。2020 年 8 月 24 日，习近平在经济社会领域专家座谈会上指出："这个新发展格局是根据我国发展阶段、环境、条件变化提出来的，是重塑我国国际合作和竞争新优势的战略抉择。近年来，随着外部环境和我国发展所具有的要素禀赋的变化，市场和资源两头在外的国际大循环动能明显减弱，而我国内需求潜力不断释放，国内大循环活力日益强劲，客观上有着此消彼长的态势。"中国的国内市场规模处于世界前列。实际上自 2008 年国际金融危机以来，我国经济已经在向以国内大循环为主体转变，抓住扩大内需这个战略基点，使生产、分配、流通、消费更多依托国内市场，提升供给体系对国内需求的适配性，有利于形成需求牵引供给、供给创造需求的更高水平的动态平衡。

新发展格局是开放的国内国际双循环。为适应开放发展的需要及新发展格局，我国的开放型经济发生了战略性变化，最为突出的是，出口导向的开放型经济转向内需型开放经济。内需型开放的实质是创新导向，注重产业结构的升级，特别是发展战略性新兴产业，占领科技和产业的世界制高点。推动产业创新的核心技术是买不来、讨不来的，因此需要以创新为导向发展开放型经济。创新具有自主知识产权、引领产业创新的核心技术和关键技术，体现增长的内生性，仍然需要发挥开放型经济的引擎作用。创新导向的开放型经济具有四个特征。一是以出口高科技的绿色产品替代资源密集型产品，特别是要替代高能源、高消耗、高污染产品出口。二是以进口核心技术的中间产品替代进口一般的最终产品。三是升级外商直接投资。在有序放宽市场准入的同时，注重外资质量。引进的外资以创新为导向进行选择，进入的环节是高新技术研发环节；鼓励外资在中国本土创新研发新技术，进入的产业是国际先进的新兴产业。四是着力引进创新资源。开放型经济要着力引进高端科技和管理人才，进行开放式创新。

（八）坚持适应、把握引领经济发展新常态

揭示客观经济规律是马克思主义政治经济学的根本任务。2013 年，以习近

平同志为核心的党中央做出判断，认为我国经济发展进入增长速度换挡期、结构调整阵痛期、前期刺激政策消化期相互叠加阶段。2014年，习近平在中央政治局会议上对“三期叠加”进行分析，强调经济工作要适应经济发展新常态。在2014年12月召开的中央经济工作会议上，他从消费需求、投资需求、出口和国际收支、生产能力和产业组织方式、生产要素相对优势、市场竞争特点、资源环境约束、经济风险积累和化解、资源配置模式和宏观调控方式九个方面，全面阐释了经济发展新常态带来的趋势性变化。

（九）坚持问题导向部署经济发展新战略

坚持问题导向是马克思主义的鲜明特点。习近平指出：“每个时代总有属于它自己的问题，只要科学地认识、准确地把握、正确地解决这些问题，就能够把我们的社会不断推向前进。”他强调：“要有强烈的问题意识，以重大问题为导向，抓住关键问题进一步研究思考，着力推动解决我国发展面临的一系列突出矛盾和问题。”党的十八大以来，以习近平同志为核心的党中央坚持问题导向，着眼关系全局、事关长远的问题，把谋划大事和制定具体政策结合起来，提出共建“一带一路”倡议，实施京津冀协同发展、长江经济带发展、新型城镇化、精准扶贫精准脱贫、乡村振兴、粮食安全、能源安全、创新驱动发展等重大发展战略，推进粤港澳大湾区建设、长三角一体化发展。这一系列坚持问题意识、以问题为导向部署的重大发展战略，对我国经济持续健康发展已经并将继续产生深远的影响。

（十）坚持正确的工作策略和方法

工欲善其事，必先利其器。习近平指出：“我们要运用马克思主义政治经济学的方法论，深化对我国经济发展规律的认识，提高领导我国经济发展能力和水平。”他强调：“推动经济持续健康发展，不仅要有正确思想和政策，而且要有正确工作策略和方法。”他进一步指出：“稳中求进工作总基调是我们治国理政的重要原则，也是做好经济工作的方法论。”党的十八大以来，以习近平同志为核心的党中央坚持马克思主义立场观点方法，强调全党要学习和掌握战略思维、历史思维、辩证思维、创新思维、法治思维、底线思维、系统思维，从而提高工作的科学性、预见性、主动性和创造性；强调要正确处理好经济发展中稳和进的关系，谋划“稳”的大局，释放“进”的动力，把握宏观调控的度，提高宏观调控的针对性和精准度，保持经济平稳健康可持续发展。只有正确掌握科学的思想方法和工作方法，党才能团结带领全国各族人民以“不到长城非好汉”的进取精神和“乱云飞渡仍从容”的战略定力，顺利开启全面建设社会主义现代化国家新征程。

参考文献

［1］ Balasopoulos A. Dark Light：Utopia and the Question of Relative Surplus Population ［J］. Utopian Studies，2016，27（3）：615-629.

［2］ Gerard W B，Sterling E. Sir Thomas More's Utopia and the Transformation of England from Absolute Monarchy to Egalitarian Society ［J］. Contemporary Justice Review，2005，8（1）：75-89.

［3］ Papke D R. The Communistic Inclinations of Sir Thomas More ［J］. Home，2016，48（1）：28-43.

［4］ 白刚．黑格尔、马克思与古典政治经济学［J］．现代哲学，2015（5）：9-16.

［5］ 白永秀，仁保平，何爱平．中国共产党经济思想 90 年［M］．北京：人民出版社，2011.

［6］ 卜祥记．马克思哲学存在论转向中的费尔巴哈因素与马克思的国民经济学批判［J］．求索，2004（10）：118-121.

［7］《财政与中国共产党 100 年——中国政治财政学研究》课题组，傅志华，申学锋．延安时期的经济困境与财政突围［J］．财政科学，2021（1）：116-125.

［8］ 曾静．马克思恩格斯的科学技术思想及其当代价值［D］．天津：南开大学，2014.

［9］ 曾益武．论列宁的和平外交思想及外交实践［J］．湖南师范大学社会科学学报，2002（2）：46-51.

［10］ 曾毅．中国共产党的历史使命［J］．领导科学论坛，2020（16）：3-17.

［11］ 钞小静．从落后到强大：建党百年来我国经济增长的梦想追求与道路选择［J］．西安财经大学学报，2021（2）：47-55.

［12］ 陈崇武．马布里启蒙思想与法国大革命［J］．华东师范大学学报（哲

学社会科学版)，2002（3）：3-10+124.

［13］陈道武．马克思政治经济学批判内在向度研究［D］．上海：华东师范大学，2016.

［14］陈国涛，杨虎涛．中国共产党百年经济思想与实践——中国政治经济学界的研究［J］．政治经济学评论，2022（3）：25-58.

［15］陈健．中国共产党领导经济体制改革的百年道路与新发展阶段实践研究［J］．经济问题，2021（6）：1-8.

［16］陈晋．1949—1976：怎样看社会主义革命和建设时期的成就与失误［J］．湘潮，2019（6）：17-22.

［17］陈力丹．列宁的生平及党报党刊活动［J］．东南传播，2014（1）：26-29.

［18］陈新．习近平社会主义市场经济思想在福建的孕育与实践［J］．中共福建省委党校学报，2016（11）：20-27.

［19］程恩富，朱炳元．恩格斯对马克思主义政治经济学的重大贡献［J］．马克思主义研究，2020（10）：63-74+168.

［20］崔友平，刘承礼，赵超，等．百年中国共产党经济思想创新研究［J］．经济与管理评论，2021（4）：5-17.

［21］戴安林．中国共产党对新民主主义革命道路的艰辛探索和经验启示［J］．中国浦东干部学院学报，2012（4）：81-90.

［22］澹真荣．19世纪空想社会主义者关于未来和谐社会的构想［J］．社会主义研究，2006（1）：25-27.

［23］邓小平．邓小平文选［M］．北京：人民出版社，1993-1994.

［24］邸乘光．论习近平新时代中国特色社会主义思想［J］．新疆师范大学学报（哲学社会科学版），2018（2）：7-21.

［25］丁冰．圣西门、傅立叶和欧文［M］．北京：经济科学出版社，1986.

［26］董建才．邓小平经济理论研究——社会主义经济理论的当代发展［M］．北京：经济管理出版社，2001.

［27］董志勇，崔建华，张辉，等．党的百年经济思想创造与实践——庆祝中国共产党成立100周年笔谈［J］．经济科学，2021（4）：144-160.

［28］杜红娟，余涛．空想社会主义的产生、发展、贡献与局限再论［J］．湖北社会科学，2020（3）：12-19.

［29］范明生．柏拉图哲学述评［M］．上海：上海人民出版社，1984.

［30］范文．习近平新时代中国特色社会主义思想的理论框架［J］．国家行政学院学报，2018（2）：19-22.

［31］冯旺舟，彭贤则．“政治马克思主义”的资本主义社会发展形态理论评析［J］．山东社会科学，2021（4）：25-34.

［32］付文军．论马克思主义政治经济学的理论内涵与科学指向［J］．经济学家，2021（1）：5-14.

［33］付文军．马克思劳动价值论的政治哲学意蕴［J］．贵州师范大学学报（社会科学版），2021（6）：1-8.

［34］付文军．马克思政治经济学批判思想及其当代价值研究［D］．兰州：兰州大学，2016.

［35］傅立叶．傅立叶选集：第一卷［M］．冀甫，译．北京：商务印书馆，1964.

［36］高放．社会主义的过去、现在和未来［M］．北京：北京出版社，1982.

［37］高放，黄达强．社会主义思想史［M］．北京：中国人民大学出版社，1987.

［38］高巍翔．全面建设社会主义时期党的思想政治教育研究（1956—1966）［D］．武汉：武汉大学，2010.

［39］葛力．简评马布里的空想社会主义思想［J］．党校科研信息，1991（Z2）：16-19.

［40］顾海良．恩格斯对广义政治经济学的研究及其当代意义——纪念恩格斯诞辰200周年［J］．经济学家，2020（10）：5-13.

［41］顾海良．恩格斯晚年对马克思主义政治经济学的贡献［J］．马克思主义与现实，2020（6）：17-19.

［42］顾海良．列宁对马克思主义政治经济学的重要贡献［J］．马克思主义与现实，2020（5）：14-16.

［43］顾海良．马克思主义政治经济学中国化的百年辉煌与思想精粹［J］．社会科学战线，2021（3）：1-16.

［44］郭艳君．马克思世界历史视野下资本主义的批判理论［J］．马克思主义理论教学与研究，2021（4）：79-87.

［45］国家行政学院经济学教研部．新时代中国特色社会主义政治经济学［M］．北京：人民出版社，2018.

［46］韩波，王天佐．“和谐社会”思想的渊源：傅立叶的和谐社会思想［J］．成都电子机械高等专科学校学报，2006（4）：87-91.

［47］郝雨浓，王丹．资本主义经济发展悖论的理论剖析［J］．人民论坛，2021（10）：89-91.

［48］何海涛，刘娟．列宁哲学思想形成和发展的基本路径分析［J］．中南民族大学学报（人文社会科学版），2014（5）：81-85.

［49］何萍．列宁辩证法的内在逻辑与时代价值［J］．马克思主义与现实，2020（2）：36-44.

［50］何锡辉．中国共产党使命型特质的百年塑造与当代回响［J］．理论探索，2021（2）：16-23.

［51］何莹，张春美．政治经济学批判与形而上学批判的三次统一——马克思政治经济学理论的内在逻辑［J］．上海行政学院学报，2018（2）：21-28.

［52］洪银兴．中国共产党百年经济思想述评［J］．东南学术，2021（3）：1-22+246.

［53］侯为民．推动中国发展道路的规律性总结与认识升华［J］．上海经济研究，2020（10）：43-48.

［54］侯彦杰．恩格斯晚年对马克思劳动价值论的捍卫［J］．马克思主义理论学科研究，2021（2）：35-42.

［55］胡芳．资产阶级劳动价值论的马克思意识形态批判［J］．宁夏社会科学，2021（5）：27-36.

［56］胡钧．马克思主义政治经济学与中国特色社会主义的伟大实践［J］．甘肃社会科学，2007（1）：63-69+150.

［57］胡磊，赵学清．马克思主义政治经济学的根本方法和具体方法——纪念马克思诞辰200周年［J］．经济学家，2018（9）：12-21.

［58］胡莹，卢斯媛．《剩余价值理论》与马克思主义经济思想史的研究方法［J］．思想教育研究，2021（9）：48-54.

［59］黄璨．傅立叶的和谐社会思想及其当代价值［D］．无锡：江南大学，2009.

［60］黄道奇．十九世纪欧洲自然科学的形成［J］．湖南社会科学，2010（3）：35-39.

［61］黄学胜．在差异中共进：马克思恩格斯早期思想关系——基于《国民经济学批判大纲》与《1844年经济学哲学手稿》的比较［J］．厦门大学学报（哲学社会科学版），2020（6）：1-9.

［62］黄媛媛．傅立叶关于发展经济的思想及其对我国经济建设的启示［J］．长江丛刊，2016（15）：92.

［63］黄云．托马斯·莫尔的济贫思想研究——以《乌托邦》为例［J］．英语广场，2021（30）：41-44.

［64］黄志军．马克思对国民经济学形而上学的批判：基于《巴黎手稿》的

考察［J］．长白学刊，2020（2）：49-55.

［65］黄忠晶．乌托邦的社会制度简论［J］．徐州师范大学学报，2005（2）：87-90.

［66］贾淑品，阳银银．论伯恩施坦对马克思、恩格斯资本主义发展趋势理论的误解与修正［J］．思想政治课研究，2021（5）：19-30.

［67］贾轶．马克思主义经济学历史唯物主义方法及运用研究［D］．开封：河南大学，2010.

［68］贾云泉．社会主义思想史上独具匠心的和谐社会理论［J］．科学社会主义，2005（6）：85-88.

［69］江炎骏．习近平新发展理念思想的正定溯源［J］．中共石家庄市委党校学报，2017（10）：18-20.

［70］江勇．新民主主义革命时期中国共产党经济伦理思想研究［J］．江苏社会科学，2021（1）：151-159.

［71］姜锵．习近平新时代中国特色经济思想：内涵、特质与意义［J］．理论月刊，2018（10）：31-36.

［72］蒋国海，楚帅．马克思恩格斯对世界经济学的认识［J］．湖南社会科学，2018（1）：101-104.

［73］蒋南平．马克思主义经济学在中国社会主义实践中的运用及经验总结［J］．经济学动态，2013（7）：70-79.

［74］焦俊鹏．全面建设社会主义时期毛泽东经济建设思想论析［D］．哈尔滨：东北林业大学，2012.

［75］金碚．中国特色社会主义经济理论是中共百年求真变革的伟大思想奉献［J］．学习与探索，2021（3）：1-7.

［76］考茨基．莫尔及其乌托邦［M］．关其桐，王志涵，译．北京：生活·读书·新知三联书店，1963.

［77］空想社会主义学说史编写组．空想社会主义学说史［M］．杭州：浙江人民出版社，1986.

［78］李琮．关于世界经济学研究对象的一些意见［J］．世界经济，2000（3）：3-8.

［79］李琮．世界经济学研究涉及的领域［J］．经济研究参考，2000（45）：40.

［80］李凤鸣．空想社会主义思想史［M］．上海：上海人民出版社，1980.

［81］李光玉．论马克思剩余价值理论的三个根本转向［J］．重庆理工大学学报（社会科学版），2017，31（12）：117-122.

［82］李宏．十年建设时期党对社会主义改革的探索及其历史经验［D］．西安：西北大学，2006.

［83］李佳齐．毛泽东社会主义经济建设思想研究［D］．哈尔滨：东北林业大学，2016.

［84］李进儒．中国共产党领导经济建设的基本经验［J］．中共乐山市委党校学报（新论），2021（2）：10-13.

［85］李少云，屈炳祥．论马克思再生产理论与科学发展——纪念马克思诞辰 190 周年［J］．学习与实践，2008（7）：85-93.

［86］李晓明．毛泽东社会主义社会建设理论研究［D］．石家庄：河北师范大学，2010.

［87］李妍．掌握客观经济规律是有计划调节生产的重要条件——对恩格斯在《反杜林论》中一段话的理解［J］．科学社会主义，2019（4）：143-148.

［88］李颖．党的十一届三中全会伟大转折——开启改革开放和社会主义现代化建设新时期［J］．党史纵览，2021（11）：4-9.

［89］李振友．浅析列宁无产阶级专政思想［J］．学理论，2014（16）：42-43.

［90］廖小浩．“巴黎手稿”时期马克思思想的政治经济学转向研究［D］．重庆：西南大学，2018.

［91］林剑．关于马克思主义政治经济学研究的若干问题［J］．广东社会科学，2017（6）：47-54+249.

［92］林木西．国民经济学的历史沿革与研究对象［J］．政治经济学评论，2016（6）：113-130.

［93］林强，宋晓敏．恩格斯对跨越资本主义卡夫丁峡谷理论的历史阐释［J］．党史文苑，2013（22）：51-53.

［94］刘福垣．剩余价值率和剥削率不是一个经济范畴［J］．改革，2010（11）：137-139.

［95］刘怀玉．论马克思哲学的再生产实践概念［J］．天津社会科学，2007（2）：10-17.

［96］刘佳．新民主主义革命时期中国共产党经济政策及其当代价值［J］．山东社会科学，2021（8）：144-148.

［97］刘建飞．建国前后党的农村土地经济理论嬗变［J］．东北师大学报，2004（6）：104-110.

［98］刘利敏．16—17 世纪早期空想社会主义科技思想研究［D］．长沙：湖南大学，2019.

[99] 刘平，张乾元．借鉴与反思：中国特色社会主义道路形成路径探索［J］．学校党建与思想教育，2014（8）：4-7.

[100] 刘谦，裴小革．马克思剩余价值理论发展研究——纪念《资本论》出版150周年［J］．湖北社会科学，2017（9）：10-15.

[101] 刘谦，裴小革．所有制改革与所有制结构演变——改革开放以来马克思主义所有制理论中国化研究［J］．人文杂志，2021（3）：10-19.

[102] 刘儒，卫离东．列宁对资本主义发展阶段划分依据理论的创新发展及其当代价值［J］．西安交通大学学报（社会科学版），2021（4）：148-156.

[103] 刘儒，魏嘉玉．恩格斯关于政治经济学研究对象的阐释及其当代意义［J］．社会主义研究，2021（6）：48-55.

[104] 刘召峰．社会形态、经济的社会形态、社会形式——马克思社会形态理论的核心概念考辨［J］．浙江大学学报（人文社会科学版），2020（4）：5-15.

[105] 刘卓红，杨煌辉．马克思剩余价值概念的三重历史意蕴——基于历史唯物主义研究的视角［J］．现代哲学，2021（4）：29-38.

[106] 柳硕．欧文经济伦理思想研究［D］．保定：河北大学，2017.

[107] 柳文超．梅叶社会政治思想述评［J］．西南师范学院学报，1982（4）：8.

[108] 卢江，陈弼文．中国特色社会主义政治经济学研究［J］．政治经济学评论，2019（3）：54-76.

[109] 陆岷峰，欧阳文杰．百年党的历史百年红色经济：中国共产党百年经济思想发展脉络、特点、经验与启示［J］．南方金融，2020（9）：3-16.

[110] 陆南泉．如何评价苏联经济建设问题［J］．中国特色社会主义研究，2007（1）：22-27.

[111] 陆南泉．斯大林工业化道路再认识［J］．科学社会主义，2005（3）：78-82.

[112] 路易斯·亨利·摩尔根．《古代社会》：下册［M］．杨东莼，马雍，马巨，译．北京：商务印书馆，1983.

[113] 罗平汉．党在社会主义革命和建设时期的奋斗历程及启示［J］．机关党建研究，2019（11）：32-35.

[114] 罗重一，蔡文华．刍议傅立叶的“和谐制度”——兼评对构建中国和谐社会的启示［J］．法国研究，2007（2）：96-100.

[115] 吕盟．陈云关于社会主义公有制的论述及其现实意义［D］．西安：陕西科技大学，2020.

[116] 马列．恩格斯《国民经济学批判大纲》的研究［D］．哈尔滨：黑龙

江大学，2013.

［117］毛泽东．毛泽东文集：第7卷［M］．北京：人民出版社，1999.

［118］毛泽东．毛泽东选集：第1卷［M］．北京：人民出版社，1991.

［119］毛泽东．毛泽东选集：第2卷［M］．北京：人民出版社，1991.

［120］蒙子良．论空想社会主义者的和谐社会构想［J］．学术论坛，2006（6）：43-46.

［121］摩莱里．自然法典［M］．黄建华，姜亚洲，译．北京：商务印书馆，1982.

［122］莫尔．乌托邦［M］．唐译．译．长春：吉林出版集团有限责任公司，2011.

［123］牛先锋．19世纪空想社会主义和谐社会思想［J］．理论视野，2005（5）：59-61.

［124］欧诺．梅叶的“社会祸害”论［J］．前沿，2003（2）：17-18.

［125］蒲国良．社会主义思想：从乌托邦到科学的飞跃（1516—1848）［M］．北京：北京师范大学出版社，2018.

［126］齐丹．劳动价值论从亚当·斯密、大卫·李嘉图到卡尔·马克思的发展［D］．长春：吉林大学，2016.

［127］裘斌．毛泽东探索中国社会主义建设思想演变研究（1956—1966）［D］．长春：东北师范大学，2014.

［128］让·梅叶．遗书：第一卷［M］．陈太先，眭茂，译．北京：商务印书馆，1985.

［129］任保平，豆渊博．从理想到现实：建党百年来我国经济现代化的理想目标与现实推进［J］．西安财经大学学报，2021（2）：31-38.

［130］任帅军，肖巍．马克思恩格斯论工人阶级上升为无产阶级［J］．复旦学报（社会科学版），2021（2）：1-9.

［131］彤新春．新民主主义革命时期中国共产党的经济探索与发展道路的初步形成［J］．经济纵横，2021（6）：14-20+2.

［132］沈民鸣．论价值转形中利润率与剩余价值率的关系［J］．马克思主义研究，2009（1）：56-63+96.

［133］石康．改革开放与探索适合中国国情的社会主义现代化建设道路［J］．中国经济史研究，2008（4）：3-10+19.

［134］孙夺．马克思“跨越卡夫丁峡谷”理论中的唯物辩证法思想及当代启示［J］．当代经济研究，2018（10）：14-22.

［135］孙研．摩莱里在《自然法典》中的私有制思想的研究［J］．山西青

年，2019（11）：119-120.

［136］塔夫罗夫斯基．习近平：正圆中国梦［M］．左凤荣，等译．俄罗斯：俄罗斯埃克斯莫出版社，2015.

［137］汤丽．让·梅叶的社会政治思想探析［J］．理论观察，2017（8）：47-50.

［138］唐皇凤．百年大党有效领导经济社会发展的历史进程和基本经验［J］．社会科学文摘，2021（5）：13-15.

［139］田湘南．斯大林对马克思主义政治经济学主要贡献的研究［J］．经济师，2019（6）：229-231+234.

［140］涂清华．中国共产党实现历史使命的演进逻辑［J］．毛泽东思想研究，2021（2）：8-14.

［141］王昉，缪德刚．过渡时期经济思想与中国特色社会主义道路理论的早期探索［J］．中国经济史研究，2018（2）：174-184.

［142］王峰明．马克思社会形态理论的内在逻辑和方法论基础——基于《资本论》及其手稿的辨析［J］．哲学研究，2021（2）：5-17+126.

［143］王公．刍议恩格斯的“19世纪自然科学的三大发现”［J］．科学文化评论，2016（3）：52-57.

［144］王海鸿，郭栋林．论剩余价值率假定与一般利润率下降规律［J］．当代经济研究，2020（10）：5-14+113.

［145］王金秋，赵敏．马克思主义政治经济学基本理论研究［J］．政治经济学评论，2019（3）：10-29.

［146］王可煜．马克思劳动价值论的形成和发展［D］．南京：南京大学，2017.

［147］王力．“天才大纲”的科学社会主义思想萌芽——恩格斯《国民经济学批判大纲》研究［J］．江西师范大学学报（哲学社会科学版），2020（3）：3-7.

［148］王炼钢．傅立叶的和谐思想［J］．沙洋师范高等专科学校学报，2006（1）：19-22.

［149］王启民．试论让·梅叶社会政治思想的核心［J］．福建师范大学学报（哲学社会科学版），1985（4）：6.

［150］王锐．中国社会主义经济建设的历史进程和基本经验［D］．北京：中共中央党校，2019.

［151］王拓彬．中国社会主义建设道路初步探索的理论成果和重大意义［J］．长江论坛，2015（6）：8-12.

［152］王心月．社会主义建设时期毛泽东对马克思主义中国化问题的认识与实践研究［D］．长春：东北师范大学，2013.

［153］王艺明．对马克思主义再生产理论的分析与阐释［J］．经济资料译丛，2021（1）：1-13.

［154］王玉，韩汉君．中国共产党百年金融思想演进［J］．上海经济研究，2021（7）：5-16.

［155］卫兴华．马克思主义政治经济学对象问题再探讨［J］．马克思主义研究，2006（1）：27-35.

［156］卫兴华，聂大海．马克思主义政治经济学的研究对象与生产力的关系［J］．经济纵横，2017（1）：1-7.

［157］魏茂恒．柏拉图与早期空想社会主义［J］．江苏教育学院学报（社会科学版），1998（4）：99-102+14.

［158］吴超．中国共产党百年伟大实践的历史经验［J］．中国井冈山干部学院学报，2021（2）：67-74.

［159］吴成林．列宁从严治党的思想实践及其现实启示［J］．理论导刊，2017（1）：50-54.

［160］吴春雷．马克思宏观经济思想及其当代价值［D］．济南：山东大学，2012.

［161］吴易风．空想社会主义［M］．北京：商务印书馆，1964.

［162］吴正海，范建刚，张占斌．中国共产党百年经济思想与实践［J］．西南大学学报（社会科学版），2021（4）：12-26+227.

［163］武鹏，胡家勇．改革开放初期我国经济发展理论的探索与革新［J］．改革与战略，2020（11）：17-24.

［164］肖灼基．马克思恩格斯经济学说的形成和发展［J］．社会科学研究，1985（6）：4-9.

［165］谢建芬．国民经济学批判与马克思生存论哲学路径的开启［J］．求索，2003（1）：125-128.

［166］谢康．马克思经济学计划手稿和世界经济学的研究对象［J］．世界经济研究，1989（5）：50-54.

［167］徐海伦，陈旌亮．马克思政治经济学与古典政治经济学背后的哲学逻辑［J］．马克思主义哲学研究，2018（1）：79-86.

［168］徐涓，彭钧．发展“半城郊型”经济的特色实践——习近平在正定县发展“半城郊型”经济的实践成就及意义［J］．中共石家庄市委党校学报，2017（10）：34.

［169］徐文斌．基于马克思再生产理论的两大部类结构不平衡分析［D］．上海：上海财经大学，2020.

［170］徐彦秋．马克思劳动价值论的理论溯源、科学内涵及当代意义［J］．苏州大学学报（哲学社会科学版），2021（2）：11-18.

［171］徐则灏．康帕内拉的《太阳城》［J］．历史教学，1962（3）：37-39.

［172］薛加奇，吴昊．《国民经济学批判大纲》对马克思主义政治经济学的贡献研究——纪念恩格斯诞辰200周年［J］．河北经贸大学学报，2020（5）：10-17.

［173］薛暮桥．关于社会主义市场经济问题［J］．经济研究，1992（10）：3-7.

［174］薛暮桥．中国社会主义经济问题研究［M］．北京：人民出版社，1983.

［175］亚历山大·弗拉基米罗维奇·布兹加林，陈红，甘晓娟．列宁对发展马克思主义政治经济学的贡献［J］．当代世界与社会主义，2020（2）：13-21.

［176］闫志民．空想社会主义的产生和发展［J］．科学社会主义，2013（5）：30-32.

［177］严冬．马克思劳动价值理论的时代价值［J］．人民论坛，2021（11）：95-97.

［178］燕继荣．现代国家治理与制度建设［J］．中国行政管理，2014（5）：27-28.

［179］杨煌辉．马克思劳动价值论的辩证法内蕴——以“异化劳动”为中心［J］．电子科技大学学报（社会科学版），2022（1）：9-18.

［180］杨举．斯大林集体农庄思想及其现实意义［J］．学理论，2009（28）：152-153.

［181］杨柠聪．学术界关于空想社会主义制度的探析［J］．知与行，2017（9）：133-138.

［182］杨学功，席大民．资本主义研究在马克思社会形态理论中的地位［J］．哲学研究，2012（4）：3-11.

［183］姚元炳，石晶，石朝智．论改革开放和社会主义现代化建设的新实践［J］．改革与开放，2012（10）：8.

［184］叶静．习近平新时代中国特色社会主义经济思想生成的三重逻辑［J］．湖北经济学院学报（人文社会科学版），2020（8）：4-7+15.

［185］于永成．改革开放40年来社会主义现代化建设的回顾、反思与展望［J］．宁夏社会科学，2018（6）：5-11.

［186］余伟如．资本的惯性运转及其批判——马克思生产与再生产理论的当代解析［J］．河北经贸大学学报，2021（6）：22-29.

［187］俞敏．列宁对苏俄经济社会政策价值评判的特点［J］．理论探讨，2008（4）：29-32.

［188］袁恩桢．社会主义市场经济分配结构递进改革的内容与几个基本认识［J］．毛泽东邓小平理论研究，2016（4）：16-21+92.

［189］袁立国．马克思与古典政治经济学的理论渊源关系研究［D］．长春：吉林大学，2014.

［190］张步仁．论和谐社会由空想到现实的发展［J］．南京航空航天大学学报（社会科学版），2006（1）：6-10.

［191］张超．柏拉图经济思想研究［D］．深圳：深圳大学，2020.

［192］张东辉．费希特的劳动思想及其在国民经济学中的运用——兼论对马克思的影响［J］．北京社会科学，2019（7）：4-13.

［193］张盾，袁立国．论马克思与古典政治经济学的理论渊源［J］．哲学研究，2014（3）：3-11+128.

［194］张海荣．中国共产党探索新中国经济发展规律历程的一部力作［J］．毛泽东思想研究，2019（6）：155-156.

［195］张健．习近平主政浙江"五大发展理念"的实践和理论［J］．贵阳市委党校学报，2017（10）：1-2.

［196］张开，王声啸，郑泽华，等．习近平新时代中国特色社会主义经济思想研究新进展［J］．政治经济学评论，2021（4）：140-166.

［197］张雷声．马克思劳动价值论的逻辑整体性［J］．教学与研究，2018（4）：5-11.

［198］张雷声，顾海良．马克思劳动价值论研究的历史整体性［J］．河海大学学报（哲学社会科学版），2015（1）：1-8+89.

［199］张文静．试论马克思对空想社会主义的扬弃与超越［J］．长江论坛，2018（3）：25-29.

［200］张喜亮．改革开放：中国共产党领导解放区经济建设政策［J］．班组天地，2021（1）：95.

［201］张旭．马克思主义政治经济学研究对象和方法的确立［J］．经济纵横，2018（5）：29-37.

［202］张叶婷．论毛泽东对社会主义建设规律的初步探索［J］．湖北行政学院学报，2010（4）：84-88.

［203］张幼文．世界经济学的基础理论与学科体系［J］．世界经济研究，

2020（7）：3-16+135.

［204］张震红．马克思对国民经济学“分工”概念的批判与超越［J］．人民论坛，2019（24）：238-239.

［205］赵德友，曹雷．社会主义革命和建设时期的伟大成就与历史地位［J］．统计理论与实践，2021（10）：3-6.

［206］赵立科．改革开放后中国经济现代化路径研究［D］．天津：天津理工大学，2013.

［207］赵天谋．社会主义法制思想的微光——17—18 世纪空想社会主义者的法制思想及其启示［J］．新时代论坛，1998（3）：69-73.

［208］中共中央党史研究室第一研究部．共产国际、联共（布）与中国革命档案资料丛书：第 15 卷［M］．北京：中共党史出版社，2007.

［209］中共中央马恩列斯著作编译局．列宁选集：第 4 卷［M］．北京：人民出版社，1995.

［210］中共中央马恩列斯著作编译局．列宁选集：第 5 卷［M］．北京：人民出版社，1995.

［211］中共中央马恩列斯著作编译局．马克思恩格斯文集［M］．北京：人民出版社，2009.

［212］中共中央马恩列斯著作编译局．马克思恩格斯选集［M］．北京：人民出版社，2012.

［213］中共中央马恩列斯著作编译局．斯大林全集：第 12 卷［M］．北京：人民出版社，1985.

［214］中共中央文献研究室．邓小平年谱（1957—1977）［M］．北京：中央文献出版社，2004.

［215］中共中央文献研究室．建党以来重要文献选编（1921—1949）［M］．北京：中央文献出版社，2011.

［216］中共中央文献研究室．建国以来毛泽东文稿：第 6 册［M］．北京：中央文献出版社，1992.

［217］中共中央文献研究室．十八大以来重要文献选编（上）［M］．北京：中央文献出版社，2014.

［218］中共中央文献研究室．十八大以来重要文献选编（中）［M］．北京：中央文献出版社，2016.

［219］中共中央文献研究室．十八大以来重要文献选编（下）［M］．北京：中央文献出版社，2018.

［220］中共中央文献研究室．习近平关于全面深化改革论述摘编［M］．北

京：中央文献出版社，2014.

［221］中共中央文献研究室．习近平关于社会主义经济建设论述摘编［M］．北京：中央文献出版社，2017.

［222］中共中央文献研究室．中共中央文件选集（1949.10—1966.5）［M］．北京：人民出版社，2013.

［223］中共中央宣传部．习近平谈治国理政：第3卷［M］．北京：外文出版社，2020.

［224］中共中央宣传部．习近平新时代中国特色社会主义思想三十讲［M］．北京：学习出版社，2018.

［225］中共中央宣传部．习近平总书记系列重要讲话读本［M］．北京：人民出版社，2016.

［226］钟海．列宁主义对毛泽东新民主主义革命理论形成的影响［D］．石家庄：河北师范大学，2008.

［227］周珊宇．马克思对资产阶级国民经济学理论与现实矛盾的批判——《1844年经济学哲学手稿》笔记本Ⅰ经济哲学思想解读［J］．改革与开放，2016（2）：71-72.

［228］周叔莲．我对中国计划经济转变为社会主义市场经济的研究［J］．中国浦东干部学院学报，2017（5）：39-55.

［229］周文，肖玉飞．中国共产党百年经济实践探索与中国奇迹［J］．政治经济学评论，2021（4）：30-50.

［230］朱雪微．对马克思无产阶级理论的辩护［J］．哲学动态，2021（10）：25-35+127.

［231］朱哲，何林．马克思劳动价值论中的劳动主体性思想及当代价值［J］．当代经济研究，2019（7）：15-22.

［232］祝伟．实践思维方式与马克思政治经济学方法论研究［D］．重庆：西南大学，2010.

［233］庄忠正．马克思论黑格尔与古典政治经济学的关系［J］．马克思主义哲学研究，2016（1）：38-47.

［234］庄宗明．构建马克思主义世界经济学［J］．厦门大学学报（哲学社会科学版），2008（1）：5-9+17.

［235］邹晓芰．马克思和国民经济学的原则分野："以人为本"还是"以物为本"——《1844年经济学哲学手稿》研究一得［J］．武汉大学学报（人文科学版），2012（3）：62-67.

后　记

《马克思主义政治经济学的中国百年》一书是江西省社会科学基金重点项目“中国共产党百年经济实践与经济发展规律研究”（21YJ02）的最终成果。本书的出版得到了江西省高校人文社会科学重点研究基地江西师范大学区域创新与创业研究中心的资助。

本书以马克思主义世界观和方法论为基础，从辩证唯物主义和历史唯物主义的角度全面阐述了西方早期社会主义经济思想、资产阶级古典政治经济学与马克思主义政治经济学的历史逻辑关系，以历史叙事的方式全面梳理了中国共产党在马克思主义政治经济学指导下的百年经济实践与经济理论的探索过程。全书共分为三篇，每篇两章。第一篇“早期社会主义经济思想”从古希腊思想家柏拉图的《理想国》和空想社会主义经济思想两方面阐述了早期社会主义的经济思想；第二篇“马克思主义政治经济学”从马克思主义政治经济学的产生和列宁、斯大林对马克思主义政治经济学的发展两方面全面阐释了马克思主义政治经济学产生的历史背景、理论渊源、核心内容以及列宁、斯大林对马克思主义政治经济学的发展；第三篇“马克思主义政治经济学的中国实践”从马克思主义政治经济学的中国百年实践和马克思主义政治经济学的中国百年思想两方面梳理了中国共产党百年经济实践与理论探索的马克思主义政治经济学中国化的辉煌历程。

全书由刘荣春教授统稿，第一章、第二章、第三章由刘荣春同志撰写，第四章和第五章的第一节、第二节、第三节由刘超同志撰写，第五章的第四节、第五节、第六节和第六章由杜怡怡同志撰写。

本书是集体智慧的结晶，写作过程中得到了许多专家学者的悉心指导，课题组成员在文献梳理、研究框架等方面做出了大量的贡献，在此表示深深的谢意！

本书参阅引用了大量专家学者的相关研究成果，并尽可能在书尾列出了参考文献，但由于涉及的文献较多，难免挂一漏万，在此表示深深的歉意！

本书的出版离不开经济管理出版社丁慧敏等同志的大力关心和帮助，她们的严谨工作给我留下了深刻的印象！

刘荣春

2023 年 8 月于南昌